Diakonie und Ökonomie

T V Z

Beiträge zu Theologie, Ethik und Kirche

Herausgegeben vom Schweizerischen Evangelischen Kirchenbund SEK
durch das Institut für Theologie und Ethik ITE

Diakonie und Ökonomie

Orientierungen im Europa des Wandels

Herausgegeben von Christoph Sigrist

T V Z
Theologischer Verlag Zürich

Die Deutsche Bibliothek – Bibliografische Einheitsaufnahme

Die Deutsche Bibliothek verzeichnet diese Publikation in der Deutschen Nationalbibliografie; detaillierte bibliografische Daten sind im Internet über <http://dnb.ddb.de> abrufbar.

Umschlaggestaltung

www.gapa.ch gataric, ackermann und partner, Zürich
unter Verwendung einer Fotografie von refbild/Dharmendra Parmar

Druck

ROSCH-BUCH GmbH, Scheßlitz

ISBN-10: 3-290-17388-7
ISBN-13: 978-3-290-17388-3

© 2006 Theologischer Verlag Zürich

Inhaltsverzeichnis

KIRCHLICHE KONSEQUENZEN FÜR DIAKONISCHE WERKE HIER UND JETZT

ANSTELLE EINES NACHWORTES

Vorwort

Kirchen und in christliche Traditionen eingebundene soziale Institutionen stehen mitten in globalen gesellschaftlichen Veränderungen. Die Ökonomisierung hat auch ihren diakonischen Auftrag erfasst. Diakonie als soziales Engagement, das aus dem Evangelium heraus motiviert, begründet und interpretiert wird und im kirchlichen und gesellschaftlichen Umfeld stattfindet, übt diese Tätigkeit mitten in verschiedenen Spannungen aus, auch im Konfliktfeld zwischen Geld und Geist.

Im hier vorliegenden Buch wird der diakonische Auftrag in dieser Spannung zwischen Geld und Geist reflektiert. Die Frage der Ökonomie darf nicht nur den Ökonomen und dem Markt überlassen werden. Die jüdisch-christliche Tradition bietet wertvolle Kriterien für die Ökonomie im Bereich sozialer Verantwortung und Diakonie. Mit den hier versammelten Aufsätzen soll ein Beitrag zur ethisch-ökonomischen Debatte der Unternehmens- und Organisationsführung von diakonischen Werken und Kirchen geleistet werden. Der verantwortbare Umgang mit der biblischen und urchristlichen Tradition, insbesondere hinsichtlich ihrer sozialen Perspektiven beim Umgang mit Geld, muss immer wieder im Dialog mit dem politischen und ökonomischen Umfeld definiert und in die Praxis umgesetzt werden.

Die Beiträge nehmen die Veränderungen der letzten Jahrzehnte im diakonischen Bereich auf. Der Konflikt zwischen Auftrags- und Bedürfnisorientierung nimmt zu. Die Frage, was nun wirklich zu tun ist, um der diakonischen Dimension des Evangeliums gerecht zu werden, führt immer mehr zur Gratwanderung zwischen Abhängigkeit von staatlichen finanziellen Zuschüssen und der Freiheit eigener Normen- und Prioritätensetzungen, die im christlichen Menschen- und Gottesbild verankert sind.

Dieser Konflikt zwischen Diakonie und Ökonomie wird aus drei verschiedenen Perspektiven betrachtet:

In einem ersten grundlegenden Teil wird der gesellschaftliche Kontext des Spannungsfeldes beleuchtet. Die Darstellung des europäischen Wandels mit seinen Implikationen für ein neues Verständnis von Diakonie führt zu konkreten Beispielen aus verschiedenen Kirchen und Ländern (Theodor Strohm). Es folgt ein Plädoyer für eine Theologie des Geldes aus ökumenischer Perspektive (Leo Karrer). Schliesslich rückt

der Sozialstaat selbst in den Vordergrund mit der Frage, welchen Beitrag
die Kirchen zu einer neuen europäischen Sozialkultur leisten können
(Wolfgang Lienemann).

In einem zweiten Schritt wird die Beziehung zum Geld in frühchrist-
lichen Traditionen vertiefend dargestellt: von der weiblichen Diakonie in
der Antike (Anne Jensen) bis zur Beschreibung von Besitzethos und
Diakonie im frühen Christentum (Matthias Konradt).

Schliesslich werden die Auswirkungen und Konsequenzen des gesellschaftlichen Wandels aus verschiedenen Perspektiven erörtert. Der Beitrag der Kommunitäten, Diakonie, gerichtet gegen den Geist der Zeit,
wird auf dem Hintergrund der Erfahrungen des Diakoniewerkes Riehen
bei Basel dargestellt (Doris Kellerhals). Der Blick auf die Veränderungen
in Deutschland aufgrund der Erfahrungen des Diakoniewerks in Bethel
führt zur Frage, wie die Verbindung von Management und Diakonie
positiv genutzt werden kann (Alfred Jäger). In der Beschreibung der
Rahmenbedingungen und der ethisch-ekklesiologischen Herausforderungen der diakonischen Arbeit in der Schweiz wird eine grundsätzlich neue,
den gesellschaftlichen Wandel beachtende Orientierung im diakonischen
Handeln entfaltet (Christoph Stückelberger). Schliesslich werden Aspekte
einer Diakonie des Geldes beschrieben, in denen die Kollekte als «Urgestein» diakonischer Haltung in der Spannung zwischen Geld und
Geist, zwischen Ökonomie und Diakonie, aufscheint (Christoph Sigrist).

Damit sind die Ergebnisse eines Symposiums zusammengefasst, das
der Diakonieverband Schweiz aus Anlass seines 77-Jahr-Jubiläums im
Herbst 2004 in enger Zusammenarbeit mit der CETheol Fakultät der
Universität Bern und dem Synodalverband der Evangelisch-reformierten
Kirchen Bern-Jura-Solothurn durchgeführt hat.

An der Konferenz nahmen ca. 80 Personen teil, Mitarbeitende aus
diakonischen Werken, Beauftragte für Diakonie der einzelnen Kantonal-
kirchen sowie des Schweizerischen Evangelischen Kirchenbundes, Stu-
dierende der CETheol Fakultät, leitende Personen aus diakonischen
Werken und sozialen Institutionen sowie Sozial-Diakonische Mitarbeitende. Das Symposium war dialogisch aufgebaut. Den Teilnehmenden
der Tagung wurden vorgängig die Referate schriftlich abgegeben. An der
Tagung selbst standen die Vertiefung der einzelnen Themen, der Dialog
unter den Expertinnen und Experten sowie die Diskussion der Teilnehmenden mit den Referierenden im Vordergrund. Ziel der Konferenz
war, die Zusammenhänge von Ökonomie und Diakonie aus verschiede-

nen Perspektiven zu erschliessen. Fragen und Konsequenzen für Kirche, theologische Ausbildung und diakonische Werke wurden expliziert und zum Teil kontrovers diskutiert.

Die Synode der Evangelisch-reformierten Kirchen Bern-Jura-Solothurn beschloss im Dezember 1997 die Errichtung eines ordentlichen Lehrauftrages Diakonie, der von der Kantonalkirche finanziert wird. Im Februar 1999 wurde Pfr. Dr. theol. Christoph Sigrist als Lehrbeauftragter und Mitglied des Dozentenkörpers der Fakultät gewählt. Die Etablierung der Diakoniewissenschaft in der konstruktiven Zusammenarbeit zwischen Kirche und Universität hat in der engen Verbindung zwischen Theorie und Praxis ihr Schwergewicht. Im «Praktischen Semester» der Fakultät sowie auch in der engen Zusammenarbeit mit der theologischen Fakultät Sibiu/Rumänien mit ihrer Fokussierung auf die praktologischen und diakonischen Fragestellungen zeigt sich eine grosse Aufgeschlossenheit gegenüber Fragen der Diakoniewissenschaft. Die Organisation und Durchführung des internationalen Symposiums ist ein Indiz für erste Erfolge in der teilnehmenden Beobachtung diakonischer Handlungsfelder.

Dank gebührt dem Institut für Theologie und Ethik (ITE) des Schweizerischen Evangelischen Kirchenbundes (SEK) dafür, dass es diese Studie in die Reihe «Beiträge zu Theologie, Ethik und Kirche» des SEK aufgenommen hat. Ebenso ist Markus Tschanz zu danken, der für das ganze Layout und die Erstellung der Druckfahnen verantwortlich zeichnet. Zu danken ist Kathrin Brodbeck, die das Lektorat der Aufsätze übernommen hat. Der Dank geht an alle Referentinnen und Referenten des Symposiums und an die übrigen Autoren: Sie haben ihre Aufsätze zum Teil in wesentlichen Zügen überarbeitet, ergänzt und mit neuesten Forschungsergebnissen erweitert. Der Diakonieverband Schweiz sowie der Synodalverband der Evangelisch-reformierten Kirchen Bern-Jura-Solothurn haben mit ihren finanziellen Unterstützungen zur Publikation des Buches beigetragen. Auch ihnen sei herzlich gedankt.

Möge das Buch hilfreiche Anregungen all jenen geben, die in der Spannung zwischen Geld und Geist auf geist-gewirkte Mutanfälle angewiesen sind.

Im Frühjahr 2006, Christoph Sigrist

Diakonie, Sozialstaat und Gesellschaft in europäischer und ökumenischer Perspektive

Thesen

Theodor Strohm

1. Wo stehen wir in der ökumenischen Zusammenarbeit der Kirchen in Europa?

Im Jahr 2001 wurde vom Rat der Europäischen Katholischen Bischofskonferenz (CCEE) und von der Konferenz Europäischer Kirchen (KEK)
die «CHARTA OECUMENICA – Leitlinien für die wachsende Zusammenarbeit unter den Kirchen Europas» verabschiedet, der sich nun alle
christlichen Kirchen Europas angeschlossen haben. Auf dem ökumenischen Kirchentag 2003 in Berlin wurde diese Charta ausdrücklich be-
kräftigt.

In Abschnitt sieben, «Europa mitgestalten», wird zunächst ein Schuldbekenntnis
abgelegt, dann folgt eine Verpflichtungserklärung: Durch die Jahrhunderte hin-
durch hat sich ein religiös und kulturell vorwiegend christlich geprägtes Europa
entwickelt. Zugleich ist durch das Versagen der Christen in Europa und über
dessen Grenzen hinaus viel Unheil angerichtet worden. Wir bekennen die Mitverantwortung an dieser Schuld und bitten Gott und die Menschen um Vergebung.

Unser Glaube hilft uns, aus der Vergangenheit zu lernen und uns dafür einzusetzen, dass der christliche Glaube und die Nächstenliebe Hoffnung ausstrah-
len für Moral und Ethik, für Bildung und Kultur, für Politik und Wirtschaft in
Europa und in der ganzen Welt. Die Kirchen fördern eine Einigung des europäischen Kontinents. Ohne gemeinsame Werte ist die Einheit dauerhaft nicht
zu erreichen. Wir sind überzeugt, dass das spirituelle Erbe des Christentums eine inspirierende Kraft zur Bereicherung Europas darstellt.

Aufgrund unseres christlichen Glaubens setzen wir uns für ein humanes und
soziales Europa ein, in dem die Menschenrechte und Grundwerte des Friedens,
der Gerechtigkeit, der Freiheit, der Toleranz, der Partizipation und der Solidarität zur Geltung kommen. Wir betonen die Ehrfurcht vor dem Leben, den Wert
von Ehe und Familie, den vorrangigen Einsatz für die Armen, die Bereitschaft
zur Vergebung und in allem die Barmherzigkeit. Als Kirchen und als internatio-

nale Gemeinschaften müssen wir der Gefahr entgegentreten, dass Europa sich zu einem integrierten Westen und einem desintegrierten Osten entwickelt. Auch das Nord-Süd-Gefälle ist zu beachten. Zugleich ist jeder Eurozentrismus zu vermeiden. Vielmehr ist die Verantwortung Europas für die ganze Menschheit zu stärken, besonders für die Armen in der ganzen Welt.

Wir verpflichten uns,
- uns über Inhalte und Ziele unserer sozialen Verantwortung miteinander zu verständigen und die Anliegen und Visionen der Kirchen gegenüber den säkularen europäischen Institutionen möglichst gemeinsam zu vertreten;
- die Grundwerte gegenüber allen Eingriffen zu verteidigen;
- jedem Versuch zu widerstehen, Religion und Kirche für ethnische oder nationalistische Zwecke zu missbrauchen.

Damit ist es um die Jahrtausendwende gelungen, die ökumenischen Beziehungen in verbindliche Formen der Kooperation – nicht zuletzt bei der diakonischen und karitativen Ausgestaltung Europas – zu überführen. Wir haben allen Grund, dies als Zeichen der Ermutigung zu deuten und dürfen auch dazu aufrufen, all die Hindernisse und Schwierigkeiten, denen wir in Europa gegenüberstehen als das zu sehen, was sie sind: Herausforderungen in einer zur Einheit zusammenwachsenden Welt.

Die Ausgestaltung einer europäischen Sozialkultur stellt hohe Anforderungen an die Verantwortung der Kirchen. Sie nicht produktiv aufzunehmen, würde zu nicht wieder gutzumachenden Schäden und Verwerfungen führen. Im Gefolge dieser Trends steht das Thema der Säkularisierung aller Lebensverhältnisse und damit verbunden eines Wertewandels auf der Tagesordnung: Themen, die in unterschiedlicher Schärfe in den Ländern und Kirchen Europas aufgegriffen und bearbeitet werden. Lassen Sie mich dazu später noch einige Beispiele geben.

2. Wie steht es um die Sozialstaatlichkeit in Europa?

Das Thema, das uns heute vor allem angeht, ist die Frage nach der Entstehung einer europäischen Sozialkultur. Dies ist das Thema, das langfristig für die Lebenswirklichkeit der Bürger in Ost und West von entscheidender Bedeutung ist. Dies ist auch der geschichtliche Zeitpunkt, an dem die Kirchen Europas zur Mitwirkung herausgefordert sind. Nicht zu übersehen ist, dass Europa – erst recht nach seinen Erweiterungen –

in Gefahr gerät, bürokratisch undurchdringlich zu werden. Auf dem
deutschen Fürsorgetag 2000 hat Hans F. Zacher (Max-Planck-Institut für
Internationales Sozialrecht) festgestellt, dass Europa gegenwärtig als eine
«Einflussverwertungsanlage» organisiert ist, «in der Verantwortung kom-
postiert wird». Gegenüber Europa bleibe uns gegenwärtig nur Ohnmacht. «Ohnmacht nicht gegenüber Menschen. Menschen sehen wir erst
gar nicht. Ohnmacht gegenüber dem System. Ohnmacht gegenüber dem
System aber, das kann, das darf nicht unser Sozialstaat sein.»[1] Dies ist
u.a. eine Anspielung auf die 50 Mrd. jährlicher Agrarsubventionen, von
denen erhebliche Teile für Überschussexportsubventionen und Vernich-
tung von Agrarprodukten ausgegeben werden.

Bei aller Skepsis dürfen wir aber nicht vergessen, woran der britische
Historiker Garton Ash erinnert: «Es gibt den Ort, den Kontinent, die
politische und wirtschaftliche Wirklichkeit, und es gibt Europa als Idee
und Ideal, als Traum, als Projekt, als Prozess ... Die EU ist selbst ein
Ausdruck dieses Idealismus.»[2] Als Idee und Ideal verdankt sich das Projekt Europa dem Willen zur Versöhnung und Solidarität. Diese geistige
und moralische Innendimension zu stärken und so eine «europäische Lebensform» zu finden, die die kulturellen, sozialen und politischen Errungenschaften Europas unter den Bedingungen der Globalisierung und der
Krisen der industriellen Gesellschaft weiter entwickelt, ist heute die zentrale Aufgabe. Damit wird die grosse Herausforderung, der wir gegenüberstehen, drastisch vor Augen geführt.

Am 28. März 1996 veröffentlichte der französische Staatspräsident
Jacques Chirac ein «Französisches Memorandum für ein europäisches
Sozialmodell». Hier wird eine Vision für die Zukunft Europas vorgetragen, die geeignet ist, die Krise der Europäischen Union zu überwinden
und die sozialen und menschlichen Dimensionen des Zusammenlebens
in Europa in den Vordergrund zu rücken. Chirac stellt in diesem Zusammenhang fest: «Der europäische Gedanke muss, um die Herzen der
Männer und Frauen anzusprechen, Verlangen, Vertrauen und Hoffnung
auslösen. Das ist heute nicht der Fall. Die Völker haben das Gefühl,

---

1   Zacher, Hans F.: Wird es einen europäischen Sozialstaat geben?, in: Nach-
    richtendienst des Deutschen Vereins 1, 2001, 9–17: 17.
2   Garton Ash, Timothy: Zeit der Freiheit. Aus den Zentren von Mitteleuropa,
    München 1999, 336.

Europa kümmere sich nicht um die täglichen Sorgen, beschränke sich auf Projekte, die in der Abgeschiedenheit von Büros ausgearbeitet werden, und sei Quelle von Zwängen statt von Hoffnungen.»

In dem Memorandum heisst es lapidar: «Europa muss wieder ein Synonym für sozialen Fortschritt werden.» Chirac macht darauf aufmerksam: «Die europäischen Länder haben im Laufe ihrer Geschichte die Grundlagen für ein Sozialmodell gelegt, das Europa von den anderen Kontinenten unterscheidet.» Er erinnert daran, dass überall in Europa Männer und Frauen einen Schutz gegen die Wechselfälle des Lebens und ein garantiertes Einkommen nach ihrem Rückzug aus dem Erwerbsleben erhalten. Überall in Europa legt der Staat die Mindestspielregeln in den Arbeitsbeziehungen fest und stellt den nationalen Konsens sicher. Überall in Europa sind die sozialen Sicherungssysteme tief in der Identität und der Kultur der Völker verwurzelt. Anders, als manche glauben, sind diese sozialen Errungenschaften ein Trumpf für Europa.

Erst kürzlich hat die bisherige EU-Kommissarin für Beschäftigung und soziale Angelegenheiten *Anna Diamantopoulou* festgestellt, ein «aktivierendes Europäisches Sozialmodell» müsse es sich zur Aufgabe machen, die Früchte der wirtschaftlichen Leistung fair zu verteilen und allen Menschen die Teilhabe und aktive Teilnahme am neuen Europa zu ermöglichen. Ein solches Sozialmodell erhöhe die Qualifikation, die Mobilität, die Chancengleichheit und die Bereitschaft der Menschen, sich dem Wandel zu stellen. Zwar obliegen die Gestaltung einer solchen Politik und ihre ständige Überprüfung und Reform in erster Linie den Mitgliedstaaten. Da die Herausforderungen im Blick auf die Alterungsprozesse, Armutsbekämpfung, Gesundheitsversorgung, Arbeitsförderung, Wandel der Familien usw. überall gemeinsame Züge tragen, werden die Anpassungen und Veränderungen dazu führen, dass die soziale Geographie Europas entsprechend neu festgelegt werden muss. Diese zunehmende Konvergenz wird die Aufgabe des 21. Jahrhunderts sein.

3. Alle Sozialstaaten Europas befinden sich in einer Situation der Krise und des Umbruchs.

Europa erlebt eine Zeit der Umbrüche und Krisen, die die Grundfesten des Sozialstaats bedrohen: Zwar wuchs in allen Industrieländern neben der Staatsverschuldung die Arbeitslosigkeit, die sich allmählich auch verfestigte. Weltweit reichende Megatrends zeigen weithin noch unabsehbare Wirkungen. Durch den Wegfall der Grenzen im europäischen Einigungsprozess, durch den Zerfall der Blöcke und den Wegfall funktionierender Märkte wurden bisherige Handelsbeziehungen aufgelöst. So war die ehemalige DDR wirtschaftlich in den «Rat für gegenseitige Wirtschaftshilfe» eingebunden, der sich nicht zuletzt wegen der Einführung der D-Mark in Ostdeutschland 1991 auflöste. Ebenso schwer wiegen demographische Verschiebungen: die Alterung der Gesellschaften weltweit; die Individualisierung; die Zunahme der Kleinfamilien, teilweise Auflösung von Familien; die wachsende Zahl der Einpersonenhaushalte. Die Differenzierung und Polarisierung der Lebensstile führt zur Entsolidarisierung, verbunden mit der Gefahr der Marginalisierung ganzer Bevölkerungsgruppen, und zu neuen Verelendungsproblemen.

In den Staaten der Europäischen Union gibt es mindestens fünf ganz unterschiedliche Systeme der sozialen Sicherung. Alle Systeme stossen heute an Grenzen, die durch gemeinsame übergreifende und innovative Strukturen überwunden werden könnten.

Das *deutsche und kontinentaleuropäische Sozialversicherungsmodell* basiert auf allgemeinen, für verschiedene Berufsgruppen obligatorischen und statussichernden Versicherungssystemen auf der Grundlage von Beitragszahlungen und begrenzten staatlichen Zuschüssen. Dieses sog. «Bismarck-Modell» stösst heute an verschiedene Grenzen: Es unterstellt intakte, langanhaltende Vollzeit-Arbeits- und Beitragsbiographien (40–45 Jahre) und benachteiligt alle Personen, die diesem systemischen Ansatz nicht entsprechen. Die Sozialhilfe als staatliches Mindestsicherungssystem gerät deshalb immer stärker unter Druck. Auch die freien Träger – wie Caritas und Diakonie – sehen sich in wachsendem Masse von Systemzwängen unter Druck gesetzt und in ihrer Handlungsfähigkeit eingeschränkt.

Das *englische Modell*, das auf dem Report von Lord Beveridge (1942) basiert, umfasst im Prinzip eine allgemeine, einheitliche Mindestsicherung durch staatliche Leistungen aus Steuermitteln. Das Leistungsniveau ist – insbesondere unter konservativen Regierungen – niedrig und zielt, unter Anwendung der beiden Prinzipien der Sozialversicherung und der Sozialunterstützung, auf die Vermeidung von Notlagen. Die Tatsache, dass der Anteil der Armen im Vereinigten Königreich immer stärker ansteigt und gegenwärtig rund 20% der Bevölkerung ausmacht, zeigt einerseits die starke Belastung des Systems der sozialen Sicherung an, andererseits die relative Unwirksamkeit sozialer Prävention und sozialer Politik.

Beides wird deshalb auch von den britischen Kirchen mit zunehmender
Schärfe kritisiert und eine Rückkehr zu den Prinzipien des Lord
Beveridge gefordert.

Das *skandinavische Modell*, das auf Sozialreformen zu Beginn der 30er
Jahre zurückgeht und einen lang angelegten sozialen Konsens voraussetzt, basiert auf allgemeinen, einheitlichen Sicherungseinrichtungen mit
grosszügigem Leistungsniveau und ausgebauten Dienstleistungen sowie
starker örtlicher Verankerung in der «Sozialgemeinde». Dieses «wohlfahrtsstaatliche» Maximalmodell sozialer Sicherung über Steuermittel stösst
gegenwärtig an zwei Grenzen: Einmal verschlingt es immer höhere Steu-
eranteile und gefährdet die wirtschaftliche, unternehmerische Leistungs-
kraft, andererseits werden auch die Eigenverantwortung und die solida-
rische Verantwortung zu stark an das Solidarsystem delegiert. Deshalb
bestehen starke Tendenzen der Umstrukturierung in Richtung mehr gesellschaftlicher (kirchlicher) und privater Initiativen, ohne den hohen
ethischen Anspruch an das Leistungssystem aufzugeben.

Das *Modell südlicher – teilweise lateinischer – Staaten* ist traditionell eher
durch ein rudimentäres wohlfahrtsstaatliches System, teilweise ohne
rechtliche Ansprüche auf Sozialhilfe, gekennzeichnet. Häufig fungieren
hier noch primäre soziale Netze: Familie, Clan, Nachbarschaft und vielfältige kirchliche Angebote in den lateinischen Ländern. Staatliche und
freigemeinnützige Dienstleistungen und Institutionen entstehen erst allmählich, womit zugleich der starke soziale Wandel in diesen Ländern angedeutet ist.

Die osteuropäischen Beitrittsländer hatten ein gemischtes System aus
Staats- und Betriebsleistungen. Die von der EU verlangten Privatisierun-
gen staatlicher Unternehmen führen fast immer zu Massenentlassungen.
Um die privatisierten Firmen für ihre neuen Besitzer profitabel zu machen, rationalisieren diese in der Regel tausende Stellen weg. 1990 lag die
Arbeitslosenquote in Polen bei 6,5% – heute sind es 16,5%. In der
Slowakei und Bulgarien liegt sie bei 17%. Die Beitrittsländer werden von
der EU zu drastischen sozialen Einschnitten gezwungen. Das Mittel
dafür sind die so genannten Beitrittskriterien. Diese Kriterien legen unter
anderem fest, wie viel Geld ein Land für die Sozialleistungen ausgeben
darf. Betroffen sind dieselben Bereiche, die in Deutschland mit der
Agenda 2010 aufgegriffen werden: Rente, Arbeitslosenversicherung und
Gesundheitswesen. Die tschechische Regierung senkte das Rentenniveau
von 55,1% des Bruttolohns 1990 auf rund 40% heute. Arbeitslosenhilfe

wird nur 9 Monate ausgezahlt. In Ungarn wurde die Rente auf 58% des Durchschnittslohns gesenkt und liegt damit nur knapp über dem Existenzminimum. Kürzlich beschloss die slowenische Regierung die Halbierung der Sozialhilfe von 2900 auf 1450 Kronen – umgerechnet 35,80 Euro im Monat. Die Proteste dagegen waren so heftig, dass die Regierung 2000 Soldaten einsetzte, um die Proteste zu ersticken. Die gesetzliche Gesundheitsvorsorge in den Beitrittsländern ist auf eine minimale Basisleistung reduziert worden; Zahnbehandlungen sind darin zum Beispiel nicht enthalten.

Der von der EU verordnete Sozialabbau in Osteuropa sollte allerdings nicht auch den Sozialabbau in den jetzigen EU-Staaten vorantreiben. In den ehemaligen GUS-Staaten ist die Lage teilweise dramatisch. In einer Untersuchung zu Russland wurde festgestellt, dass 50% der städtischen Bevölkerung die Miete nicht bezahlen kann und von den staatlichen Gesellschaften nicht vertrieben werden oder einen geringen Zuschuss zur Miete erhalten. Rentner können kostenlos Busse und Bahnen benutzen. Von den Angehörigen auf dem Land werden Nahrungsmittel an die städtischen Verwandten gegeben. Suppenküchen, auch über «Hilfe für Osteuropa», sind zahlreich. So ragt die bittere Armut bis in die europäischen Randgebiete hinein.

4. Paradigmenwechsel in vielen europäischen Staaten

In vielen europäischen Staaten zeigt sich der Paradigmenwechsel, wenn auch bezogen auf die jeweils vorgegebenen Rahmenbedingungen. Drei Beispiele hebe ich hervor.

Die soziale Arbeit des *britischen Wohlfahrtsstaats* etwa verwandelt sich bereits seit längerem in ein undurchsichtiges Geflecht von höchst unterschiedlichen Wohlfahrtsdiensten, deren neue Struktur sich allmählich abzeichnet. Zunehmend treten lokale Behörden nur als Einkäuferinnen sozialer Dienstleistungen auf oder als Vermittlungsagenturen. Sozialarbeit selbst wird vermehrt nur von Freiwilligenorganisationen, Charities oder anderen privaten Unternehmen geleistet.

Greift man auf die Erfahrungen mit der *Economie Sociale in Frankreich* zurück, so wird deutlich, dass das Konzept sehr stark von einem – in Frankreich noch praktizierten – Zentralismus des Staates ausgeht. Der Staat kann sich nach seinem Belieben Aufgaben zuordnen bzw. Aufgabenfelder an die freien Verbände und Vereinigungen abgeben. Die aus

deutscher Sicht oft nicht verstandene Zurückhaltung diakonischer Vertreter aus Frankreich ist insofern zu verstehen, als immer wieder die
Gefahr besteht, dass der Staat die ihm «nicht genehmen» Aufgabenfelder
an freie Vereinigungen und Verbände überträgt und nicht für die entsprechenden finanziellen Rahmenbedingungen zur Aufgabenerledigung
Sorge trägt. Dahinter verbirgt sich auch ein fiskalisches und institutionel-
les Misstrauen gegenüber Vereinen.

In *Skandinavien*, insbesondere in *Schweden*, sind die Kommunen mit
den Aufwendungen für die Sozialhilfe und andere soziale Leistungen
überfordert. So lässt sich inzwischen eine Spaltung zwischen einzelnen
Kommunen und Regionen und ein stärker werdendes Stadt-Landgefälle
hinsichtlich der sozialen Entwicklung beobachten. Immer mehr Kommunen unterwerfen die Sozialhilfe – wie auch die soziale Arbeit insgesamt – rein fiskal-politisch geprägten Entscheidungen. Entscheidend wird
es darauf ankommen, ob sich unterhalb des schwedischen Wohlfahrts-
systems ein Unterbau karitativer, kirchlicher oder verbandlicher Organisationen ausbildet, der eine «Ersatz-Armenhilfe» leistet, also sich ein
welfare-mix bildet, der soziale Ausgrenzung und Verarmung verhindern
kann.

5. Die Krise am Beispiel der Diakonie in Deutschland

Kennzeichnend für das deutsche System der sozialen Sicherung ist die
duale Wohlfahrtspflege nach dem Subsidiaritätsprinzip. Danach sind die
staatlichen Instanzen: Bund, Länder und Gemeinden nicht nur zur
Zusammenarbeit mit den freigemeinnützigen Trägern verpflichtet, sondern müssen diesen einen «bedingten Vorrang» einräumen. Das heisst:
die öffentlichen Instanzen müssen bei der Planung von Einrichtungen
und bei der Durchführung sozialer Arbeit den Verbänden den Vorrang
einräumen und sind zugleich für die finanzielle Sicherstellung der Arbeit
verantwortlich. Seit Inkrafttreten des Bundessozialhilfegesetzes (BSHG)
und des Jugendwohlfahrtsgesetzes (JWG) im Jahre 1962 galten diese
Elemente der Förderverpflichtung durch die öffentlichen Hände gegenüber den Trägern der Freien Wohlfahrtspflege.

Heute unterhält die Freie Wohlfahrtspflege in Deutschland 3'270'536
Plätze/Betten in 93'500 Einrichtungen im Sozial- und Gesundheitswesen. Davon fallen auf Diakonie und Caritas rund 60'000 Einrichtungen mit über 900'000 Beschäftigten. Davon unterhält die Diakonie

400'480 Voll- und Teilzeitbeschäftigte. Das sind fast 75% aller Einrichtungen und vier Fünftel aller «Freigemeinnützigen Einrichtungen».

Durch ihre Einbindung in das System sozialstaatlicher Hilfe ist die Diakonie von der gegenwärtigen Tendenz zur Einschränkung sozialer Leistungen des Staates stark betroffen. Rationalisierungsprozesse in den Bereichen der sozialen Arbeit – etwa der Krankenpflege, der Rehabilitation, der Jugend- und Sozialhilfe – müssen mitvollzogen oder aufgefangen werden und gefährden teilweise die Akzeptanz und nicht selten auch den Bestand kirchlicher Sozialarbeit und Pflege.

Die gegenwärtigen wirtschaftlichen Krisen könnte Deutschland, das zeigen die gesamtwirtschaftlichen Daten, wie auch andere vergleichbare Industrienationen, bewältigen. Nicht bewältigt ist ganz eindeutig die deutsche Einheit. Dass die Menschen in den neuen Bundesländern angesichts des katastrophalen Zusammenbruchs ihrer wirtschaftlichen Existenz-Grundlagen nicht nur den sozialen Frieden bewahrten, sondern überwiegend zu optimistischen Einschätzungen ihrer Lebensperspektiven gelangten, verdanken sie der raschen, effektiven und umfassenden Einführung des Systems sozialer Sicherung nach bundesrepublikanischem Standard. Durch den viel höheren Anteil an Erwerbstätigkeit, insbesondere der Frauen, und langen Arbeitsbiographien erhalten diese Menschen höhere Renten und hohe Arbeitslosenbezüge, sie sind in vielen Fällen besser gestellt als die vergleichbaren Gruppen im Westen. Bezahlt werden mussten diese Sozialleistungen allerdings überwiegend von den Arbeitnehmern im Westen. Diese Schieflage wurde bis heute nicht beseitigt, sondern verschärfte sich von Jahr zu Jahr. Nachdem die neuen Bundesländer durch die Treuhand, durch Firmenübernahmen sowie durch Firmenzusammenbrüche am Ende deindustrialisiert wurden, hingen die Menschen und alle wirtschaftlichen Erneuerungsprozesse faktisch am Tropf des Westens. «Diese Transferleistungen zehren seit Jahren an der Wirtschaftskraft des ganzen Landes. Im Westen, dem Kraftzentrum, beginnen Infrastruktur und öffentliche Dienstleistungen zu leiden» (Klaus von Dohnanyi).

Dies will ich an einigen Beispielen deutlich machen: Seit Beginn der 90er Jahre wurde nicht zuletzt aus diesen Gründen das Arrangement zwischen Staat und Freier Wohlfahrtspflege von staatlicher Seite teilweise aufgekündigt. «Leere Kassen» dienten als Begründung für den Kurswechsel. Aber auch der europäische Binnenmarkt, der u.a. auf die Beseitigung wettbewerbsverzerrender nationaler Regelungen etwa durch die Förde-

rung sozialer Dienstleistungen der Freien Wohlfahrtspflege durch die
öffentliche Hand zielt, leistet einer Ökonomisierung in der Sozialpolitik
Vorschub. Die EU-Kommission misst heute der Sozialpolitik innerhalb
der EU eine gleichrangige Bedeutung neben der Wirtschafts- und Be-
schäftigungspolitik bei (Europäischer Rat Lissabon, März 2000). Ad-
justiert werden auch die Rahmenbedingungen für die Mitwirkung der
Freien Wohlfahrtspflege, bzw. der privaten Sozialdienste im Kontext der
Daseinsvorsorge in Europa. Die Legitimationsgrundlagen öffentlicher
Förderung ändern sich: Effektivitäts- und Effizienzargumente gewinnen
gegenüber gemeinwohlorientierten Begründungen grössere Bedeutung.

So hat zwar die Novellierung des BSHG (seit 1.8.1996 in Kraft) den
institutionellen Vorrang der Freien Wohlfahrtspflege bei der Schaffung
von Einrichtungen erhalten (§10,2), aber bei der Leistungserbringung ist
der Wettbewerb mit privaten Anbietern festgeschrieben (§93,2). Das
neue Kinder- und Jugendhilfegesetz (KJHG seit 3.10.1990 in den neuen,
seit 1.1.1991 in den alten Bundesländern in Kraft) zielt auf eine verstärkte Lebensweltorientierung, Prävention und Dezentralisierung in der
Kinder- und Jugendhilfe. Verbandsunabhängige Vereine und Initiativen
werden verstärkt bei der Vergabe öffentlicher Mittel berücksichtigt. Im
Pflegeversicherungsgesetz seit 1994 werden private und freigemeinnützige Anbieter gleichgestellt und unter Effizienzgesichtspunkten in ein
offenes Konkurrenzverhältnis gesetzt. Insbesondere die sehr weit ausge-
baute Beratungstätigkeit der Diakonie (Schuldnerberatung, Familienbera-
tung etc.), die aus Zuschüssen der Bundesländer und Kommunen teil-
finanziert wurden, bricht wegen des Wegfalls der Zuschüsse an vielen
Stellen zusammen. Die Pflegekassen erwarten wegen der Alterung ein
finanzielles Desaster. Die staatlich forcierte Trägerkonkurrenz und die
selektive Förderung allein der Dienstleistungsfunktion werfen für die
Verbände der Freien Wohlfahrtspflege Identitätsprobleme auf.

6. Wohin steuert die Diakonie in Deutschland und Europa?

Die Diakonie in Deutschland steht am Scheideweg. Sie ist bisher eingebunden in ein System der Hilfe, das mehr und mehr ökonomisch,
einseitig professionell, bürokratisch, institutionell und bevormundend
ausgerichtete staatliche Sozialleistungen gewährte, ohne eine Mitwirkung
und Mitbestimmung der Betroffenen zuzulassen. Die enorme Expansion
sozialer Dienste führte auch in der Diakonie zu einer zunehmenden

Differenzierung der sozialen Berufe mit klaren gesetzlichen Standards, Qualitätsanforderungen und entsprechend hohen Gehältern und Sozialleistungen in Analogie zum Öffentlichen Dienst. Es bildeten sich Netzwerke von Einrichtungen zur medizinischen, schulischen, beruflichen Rehabilitation sowie zur Aus- und Fortbildung von entsprechenden Fachkräften. Neue Anforderungen wie Qualitätssicherung, Wirtschaftlichkeit und Sozialmanagement führen zu weiterer beruflicher Differenzierung. Die Entscheidung zu helfen ist heute weniger Sache des Herzens, der Moral oder Gegenseitigkeit, sondern «der methodischen Schulung und der Auslegung der Programme, mit deren Durchführung man während einer begrenzten Arbeitszeit beschäftigt ist» (N. Luhmann, 1973). In weiten Teilen diakonischer Arbeit ist für Freiwillige und Ehrenamtliche kein Platz. Wegen des durch Spezialisierung verengten Zugriffs auf Probleme und Lebenslagen werden die Hilfsbedürftigen jeweils punktuell betreut. Die soziale Hilfe steht in Gefahr, von der Systemwelt kolonialisiert zu werden. Deshalb verdienen Bemühungen Aufmerksamkeit, die auf eine neue lebensweltliche Aneignung des Sozialen und der Solidarität, hinwirken.

Dies möchte ich in fünf Punkten thesenartig zusammenfassen:

1. In der Diskussion um die Zukunft der Sozialarbeit findet heute ein Perspektivenwechsel statt. Bislang wurde Sozialarbeit überwiegend erst dann eingesetzt, wenn soziale Probleme der Betroffenen (Familien, Kinder, Jugendliche, Alte, Obdachlose, Arme) offensichtlich wurden. Soziale Dienste arbeiten professionell und problemorientiert meist an der Lösung von Einzelfällen. Es fehlen längerfristige, sozialräumliche, umfassende und damit zielgruppenabhängige Lösungsansätze, z.B. durch Aufbau sozialer Netzwerke, die soziale Unterstützung sowohl in präventiver als auch kurativer und rehabilitativer Weise wirksam werden lassen.

2. Die professionelle Sozialarbeit soll in Zukunft durch ein breites Spektrum an freiwilliger Mitwirkung bei sozialer Arbeit – die von professionellen Kräften angeleitet wird – ergänzt werden. Dies kann nur durch die Rückkehr zu gemeindenahen Formen der Hilfe geschehen.

3. Gemäss den Grundsätzen der Independent-Living-Movement steht das Ziel des Independent Living der Betroffenen im Vordergrund. Dazu gehören persönliches Budget, persönliche Assistenz, nachbarschaftliche Einbindung und ein ortsnahes Dienstleistungsangebot im Rahmen von Community Care.

4. Aus dieser erweiterten Perspektive entspringt eine Fülle neuer Aufgaben und Handlungsfelder für bürgerschaftliches Engagement und
   freiwillige soziale Dienste, nicht zuletzt auch für den Bereich des
   sozialen Lernens in unseren Ortsgemeinden. Die Bereitschaft zur
   Hilfe ist «schöpfungsgemäss» den Menschen mitgegeben. Sie kann
   allerdings verschüttet werden oder gefördert werden. Die Förderung
   im Sinne sozialen und diakonischen Lernens – beginnend in der
   Schule – ist heute eine zentrale Aufgabe, die neu entdeckt wird.
5. Auf diesem Wege kann die Ortsgemeinde mit ihrem diakonischen
   Auftrag wieder zum tragenden Element diakonischer und sozialer
   Arbeit werden. Nachbarschaftshilfen, Diakonische Hausgemeinschaf-
   ten bilden sich, Assistenzteams für Handicaped People («Vereine für
   Individualhilfe Schwerbehinderten») können entstehen. Modelle integ-
   rativer Kindergärten und Schulen für behinderte und nichtbehinderte
   Kinder können erprobt und begleitet werden. Obdachlose können
   gemeindenah betreut werden. In Pflegeheimen untergebrachte Mitmenschen können besucht und bestimmte Pflegeaufgaben delegiert
   werden.

7. Verheissungsvolle Beiträge der Diakonie in Europa

In den neunziger Jahren des vorigen Jahrhunderts führten wir in Heidelberg eine europaweite Konsultation über die Erfahrungen der Diakonie/
Caritas in jedem Land durch, um Wege zu einer gemeinsamen Strategie
für Europa zu finden. Einige Beispiele will ich hier nennen:

1. *Die römisch-katholische Kirche* kann davon ausgehen, dass sie in den
meisten Ländern Europas – mit Ausnahme der skandinavischen Länder –
einen starken Rückhalt besitzt und mit der Osterweiterung umfassend
repräsentiert sein wird. Die Europäische Bischofskonferenz zeigt sich
vor allem an der «Neu-Evangelisierung Europas» interessiert. In der Dokumentation: «Die Europäischen Bischöfe und die Neuevangelisierung
Europas» (1989) wird ein Jahrzehnt der Willensbildung dokumentiert.
Man geht sehr sorgfältig der Frage nach: Was heisst denn «Evangelii
Nuntiandi», so das Thema einer Enzyklika von 1975. Wie wollen wir
dieses vernunftrechtliche Europa, das sich als säkularisiertes Europa
darstellt, interpretieren, wie können wir damit umgehen? Man spricht
von einem Säkularismus, der unter keinen Umständen zu akzeptieren ist,
und von einer Säkularisierung, die durchaus auch ihre Wurzeln in christ-

lichen Traditionen hat (z.b. die Menschenrechtsentwicklung), die wir verstärkt in der Gegenwart zur Geltung bringen können. Und dann wird zweitens darauf hingewiesen, dass «Evangelii Nuntiandi» zwei Dinge miteinander verbindet, nämlich: Evangelisation bedeutet nicht nur Verkündigung, sondern sie ist verbunden mit der authentischen Verpflichtung, aus dem Auftrag des Evangeliums, wie es bei Christus geschah, zugunsten derer zu handeln, die am meisten in Not sind. So formulierten etwa die Kardinäle König, Hume und Kardinal Etchegaray.

Und dann wird an entscheidender Stelle auch Papst Johannes Paul II. zitiert, der sich zu der Frage äusserte, welchen Beitrag wir als Kirchen in Europa leisten sollen. Wir müssten uns bei der Verkündigung des Evangeliums zugleich den Herausforderungen stellen, die mit der Evangelisierung verbunden sind, den Herausforderungen durch «... die Familie, die Jugend, die Armutszonen und die neuen Armen in Europa, die ethnischen und religiösen Minderheiten, die Beziehungen zwischen Europa und der Dritten Welt. Wenn wir an den Glauben und die Heiligkeit der Kirche appellieren, um auf diese Probleme und Herausforderungen zu antworten, so ist das nicht Ausdruck eines Verlangens die Macht zu ergreifen oder wieder zu ergreifen, sondern es ist der verpflichtende Weg, der bis zu den letzten Ursachen der Herausforderungen und Probleme führt.» Ich zweifle nicht an der Ernsthaftigkeit dieser Aussage.

Am 6.11.03 veröffentlichte Papst Johannes Paul II das «Nachsynodale apostolische Schreiben ECCLESIA IN EUROPA», in dem die erwähnten Grundsätze weitergeführt werden und ein Bekenntnis zur Ökumene abgelegt wird. Es knüpft deutlich an, an die Aussagen des II. Vatikanischen Konzils, durch das die römisch-katholische Kirche ihr eigenes Selbstverständnis in und gegenüber der heutigen Welt neu bestimmte. Sie brachte ihre universale Verbundenheit mit der ganzen Menschheitsfamilie zum Ausdruck: «Freude und Hoffnung, Trauer und Angst der Menschen von heute, besonders der Armen und Bedrängten aller Art, sind auch Freude und Hoffnung, Trauer und Angst der Jünger Christi.» So lautet der erste Satz der «Constitutio Pastoralis de Ecclesia in mundo huius temporis». Mit dem Konzil wurde der «Auftrag zum Dienst am Menschen» in einer Weise beschrieben, der die ökumenische Zusammenarbeit geradezu herausforderte und auf alle Bereiche menschlichen Lebens ausrichtete.

Für unseren gemeinsamen Austauschprozess und die Arbeit war bedeutsam, den für die römisch-katholische Caritas-Arbeit in Italien

wichtigsten Theologen, Monsignore Luciano Baronio, gewonnen zu
haben. Caritas Italiana hat nicht nur die Anregungen des Zweiten Vatikanischen Konzils in ihre Arbeit aufgenommen, sondern hat spezifische
Verfahren diakonischer Gemeindeerneuerung erprobt, die vorbildlich
sein können für andere Länder und Konfessionen. Die Idee eines ständigen «Observatoriums der Armut» entstand 1983 auf dem nationalen
Kirchenkongress in Loreto, sie wurde von der italienischen Bischofskonferenz aufgegriffen und nach gründlicher Vorarbeit wurde der «Os-
servatorio delle povertà» zum wichtigsten Anliegen der Caritas Italiana
der letzten Jahre. Auf allen Ebenen, nicht zuletzt aber für die diakonische Arbeit auf der lokalen Ebene, im Nahbereich, dient das Instrumen-
tarium nicht nur zum Sammeln von Daten, sondern auch – wie es bei
der Konferenz festgestellt wurde – zur «Interpretation der geschichtlichen Situation des Menschen im Lichte des christlichen Glaubens». Auf
diese Weise findet ein ständiger Informations-, Erfahrungs- und konzep-
tioneller Austausch zwischen lokalen und überregionalen Handlungs-
trägern statt, der zu einer integralen Handlungsperspektive karitativer
und sozialpolitischer Arbeit in Italien beiträgt. Dieses Verfahren im Umgang mit den Herausforderungen der Gegenwart bietet genügend An-
knüpfungsmöglichkeiten für einen substantiellen Austausch und für eine
fruchtbare Kooperation der Kirchen in Europa, zum Beispiel in den
nationalen Armutskonferenzen.

2. Wie liegen aber die Dinge im Blick auf die *orthodoxen Kirchen Europas?* Im Osten hat, wie es ein Vertreter der orthodoxen Kirche Russlands
einmal ausdrückte, «die totalitäre Herrschaft eine geistliche Verarmung
und ethische Verkrüppelung geschaffen». Und: «Individuelle Initiative
und Unabhängigkeit sind im Ein-Parteien-Staat systematisch geschwächt
und abgetötet worden.» Vor dieser Herausforderung sieht sich die Kirche des Ostens. Durch ihre ständige Wiederholung wird allerdings die
These nicht richtiger, die orthodoxe Frömmigkeit sei fast ausschliesslich
konzentriert auf das Mysterium des persönlichen Umgangs mit Gott, sie
kenne aber nicht das Mysterium des Sammelns, der Fülle der Bruderschaft, der Freude des aktiven Dienstes in der Welt. Schon Demetrios J.
Constantelos hat in seiner Untersuchung über «Byzantine Philanthropy
and Social Welfare» eingehend nachgewiesen, dass diese These nicht
stimmt.

Neuere Länderstudien über Russland und Rumänien konnten die reichen Traditionen christlicher Wohlfahrtstätigkeit und deren rasche Wie-

derbelebung nach dem Ende des sowjetischen Systems aufzeigen. Dabei spielen insbesondere die sogenannten Laien-Bruderschaften – denen im Übrigen ganz überwiegend auch Frauen angehören – eine besondere Rolle. Schon am 12./13. Oktober 1990 billigten der «Kongress der Union Orthodoxer Bruderschaften» und die abteilungsübergreifende Kommission für gemeinnützige Gesellschaften beim Moskauer Patriarchat die neuen Statuten der «Union Orthodoxer Bruderschaften». Diese bilden einen freiwilligen Zusammenschluss orthodoxer gemeinnütziger Gesellschaften und Gemeinschaften, die sich in Wohlfahrt und kirchlicher Erziehung betätigen und aus Mitgliedern der russisch-orthodoxen Kirche im In- und Ausland zusammengesetzt sind. Diese in allen autokephalen orthodoxen Kirchen prägenden Dienstgemeinschaften bilden heute – wie in der Vergangenheit des 19. und beginnenden 20. Jahrhunderts – das Rückgrat aller diakonischen Aktivitäten.

Im Blick auf die orthodoxe Welt stellt sich heute nicht die Frage: «Wie europafähig ist die Orthodoxie?», sondern umgekehrt: «Wie fähig sind die West- und MitteleuropäerInnen die orthodoxe Welt Europas als gleichberechtigte Partner zu integrieren?» Dies ist nicht zuletzt eine Aufgabe des ökumenischen Diskurses. Überall werden «Zwischenkirchliche diakonische Räte» gebildet, Sozialfonds eingerichtet und neue Institutionen gefördert (Krankenhäuser, Häuser für Obdachlose, Gefangenenfürsorge, Kinderheime etc.). Es sind aber noch immer punktuelle, sporadische Hilfen und Partnerschaften, die nur fragmentarisch wirksam sind.

3. *Die reformatorischen Kirchen Europas* bieten ein buntes und differentes Bild. Sie haben in den vergangenen Jahrzehnten ein dichtes Netz der Kommunikation in Europa geknüpft. Allmählich wird dieses auch zum tragenden Element gesamteuropäischer Sozialkultur. In verschiedenen Ländern wurden neue Erfahrungen im Umgang mit säkularen Umbrüchen gesammelt.

Durch die *Church of England* z.B. wurde 1985 der sog. «Faith in the City-Prozess» in Gang gesetzt durch einen grossangelegten Report, den der Erzbischof von Canterbury, Dr. Robert Runcie, in Auftrag gegeben hatte. Er stellt die Sorge für die Armen als Verantwortung sowohl der Kirche als auch der Nation auf eine völlig neue Ebene. Der Bericht gibt 61 Empfehlungen, 38 an die Kirche und 23 an Regierung und Nation. Die Empfehlungen basieren auf einer Studie über städtische Politik, über Armut und Beschäftigung, über Wohnen, Gesundheit, Sozialpflege und Gemeinwesenarbeit, über Erziehung und junge Menschen, über Ord-

nung und Recht. Die Empfehlungen an die Kirche beinhalten den Vor-
schlag, jede Kirchgemeinde solle eine Gemeindeanhörung veranstalten
(Empfehlung Nr. 5), um die Qualität der Lebensbedingungen in der Umgebung abzuschätzen und sich über sie klar zu werden, damit Druck auf
kommunale (und zentrale) Regierungen für Verbesserungen ausgeübt
werden kann, und um die Menschen vor Ort dafür zu motivieren, Vorstellungen und gemeinsame Pläne für kommunale Verbesserungen zu
entwickeln. Zusätzlich schlugen der Erzbischof und Kommissions-
mitglieder vor, einen zentralen kirchlichen Städte-Fonds (Church Urban
Fund) einzurichten mit einem Startkapital von zehn Millionen Pfund von
den Beauftragten (Commissioners) der Church of England. Wir haben es
hier mit einem grossangelegten Modellversuch zu tun, die diakonisch-
soziale Verantwortung der Kirche gegenüber Gesellschaft und Staat in
zeitgemässer Form wahrzunehmen. Hier werden nicht einfach tradierte
Aktivitäten fortgeschrieben, sondern aufgrund einer genauen Beobachtung der Situation wird ein Neuanfang gewagt.

4. Für das konzertierte Zusammenwirken der Kirchen in Europa
bzw. in der Einen Welt ist die Stimme der *reformierten Kirchen* nicht weg-
zudenken. Es herrscht in der *reformierten Kirchenfamilie* darüber Einigkeit,
dass ein Verzicht auf einen geregelten Diakonat gegen fundamentale
Grundlagen des Christentums verstösst. Wer nun glaubt, die Betonung
des Diakonats der Gemeinde führe zu einer Beschränkung des diakonischen Lebens auf die inneren Strukturen der Gemeinde, findet sich insbesondere durch den niederländischen Beitrag eines Besseren belehrt.
Gemeindediakonie, die kirchliche Diakonie ist, so heisst es, ist eigentlich
ihrem Wesen nach global. Zum einen leben alle Christen und Christinnen als Teil der menschlichen Familie auf dieser Erde und sind daher
verantwortlich für die Zukunft der bewohnten Erde. Zum anderen ist
die Gemeinde als Ökumene weltweit dazu aufgerufen, Zeugnis vom
Reich Gottes abzulegen, das gekommen ist und kommen wird voller
Gerechtigkeit und Frieden. Die Methoden globaler und lokaler Diakonie
mögen sich stark unterscheiden, das Ziel aber gilt für beide Ebenen.

Dass dies keine leeren Formeln sind, wird schon dadurch belegt, dass
die *niederländisch-reformierte Kirche* starken Einfluss ausgeübt hat, um die ge-
waltfreie Veränderung in Südafrika herbeizuführen; auch dadurch, dass
die Niederlande neben den skandinavischen Ländern ihre Entwicklungs-
verpflichtungen für die dritte und vierte Welt in vorbildlicher Weise erfüllen. Zugleich gelten die Niederlande im europäischen Konzert als je-

nes Land, welches Diakonie als Gemeinwesen- bzw. Schalomarbeit betreibt und in Theorie und Praxis für alle anderen Regionen Vorbildliches geleistet hat.

5. Seit dem Eintritt der skandinavischen Staaten Finnland und Schweden in die Europäische Union beteiligen sich neben Dänemark zwei weitere *lutherisch geprägte Länder* am europäischen Einigungsprozess. Die *Skandinavier* haben dem Prinzip der sozialen Gerechtigkeit, der Solidarität in ihren staatlichen Ordnungen einen sehr hohen Stellenwert eingeräumt und dies auch immer mit Argumenten der christlichen Ethik begründet. Auch eher bürgerlich-konservative Regierungen halten an dem hohen sozialen Standard fest. Die Stärkung der privaten Kräfte und der freien Initiativen ist heute vorrangiges Ziel der Reform. Dass ein optimal entwickeltes öffentliches Sozialwesen den freiwilligen Sektor nicht erdrücken oder ersetzen muss, wird gerade in Skandinavien deutlich. Dänemark und Schweden z.B. nehmen für sich in Anspruch, dass die freigemeinnützigen Organisationen im Verhältnis zu den Einwohnerzahlen sehr hohe Mitgliederzahlen haben. Jeder Schwede ist im Durchschnitt Mitglied in etwa drei freigemeinnützigen Organisationen. Etwa die Hälfte aller registrierten Mitglieder wird als aktiv eingeschätzt, und ein Drittel hat eine Vertrauensstellung inne. Nicht zu übersehen ist auch die starke Neubelebung der Diakonie und zwar sowohl der Gemeindediakonie als auch der diakonischen Mitwirkung im politischen Gemeinwesen. Aus Finnland und Norwegen kommen in dieser Hinsicht die stärksten Impulse.

8. «Auf dem Weg zu einer Vision von Diakonie in Europa»

Die Kirchen und ihre aktiven Verbände befinden sich «auf dem Weg zu einer Vision von Diakonie in Europa». In der Konferenz der KEK «Auf dem Weg zu einer Vision von Diakonie in Europa» (Oktober 1994) wurden in der «Bratislava-Erklärung» hierzu verschiedene Verpflichtungen der Christenheit in Europa festgelegt. Eine will ich herausgreifen:
«Die christliche Gemeinde – gleich welcher Konfession, so heisst es – dient Menschen im Alltagsleben, z.B. bei Krankheit, Hunger, Alter, Trauer, äusseren und inneren Nöten; hat ihren Grund in der Liturgie, die Diakonie durch Verkörperung diakonischer Werte und Verhaltensweisen deutlich macht. Diakonie ist eine Fortsetzung des Gottes-

dienstes in das tägliche Leben hinein, wobei das ganze Volk Gottes einbezogen wird.»

Sie greift damit ein zentrales Anliegen aus dem «Lima-Prozess» über «Taufe, Eucharistie und Amt» (so lautet das ökumenische Konvergenzpapier von 1982) auf. So heisst es im Lima-Papier im Blick auf die Eucharistie: «Die Eucharistie umgreift alle Aspekte des Lebens. Sie ist ein repräsentativer Akt der Danksagung und Darbringung für die ganze Welt. Die eucharistische Feier fordert Versöhnung und Gemeinschaft unter all denen, die als Brüder und Schwestern in der einen Familie Gottes betrachtet werden, und sie ist eine ständige Herausforderung bei der Suche nach angemessenen Beziehungen im sozialen, wirtschaftlichen und politischen Leben Alle Arten von Ungerechtigkeit, Rassismus, Trennung und Mangel an Freiheit werden radikal herausgefordert, wenn wir miteinander an Leib und Blut Christi teilhaben Die Eucharistie soll deshalb zum ökumenischen Quellort des geistlichen und diakonalen Lebens in der Zukunft werden.»

Die Kirchen sollen die Netzwerkarbeit in der Europäischen Union unterstützen und intensivieren. Hierzu gehören insbesondere das sog. Antipoverty-Programm (I–III) und das HELIOS-Programm zur Integration Behinderter. Die Kirchen sollen darüber hinaus neue Modelle übergreifender sozialer Kooperation anregen, z.B. im Bereich des verbindlichen Jugendaustausches im Rahmen eines Euroqualifikations-Jahres in den Aufgabenfeldern Umweltverbesserung, soziale Innovationen, Pflegedienste, Entwicklungsdienste. Der Gedanke christlicher Dienstgemeinschaft und Spiritualität ist u.a. von der Taizé-Bewegung bereits in vorbildlicher Weise europaweit verbreitet worden.

Im Blick auf die gemeinsame Verantwortung der Europäischen Kirchen für die Entwicklungszusammenarbeit in der Einen Welt werden Perspektiven erarbeitet werden müssen. In dem Basisdokument werden bereits wichtige Überlegungen dazu angestellt. Im Zuge gleichzeitiger weiterer Globalisierung und Regionalisierung ist kirchliches Entwicklungshandeln herausgefordert, eigene Strukturen im Hinblick auf die stärkere Partizipation seiner Partner zu überdenken und die zivilgesellschaftlichen Bewegungen als Subjekte der Transformation auch international weiter zu vernetzen. Dafür bietet die ökumenische Bewegung selbst eine Basis, die über konfessionelle Strukturen hinausweist. Angesichts der begrenzten Ressourcen der Kirchen hat die armutsorientierte Entwicklungspolitik eine besonders hohe Priorität. Sie muss die Eigenverantwortung der Partner stärken und darin wahre Partnerschaft zum Ausdruck kommen lassen. Afrika als Nachbarkontinent Europas soll in Zukunft höchste Priorität in der Entwicklungszusammenarbeit erhalten.

9. Schlussbemerkung

Niemand rechnet im Blick auf die Zukunft Europas mit einer gradlinigen Entwicklung, vielmehr lauern überall Gefahren: Bürgerkriege, wirtschaftliche Zusammenbrüche und massenhafte Not. Es ist Kennzeichen der christlichen Hoffnung, dass sie weder in blinden Optimismus noch resignierenden Pessimismus verfällt, sondern sich an den Zeichen orientiert, die durch Gottes universalen Versöhnungsdienst in die Welt gesetzt sind. Deshalb sind Christen, die christlichen Gemeinden und Kirchen aufgerufen, sich in den Dienst der Versöhnung zu stellen. Die Zukunft in Europa wird nicht zuletzt davon mitbestimmt sein, wie glaubwürdig die Christenheit ihrem eigenen Auftrag entspricht und in welchem Umfang die Kirchen an der Gestaltung einer europäischen Lebens- und Friedensordnung aktiv Anteil nehmen.

Literaturhinweise

– Strohm, Theodor (Hrsg.): Diakonie in Europa. Ein internationaler und ökumenischer Forschungsaustausch, Heidelberg 1997.
– Ders.: Diakonie an der Schwelle zum neuen Jahrtausend. Ökumenische Beiträge zur weltweiten und interdisziplinären Verständigung, Heidelberg 2000.
– Ders./Klein, Michael (Hrsg.): Die Entstehung einer sozialen Ordnung Europas. Bd. 1: Historische Studien und exemplarische Beiträge zur Sozialreform im 16. Jahrhundert, Bd. 2: Europäische Ordnungen zur Reform des Armenwesens im 16. Jahrhundert, Heidelberg 2004.

Geld und Geist

Diakonie in der Spannung zwischen Ökonomie und Ökumene

Leo Karrer

Es ist ein interessantes Dreigestirn, das mit diesem Thema zugemutet worden ist: Diakonie, Ökonomie und Ökumene. Wie spielen die drei Aspekte zusammen? Was ist dazu verantwortlich zu sagen? Ein erster Schritt ist wohl eine kurze fachliche und persönliche Annäherung.

1. Diakonie in der (katholischen) praktisch-theologischen Diskussion

Das Verhältnis von Diakonie und Kirche, sowie die Diakonie (oder Caritas) als wesentlicher Orientierungspunkt für das Kirchen- und Gemeindeverständnis, sind in der (katholischen) Theologie erst in den letzten Jahrzehnten zur reflektierten Thematik geworden. Schon im «Pastorale: Die Gemeinde» steht zu lesen: «Gemeinde ist ohne Caritas, ohne brüderliche Sorge untereinander nicht zu denken. Hier muss sich jedes Gemeindemitglied in irgendeiner Weise engagieren.»[1]

Die Caritas bzw. die Diakonie wird seit bald 30 Jahren in der (praktisch-)theologischen Diskussion als wesentliches Merkmal christlicher bzw. kirchlicher Existenz angemahnt (R. Zerfass, N. Mette, K. Koch, H. Steinkamp, J. Sayer, O. Fuchs, H. Pompey u.a.m.). Inspiriert ist man dabei ohne Zweifel von der Politischen Theologie bzw. von den Impulsen der Befreiungstheologie und der basisgemeindlichen Bewegung, von der Diskussion um die Gemeindetheologie, aber auch durch die bewusster gewordenen Herausforderungen weltweiter Not. Nennen muss man auch die ökumenische Öffnung im theologischen Diskurs (z.B. Rezepti-

---

[1] Herausgegeben im Auftrag der Deutschen Bischofskonferenz (DBK) von der Konferenz der deutschsprachigen Pastoraltheologen, Mainz 1970, 70.

on von D. Bonhoeffer) und in jüngerer Zeit die Diskussion um pastorale
Modelle und Seelsorgetheorien.[2]

Damit verband sich schon früh die Kritik am gemeindlichen Leben,
das die Caritas nur Spezialisten wie Sozialarbeiterinnen bzw. Sozialarbei-
tern oder den Caritasorganisationen sowie den professionellen Hilfswerken überlässt, sich selbst aber auf Verkündigung und Liturgie zurückzieht.[3] Oder wie es einmal ein Pfarrer mir gegenüber formulierte: «Weisst
du, Verkündigung und Liturgie sind meine Sache. Für die Caritas finde
ich keine Zeit; für sie habe ich meinen Sozialarbeiter.» Dies entsprach
durchaus der Mentalität, wonach Verkündigung und Gottesdienst die
eigentlichen Aufgaben der Kirche seien, während die sozialen Fragen als
weltliche Probleme sich sozusagen im missionarischen Vorfeld befänden:
«Die breiten ‹Vorfelder›, zu denen auch manche Fragen des sozialen
Problems gehörten, sind für uns heute nicht wesentlich ... es gilt, neue
Formen der Heimholung zu suchen.»[4]

Hat nun die breite Diskussion um die Grundfunktionen oder elementaren Vollzüge (Martyria, Leiturgia, Diakonia) der Kirche bzw. der Gemeinde den «Diakonieverlust» im Bewusstsein der durchschnittlichen
Gemeinden überwinden können? Wenn man an die Kirchenvolksbegehren und Petitionen Mitte der 90er Jahre des letzten Jahrhunderts denkt,
scheinen allerdings mehr oder weniger nur innerkirchliche Probleme die
Szene zu beherrschen.[5] Anderseits macht eine grosse Studie über christliche Dritte-Welt-Gruppen in Deutschland deutlich, welches Potential
zum sozialen und politischen Engagement sich aus den kirchlichen Gemeinden und Verbänden «rekrutieren» lässt, wie schwer es aber auch
wieder solche Gruppen in unseren «verbürgerlichten» Gemeinden ha-

---

[2]   Vgl. Nauer, Doris: Seelsorgekonzepte im Widerstreit. Ein Kompendium
      (Praktische Theologie heute 55), Stuttgart 2001, 262–340.

[3]   Vgl. dazu: Zauner, Wilhelm: Diakonie als pastorale Tätigkeit, in: Erharter
      Helmut u.a. (Hrsg.): Prophetische Diakonie, Wien 1977, 147–159; Stein-
      kamp, Hermann: Diakonie als Kennzeichen der Gemeinde, Freiburg 1985,
      33ff.

[4]   So zu lesen in der Schweizerischen Kirchenzeitung, 125. Jg., 1957, 306.

[5]   Dazu: Wir sind Kirche. Das Kirchenvolksbegehren in der Diskussion, Frei-
      burg 1995; Karrer, Leo: Es ist die Stunde der Bischöfe, in: Schweizerische
      Kirchenzeitung, 164. Jg., 10/1996, 142–149.

ben.[6] Ob die akademische praktische Theologie die Mentalität in den Gemeinden zu bewegen vermag, bleibt noch offen, zumal deren Diskussionen oft in der abstrakten Theorie stecken bleiben. Aber die seit 1989 ökumenisch durchgeführten Diakoniepraktika in der Schweiz und die Konferenz der (katholischen) deutschsprachigen PastoraltheologInnen setzten doch entscheidende Signale in diese Richtung. Die Konferenz der deutschsprachigen PastoraltheologInnen rang nach umfassenden Diskussionen über Evangelisierung und Sozialpastoral um die Diakonie als wesentlichen Vollzug von Kirche.[7]

In jüngeren Publikationen wird nun die Diakonie zum Grundprinzip aller anderen Grundvollzüge erklärt, sozusagen zum «Stoff», auf den sich alles andere bezieht. Im Rahmen der Theoriediskussion ist aber die Frage zu stellen, ob Diakonie der geeignete Begriff ist, um das angesprochene Anliegen (Primat der Liebe) zu markieren. Zudem wird Diakonie als Prinzip oft einer diakonievergessenen Verkündigung oder einer ritualisierten und verflachten Liturgie entgegengehalten. Aber ist Diakonie als Solidarität mit Menschen in Not nicht auch dafür anfällig, ihrer Idealität untreu zu werden (z.B. hilflose Helfer, berechnende Hilfe, Kompensation, Versuchungen der Diakonie können doch auch Macht sein, Ausnützen der Abhängigkeit, Diakonie als Mittel zum Zweck)? Muss sie sich als konkreter Vollzug und in ihrer Sozialform nicht auch auf einen universal gültigen und gleichsam «prophetischen» Bezugspunkt beziehen? Ist sie von daher nicht auch kritisch zu beleuchten? – Richard Völkl hat sich schon vor Jahren dieser Spannung zugewandt und dafür plädiert, «dass diese drei Grundfunktionen eine untrennbare Einheit bilden, dass also eine Gemeinde nur dann wirklich lebt und in Ordnung ist, wenn sie diesen ihren dreifachen Auftrag erfüllt»[8]. Und er betont: «... es wäre theologisch falsch und pastoral töricht, eine gegen die andere auszuspielen oder sie gegenseitig auf- bzw. abzuwerten.»[9]

---

[6] Nuscheler, Franz u.a.: Christliche Dritte-Welt-Gruppen. Praxis und Selbstverständnis, Mainz 1995.
[7] Vgl. Pastoraltheologische Informationen, 10. Jg., 1/1990.
[8] Völkl, Richard: Theologische Überlegungen zur Caritas der Gemeinde, in: Caritas. Jahrbuch des Deutschen Caritasverbandes, 83. Jg., 1982, 19–26: 20f.
[9] Ebd., 22.

Persönliche Herausforderung

Nach dieser skizzenartigen Hinführung sei ein Hinweis auf ein Problem
eher persönlicher Art erlaubt. Je länger, je mehr bereitet es Mühe, von
Diakonie und von Solidarität zu sprechen, weil sie mit dem Ernstfall des
Evangeliums bzw. mit Liebe zu tun haben und zum fundamentalen Sym-
bol und «Sakrament» für eine glaubwürdige Kirche geworden sind.

Das ist aber nicht an die offizielle Kirche oder an die theologische
Theorie zu delegieren, sondern meint existentiell jeden und jede einzeln
persönlich, ganz konkret auch mich. Und diese Spannung zwischen dem
hohen Anspruch und der eigenen kümmerlichen Praxis macht es immer
schwerer, wortreich für das Anliegen zu plädieren. Wir arbeiten vor
allem im akademischen Raum dominant theoretisch-argumentativ und
begrifflich abstrakt und verlieren gar oft das Gefühl für die eigene Pra-
xisabstinenz. Mit Pathos vertreten wir leicht Visionen von einer «dienenden Kirche», von einer «Kirche für andere», von einer «befreienden
Erlösungspraxis» und von einer «absichtslosen Solidarität»; wir liessen
uns zu Recht von der Befreiungstheologie inspirieren und identifizierten
uns mit ihren namhaften Vertretern. Wir promulgieren Optionen für die
Armen und plädieren für einen Standortwechsel und bleiben oft doch
stehen. Wo sind denn unsere Orte konkreter Liebe, der ausharrenden
und die Not nicht fliehender Gefährtenschaft, Orte wenigstens der kleinen Schritte von mitgehender, heilender und auch protestierender Solidarität? Wie agieren wir Theologen und Theologinnen, Seelsorger und
Seelsorgerinnen an den Brennpunkten gesellschaftlicher Herausforderungen und Krisen? Bewegt sich nicht auch die akademische Theologie über
weite Strecken in einem ethischen Unschuldsrevier? – Aber: Trotz der
subjektiv bedrängenden Mühe mit der eigenen Praxis verdient es das
Anliegen, ihm die Stimme zu leihen und treu zu bleiben – auch wenn
man ihm gegenüber hilfloser Schuldner bleibt. Gerade deshalb ist eine
theologische Vergewisserung befreind, nötig und herausfordernd.

2. Theologische Vergewisserung: Horizont für ökumenische Kooperation

Im Verlaufe der praktisch-theologischen Diskussionen um die Grundfunktionen bzw. unverzichtbaren Lebensgesten der Kirche ist die Dia-

konie – wie schon angedeutet – sozusagen zum «Grundstoff» für alle anderen Grundvollzüge erklärt worden.

Paolo Ricca, Theologe an der Waldenser Fakultät in Rom, spricht von der Diakonie als Ort der Offenbarung der Kirche.[10] Auch wenn man an solche Theorien durchaus Rückfragen stellen kann, so ist doch das Grundanliegen sehr zu begrüssen, nämlich Kirche als christlich motivierte Solidaritäts-Gemeinschaft zu verstehen.

2.1 Diakonie als Vollzug von Solidarität

Sind diese edlen Begriffe nicht schon längst abgedroschene Begriffe? Der christliche Glaube kann aber nur in der Einheit von Wort und Tat verwirklicht werden. Insofern definieren die im Evangelium eröffneten Lebensperspektiven und die konkreten persönlichen und gesellschaftlichen Herausforderungen und Aufgaben die christliche Berufung und ihre Sendung in der heutigen Zeit. Beide Pole sind unverzichtbar.

In solchem Bemühen folgt die Kirche den Fussstapfen Jesu: «Der Menschensohn ist nicht gekommen, sich bedienen zu lassen, sondern zu dienen» (Mk 10,45). Berühmt geworden ist das Wort von Dietrich Bonhoeffer: «Die Kirche ist nur Kirche, wenn sie für andere da ist ... sie muss an den weltlichen Aufgaben des menschlichen Gemeinschaftslebens teilnehmen, nicht herrschend, sondern helfend und dienend.»[11] Nicht minder prophetisch sind die Worte eines anderen Märtyrers in der Nazidiktatur, des Jesuiten Alfred Delp, die da lauten: «Das Schicksal der Kirchen wird in der kommenden Zeit nicht von dem abhängen, was ihre Prälaten und führenden Instanzen an Klugheit, Gescheitheit, ‹politischen Fähigkeiten› usw. aufbringen.» Entscheidend wird die «Rückkehr der Kirchen in die ‹Diakonie›: in den Dienst der Menschheit. Und zwar in einen Dienst, den die Not der Menschheit bestimmt, nicht unser Geschmack oder ... die Gewohnheiten ... einer noch so bewährten kirchlichen Gemeinschaft ... Es wird kein Mensch an die Botschaft vom Heil und vom Heiland glauben, solange wir uns nicht blutig geschunden haben im

---

10 Ricca, Paolo: Diakonie und Europa. Eine Perspektive des Südens, in: Der weite Raum, 31. Jg., 3/1993, 40.

11 Bonhoeffer, Dietrich: Widerstand und Ergebung, 3. Aufl., München 1985, 415.

Dienste des physisch, psychisch, sozial, wirtschaftlich, sittlich oder sonstwie kranken Menschen. Rückkehr in die Diakonie habe ich gesagt. Damit meine ich das Sich-Gesellen zum Menschen in allen seinen Situationen mit der Absicht, sie ihm meistern zu helfen, ohne anschliessend irgendwo eine Spalte oder Sparte auszufüllen. Damit meine ich das Nachgehen und Nachwandern auch in die äussersten Verlorenheiten und Verstiegenheiten des Menschen, um bei ihm zu sein und gerade dann, wenn ihn Verlorenheit und Verstiegenheit umgeben»[12].

Mit diesen wenigen Hinweisen wird deutlich, dass ein Standortwechsel zugemutet wird. Christliche Diakonie als schwesterliche und brüderliche Solidarität mit Menschen und der Schöpfung in Not sieht deshalb nicht nur die individuelle Not, sondern auch die subjektive wie weltweite Verflechtung von Nöten mit den Ordnungsvorstellungen und Bedingungen struktureller Art. Im Anschluss an das Gleichnis vom barmherzigen Samariter «geht es nicht nur darum, Wunden zu verbinden. Es geht wesentlich auch darum, die Räuberei aufzudecken und ihr ein Ende zu bereiten. Zuwendung zu den Menschen in Not und strukturelle Massnahmen gehören zusammen»[13]. Der barmherzige Samariter ist zum Prototyp des uneigennützigen christlichen Helfers geworden – zu Recht. Aber spielt der Wirt, an den der Hilfsbedürftige übergeben wird, nur eine Nebenrolle? «Samariter und Wirt stehen als Symbolfiguren dafür, dass christliche Diakonie beides braucht: die spontane Sensibilität für den Nächsten ebenso wie die Formen institutionalisierter Hilfeleistung.» (Markus Lehner)

Mit diesen Ausführungen soll dargelegt werden, dass sich der Geist Jesu in der Kirche nicht nur im Zeugnis des Glaubens, nicht nur im gottesdienstlichen und sakramentalen Leben vollzieht, sondern unverzichtbar im Tun der Liebe, im diakonalen Handeln in seiner individuellen, sozial-politischen und institutionellen Vielfalt.

---

[12] Delp, Alfred: Gesammelte Schriften IV, hrsg. v. Bleistein, Roman, Frankfurt 1984, 318f.
[13] Kamphaus, Franz: Der Preis der Freiheit, Mainz 1987, 166.

2.2 Solidarität als Paradigma für Kirche

Grosse Versuchungen «frommer» Leute sind immer wieder der Rückzug in die Nische privater Frömmigkeitsformen, eine Spiritualisierung des Evangeliums im Sinne einer reinen, um die Welt unbekümmerten Innerlichkeit oder die krankhafte Pflege von religiösen Sicherheitspraktiken (wie z.B. bei fundamentalistischen Strömungen oder auch Leistungsfrömmigkeit usw.). Die spannungsvolle Einheit von Gottes- und Menschenliebe wird dabei leicht aus dem Auge verloren.

Ebenso ist ein Ekklesiozentrismus eine Versuchung für manche Kirchenleute – vermutlich stärker auf katholischer Seite –, indem man die Kirche selbst zum Hauptthema macht, sich hinter den Kirchentüren vor den Problemen vor den Kirchentüren bzw. «draussen» verschanzt, sich vielfach innerbetrieblich verzettelt und krankmachend um sich selber kreist. Die Synode 1972 in der Schweiz ist diesbezüglich kompromisslos deutlich: «Die Kirche kann daher ihre Sendung nicht wahrnehmen, wenn sie sich auf sich selber zurückzieht und nur defensiv handelt (Getto-Mentalität). Sie hat die heutige Zeit mit ihren Fragen, Anliegen und Nöten ernst zu nehmen. Sie hat dazusein für die suchenden Menschen; sie muss zusammenarbeiten mit allen ‹Menschen guten Willens›, welchen gesellschaftlichen, politischen und religiösen Gruppierungen sie auch angehören.» (Synode Bistum Basel: Kirche heute IV, 7.2)

Offenheit für die Menschen und ihre Welt bzw. Solidarität mit Menschen in Not ist zum visionären Merkmal für die Kirche geworden. Der Kirche bleibt – trotz ihrer zurzeit denkbar schlechten Presse und trotz ihrer Selbstverwundungen – kein anderer Weg als der der «Karriere nach unten» (Heinz Schürmann). Ein anderer Begriff ist (im katholischen Umfeld) in den 80er Jahren des letzten Jahrhunderts «Evangelisierung» geworden. Das Wort löst scheinbar sehr viele Missverständnisse aus (Evangelisation der Zeltmission, Neu-Evangelisierung Europas), bedeutet aber Einheit von mystischer Glaubenstiefe und konkreter Hoffnungspraxis unter und mit den Menschen. «Umkehr im Sinne des Evangeliums meint keine Entpflichtung von der sozialen Wirklichkeit, sondern im Gegenteil ihre verschärfte Wahrnehmung – aus der Perspektive der Notleidenden,

Unterprivilegierten und Entrechteten; sie vollzieht sich als realer Orts-
wechsel – als Parteilichkeit besonders für die Armen und Schwachen.»[14]

Bevor wir jedoch das konkrete Profil dieser Dienstanweisungen im
Blick auf die Gemeinde näher skizzieren, ist die theologische Vertiefung
unseres Themas nötig, um auch vom Glauben her den Ernst der Einheit
von Gottesliebe und Menschenliebe zu beleuchten.

2.3 Theologische Vertiefung: Gott und Mensch gehören zusammen

Wie ist von der Bibel und letztlich von Jesus Christus her ein grundlegender Zugang zu unserer Fragestellung zu finden?

Theologische Rechenschaft: Einheit von Menschen- und Gottesliebe (Karl Rahner)
Existentiell dankbar für meine persönlich-spirituelle Orientierung wie für
die theologische Arbeit gleichermassen bin ich Karl Rahner, bei dem
man nicht genug zur Schule gehen kann. Im Blick auf die theologische
Vergewisserung über die Verankerung der Diakonie im christlichen
Glauben können wir uns von seinem Aufsatz «Über die Einheit von
Nächsten- und Gottesliebe» inspirieren lassen.[15] Dort sagt er kurzgefasst,
dass die Menschen- und Weltbegegnung das Medium ist und der Ort der
ursprünglichen, ungegenständlichen Gotteserfahrung. Nächstenliebe ist
somit der primäre Akt der Gottesliebe (295). Mit einfachen Worten: Die
Liebe folgt nicht einfach konsekutiv aus dem Glauben, sie ist unmittelbar
konstitutiv für den Glauben.

Der Mensch als das in Liebe geschaffene Wesen (schöpfungstheologisch)
Bevor wir uns auf die Person und die Botschaft Jesu besinnen, ist es gut,
schöpfungstheologische Grundlagen in Erinnerung zu rufen. Auch wenn
die katholische Theologie grundsätzlich die Schöpfungstheologie gewich-
tet, so ist es insgesamt um sie eher wieder ruhig geworden. Immerhin hat
Jesus oft auf das verwiesen, was «am Anfang» war, was am Anfang die
Absicht Gottes gewesen ist. Der Mensch ist in dieser Schöpfungssicht,
ob er nun als Einzelperson verstanden wird oder als Gemeinschaft, be-

---

[14] Mette, Norbert/Blasberg-Kuhnke, Martina: Kirche auf dem Weg ins Jahr
      2000, Düsseldorf 1986, 166.
[15] Schriften zur Theologie VI, 2. Aufl., Einsiedeln 1968, 277–298.

grenztes und aus grundloser Liebe geschaffenes Wesen Gottes. Damit ist schon ungeheuer viel und Entscheidendes ausgesagt. Der Mensch ist nicht nur das in seiner Hilflosigkeit angenommene Geschöpf, sondern das in seinem ursprünglichen Dasein in Liebe geschaffene Wesen. Sein Dasein selbst ist eine Art Verleiblichung der Liebe des Schöpfergottes. – Von Gott her, wie es sozusagen von Anfang an gedacht war, ist der Mensch gerade das Gegenteil eines Notfalls oder eines Bettlers. Vielmehr ist menschliche Existenz von Gott besorgtes und zugelebtes Dasein. Jenseits von Zweck und funktionaler Berechnung ist Dasein geschenkt (Ebenbild, Bund, Partnerschaft). Die Schöpfung wird weder dämonisiert noch divinisiert.

Von seinem Ursprung («Natur») her ist demzufolge der Mensch das auf Gemeinschaft in Liebe ausgerichtete Wesen, das um seines Daseins willen auf Tod und Leben des Mitseins bedarf. Schon der alttestamentliche Name für Gott: «Jahwe» bringt das unmissverständlich zur Sprache: «Jahwe: Ich bin der für euch Daseiende, und ich werde der für euch Seiende sein in Ewigkeit» (vgl. 2 Mose 3,14). Alfons Deissler übersetzt: «Ich bin da und werde da sein als dein helfender und heilvoller Gott, was auch geschehe.» Liebe ist in diesem Schöpfungsverständnis mit Leben und Dasein identisch. So kennen auch Liebende keine Instanz, vor der sie Liebe einklagen könnten. Wenn überhaupt, dann belangt die Liebe dadurch, dass sie sich selber gibt und schenkt.

Eine letzte Eindeutigkeit dieser Schöpfungstheologie ist indessen mit Jesus Christus eröffnet. Denn in ihm ist die Liebe Gottes gleichsam in Person gekommen, nicht um zu richten und Konsequenzen anzudrohen (vgl. Mk 8,29f; 1 Kor 1,17–31), sondern weil er die Menschen trotz ihrer Taten und trotz angetaner und selbstverschuldeter Not und Verlassenheit bejaht und liebt, mit ihnen Gemeinschaft pflegen und ihnen Bruder werden will. – Der Name Jesus: Jeschua: «Jahwe ist Heil», enthält schon das Tiefste, was es mit der Botschaft, dem Weg und mit der Person Jesu von Nazaret auf sich hat.

Für Jesus steht der Mensch in der Mitte: «Heiland»[16]

Im Folgenden geht es um einige höchst sporadische Hinweise auf das
Verhalten und die Verkündigung Jesu, wie sie in den Schriften des Neu-
en Testamentes zugänglich sind. Daraus ist für uns abzulesen und zu
verstehen, was oft formelhaft von Jesus Christus gesagt wird, dass er in
Person für uns «Heil» bedeutet.

Aus den Begegnungen Jesu mit den Menschen wird überdeutlich,
dass er alle Menschen ernst nimmt. Erinnert sei an die Ehebrecherin, an
die Samariterin am Jakobsbrunnen, an den Zöllner, an Nikodemus, an
Pilatus, an den reichen Jüngling, Maria und Martha, Lazarus. – Im Verhalten Jesu den Menschen gegenüber entäussert sich sozusagen eine ein-
zigartige Parteiergreifung für den Menschen, die aus seinem tiefen Got-
tesverständnis fliesst: «Ich bin gekommen, damit sie das Leben haben
und damit sie es in Fülle haben» (Joh 10,10).

Wenn wir die Haltung Jesu z.B. der Ehebrecherin (Joh 8,1–11) oder
Maria von Magdala gegenüber näher betrachten, dann fällt auf, wie in
seinem Verhalten eine Mut machende und aufrichtende Hinwendung zu
den Menschen schlechthin deutlich wird. Für die Gegner Jesu steht ja
nicht der Mensch in der Mitte ihrer Sorge. Sie lauern den Menschen
vielmehr auf, weil für sie Gott ein Herrscher ist, dessen Herrsein sich in
einem belastenden Gesetz zeigt, in einer harten Gesetzestreue, in einer
ängstlich zu befolgenden und bis in das einzelne Detail hinein geregelten
und ritualisierten Religiosität. Demgegenüber geht es Jesus radikal (wur-
zelhaft) um die Menschen, um ihnen Heilung und befreites Selbstwert-
gefühl zu ermöglichen. Für ihn steht der Mensch im Mittelpunkt, nicht
das Gesetz oder der Sabbat (vgl. Lk 6,1–5; Joh 8,1–11 etc.). Er verurteilt
nicht; vielmehr geht er auf die Menschen zu, um ihnen neues Leben zu
schenken und Zuversicht und Lebenskraft zu eröffnen, indem sie auf-
und ausbrechen aus dem, was sie niederhält: «Gehe hin und sündige von
jetzt an nicht mehr» (Joh 8,11). Das muss ja alle Lebensgeister und allen
Lebensmut in der Frau geweckt haben.

---

[16] Als unsere Tochter etwa 6 Jahre alt war, las sie eine Kinderbibel und be-
      obachtete, dass es für Jesus mehrere Titel gibt. Sie meinte: «Jesus hat ja viele
      Namen. Der schönste aber ist Heiland.» Seither lasse ich mir dieses Wort
      von keiner Theologie ausreden.

Die Haltung und das Verhalten Jesu den Menschen gegenüber ist ganz geprägt von seiner Kunde von einem «barmherzigen Vater», dessen «Herrschaft» sich als Reich Gottes in Friede, Freiheit und Gerechtigkeit ankündigt, von einem Gott, der den Menschen als freien Partner ruft und annimmt. In Jesus begegnet uns die Verkörperung dieser Partnerschaft. Dieser Bund Gottes mit den Menschen verbindet die Menschen neu miteinander, lässt sie einander zu Schwestern und Brüdern werden, ändert die Qualität der Beziehungen unter den Menschen, deren ethische Höhe darin besteht, selbst den Gegner und den Feind zu lieben. Selbst die Feinde und die «Täter» und nicht nur deren «Opfer» werden in diese Hoffnung einbezogen.

Aus dem Verhalten und der Handlungsweise Jesu, auch aus seiner Gesprächshaltung heraus, spricht ein beispielhaftes Ernstnehmen der Gleichheit bzw. der Brüderlichkeit und Schwesterlichkeit aller Menschen. Deshalb haben wohl die Armen und die geplagten Menschen bei Jesus besonders Hoffnung geschöpft und sind ihm mit Offenheit begegnet.

Solches Verhalten und solche Botschaft waren und sind umstürzlerisch. Mit seinem Verhalten überwindet Jesus nämlich die ausgeklügelte Regie der Gesetzlichkeit in Ethik und Kult. Er sprengt die sakralisierten Formen damaliger Religiosität, die Gottes Handeln gleichsam an menschliche Riten und an die von Menschen gesetzten Bedingungen binden wollen und die leicht zu Leistungsfrömmigkeit verführen. Wir müssen nicht krampfhaft Gott auf uns gnädig abrichten. Dadurch, dass Jesus auf die Menschen so zugeht, ihnen allen Bruder wird und durch seine Botschaft vom gnädigen Vater alle Menschen Schwestern und Brüder werden, durchbricht er die Ordnung von arm und reich, von unten und oben, von Freund und Feind, von Mann und Frau, von Gesetz und Gesetzlichkeit, von Schuldigen und Unschuldigen, von Klerus und Laien usw.

So erweist sich Jesu Handeln als *heilendes Wirken*, das Dämonen austreibt (heute: versklavende Vitalinteressen, Drogen, öffentliche Meinungen und Vorurteile, Konsumismus etc.) und gesundheitsschenkende Kräfte fördert, zu Leben erweckt, Blinden die Augen öffnet, die vergifteten Atmosphären reinigt und zerbrochene Kommunikation aufweckt und aufbricht.

Aus seiner tiefen Verankerung in Gott, den er seinen Vater nennt, wendet er sich gegen alle repressiven Erwartungen und gegen alle Formen seelischer Umweltverschmutzung (Ärgernisse). Er wendet sich mit seinem ganzen Herzen den Menschen zu. Er stellt den Menschen in die Mitte, den geschundenen, armen, isolierten, kranken, ratlosen, verstummten, schuldigen, den suchenden, den abgeschriebenen Menschen, nicht um ihn blosszustellen, sondern um neues Leben, neuen Sinn und damit neue Lebensfreude, Befreiung und Lebenszuversicht zu ermöglichen. Umkehr ist somit zutiefst Hinkehr zu Jesus und Aufbruch in seine Nachfolge. – Der Mensch und dessen Heil stehen in der Mitte. Gottesliebe meint jeden Menschen. So gilt christliche Nächstenliebe nicht nur Konfessionsangehörigen, sondern allen Menschen. Der Weinberg Gottes sind alle Menschen.

Liebe: konstitutiv für Glauben (im Geiste Jesu)
In der Treue gegenüber der Botschaft und dem Weg Jesu bleibt die Kirche in seinem Geiste. Der Heilige Geist ist die konkrete Weise der Gegenwart Jesu. Nur dann ist Kirche Geistes-gegenwärtig: «Wenn wir einander lieben, bleibt Gott in uns und seine Liebe ist in uns vollendet. Daran erkennen wir, dass wir in ihm bleiben und er in uns bleibt: Er hat uns von seinem Geist gegeben» (1 Joh 4,12f). – Wie ist nun aber das Verhältnis zwischen Glaube und Liebe? Hat etwa der Glaube Vorrang? Gibt es nur Orthopraxie, wenn die Orthodoxie beglaubigt ist? Ist aber nicht die Liebe der «Test» für den Glauben? Wenn es im 1. Johannesbrief heisst: «Gott ist Liebe» (1 Joh 4,8), dann bedeutet dies, dass wir in der Nachfolge Jesu nicht zuerst dadurch, dass wir Gott «bekennen», Gottes sind, sondern wenn wir die Liebe tun. Entscheidend bleiben somit die konkreten, wenn auch oft sehr mühsamen Schritte der Solidarität, der Liebe und der Versöhnungsbereitschaft. Darin erfüllt sich christliche Identität: «Wer nicht liebt, hat Gott nicht erkannt» (1 Joh 4,8) und: «Wie kann die Liebe Gottes in dem bleiben, der Vermögen hat und sein Herz vor dem Bruder verschliesst, den er in Not sieht?» (1 Joh 3,17). Primär ist somit die Liebe, die allerdings vom christlichen Glauben her über ihre Tiefe und letzte Erfüllung «aufgeklärt» wird und Motivierung erfährt. (Darin liegt wohl der «Unterschied» zwischen ziviler Wohlfahrt und christlichen Hilfswerken.) – Der primäre Gegenstand der Diakonie bzw. der Liebe ist somit nicht die Not des anderen, seine Hilfsbedürftigkeit, nicht die Situation und Bedingungen menschlichen Leidens und Versagens, nicht Krankheit und Sterben, sondern der Mensch selber, so wie er geschaffen, geliebt und angenommen ist von dem, den wir mit Be-

rufung auf Jesus den Gott des Lebens bekennen. Diakonie ist letztlich nicht Konsequenz, sondern konstituierende Dimension des Glaubens.

3. Verbindliche Dienstanweisungen

3.1 Zeichen der Zeit (Gaudium et spes)

Im Anschluss an Karl Rahner geht es um das «Sowohl-als-Auch» der Einheit von Menschen- und Gottesliebe, um eine Art elliptische Wechselseitigkeit von christlicher Lebenshoffnung und konkreter Wirklichkeit mit all ihren schöpferischen und destruktiven Realitäten. Diesen ist nun stichwortartig Aufmerksamkeit zu schenken, wenn wir in unserem kontextuellen Lebenszusammenhang konkret nach dem fragen, was wir die Dienstanweisungen Gottes nennen können.

Ein Stichwort, das sich signifikant mit dem II. Vatikanischen Konzil verbindet, ist der «aggiornamento», die wache Aufmerksamkeit für die Zeichen der Zeit. «Zur Erfüllung dieses ihres Auftrags obliegt der Kirche allzeit die Pflicht, nach den Zeichen der Zeit zu forschen und sie im Lichte des Evangeliums zu deuten.» (Gaudium et spes, 4)

3.2 Panorama umfassender Herausforderungen

Wenn christliches bzw. kirchliches Handeln unter gesellschaftlichen Bedingungen und im Lichte des Evangeliums reflektiert und begründet wird, dann sind vorerst die grundlegenden Probleme wenigstens beim Namen zu nennen. Diese haben zwar weltweite Dimensionen, berühren jedoch Europa bzw. die Schweiz und die Kontexte der einzelnen Länder und Kulturbereiche höchst unterschiedlich. Seit Jahren versuche ich folgende Systematisierung unterschiedlicher Dimensionen von Diakonia.[17]

Politische Diakonie
Ausgehend von der Begrifflichkeit des konziliaren Prozesses der 90er Jahre des letzten Jahrhunderts war ein entscheidendes Stichwort die *Ge-*

---

[17] Systematisch entfaltet in: Karrer, Leo: Katholische Kirche Schweiz. Der schwierige Weg in die Zukunft, Fribourg 1991, 110–152.

rechtigkeit. Das Ringen um Gerechtigkeit ist engstens mit dem Anliegen des Friedens und der Gewaltverhinderung verbunden. Dabei handelt es sich um alle Formen der *Armut an elementaren Lebensbedingungen.* In diesem Zusammenhang ist an politische Systeme und an die globalisierte Wirtschafts(un)ordnung zu erinnern, die für den Hunger ganzer Erdstriche und für schreiende Ungerechtigkeit nicht allein, aber entscheidend mitverantwortlich sind und werden. *Politische Diakonie* wäre ein Versuch, darauf eine Antwort zu geben.

Friedens-Diakonie

Dem konziliaren Prozess ging es ebenfalls um den *Frieden* bzw. um Entspannung, Abrüstung, Versöhnung, um die Beilegung von Feindschaft und Krieg. Im Grunde genommen sind es die *Sorgen um die Zukunft* und um die Sicherung einer kommunikativen Kultur und Struktur des Miteinanders, wo immer Formen der Gewalt zwischen Menschen, zwischen Mann und Frau, verschiedenen Nationen und Rassen sowie Gewalt gegen die Natur, gegen den Kosmos gemeinsame Zukunft zerstören. Ausdruck solcher Bemühungen können wir *Friedens-Diakonie* nennen.

Soziale Diakonie

In einem weiteren Sinn verbindet sich mit dem bedrohten Frieden die *Armut an Mitwelt* in den zwischenmenschlichen Beziehungen. *Soziale Diakonie* bemüht sich um Solidarität mit vereinsamenden, depressiven, isolierten oder müde gewordenen Menschen, die aus ökonomischen, seelischen, gesellschaftlichen oder biographischen Gründen behindert sind, mit anderen Beziehungen zu leben und zu gestalten. Soziale Diakonie antwortet auf die Armut an kommunikativer Mitwelt.

Therapeutische Diakonie

Im Unterschied dazu meint die *therapeutische Diakonie* eher die individuellen Notlagen, in denen einzelne Menschen die oft namenlose *Not der biographischen Armut* an physischer, seelischer und geistiger Lebensentfaltung erleiden.

Ethische bzw. kulturelle Diakonie

In diesem ganzen Spektrum sind auch die Formen der *Armut an Werte-Orientierung* und an kommunikativer Verständigung zu sehen, die natürlich mit den genannten Gesichtspunkten oft engstens verwoben sind.

Wenn immer in der praktischen Politik und in der *Gestaltung des Gemeinwesens* nach den tragenden Grundwerten oder nach einem Konsens in der kulturellen Gestaltung der Lebenswelten gefragt wird (z.b. Medienwelt, Gentechnologie, Strafrechtsgesetze, Ehe und Familie, Bildungspolitik etc.) oder lokal, regional und global nach sachgemässen Solidaritätsstrukturen und nach Modellen für das gesellschaftliche Miteinander (z.b. Verhältnis der Schweiz zur EU und umgekehrt) gesucht werden, dann ist m.E. *ethische und kulturelle Diakonie* angesagt. Sie antwortet auf die Armut an tragenden Werten und an kommunikativer Kultur und Gestaltungsphantasie im politischen und gesellschaftlichen Miteinander.

Religiöse Diakonie
In diesem ganzen Gesichtsfeld ist auch das nicht zu unterschlagen, was wir Sinnkrise oder *Armut an Lebenssinn* oder gar an Daseinswillen nennen können. Es handelt sich dabei um die z.T. tabuisierten Fragen nach Lebensperspektiven und Identitätsfindung, die an ihrer Wurzel oft religiöse Dimensionen offen legen und den Verlust an Lebenszuversicht an den Tag bringen. Die Hoffnungsressourcen scheinen oft aufgebraucht oder verschüttet. Wenn Lebensoptionen zerbrechen, Lebensfreude in Verdruss oder Ekel umschlägt oder Schuldgefühle nagen, dann versteht sich *religiöse Diakonie* als Antwortversuch auf die Sehnsucht nach Ganzheitlichkeit und Lebenserfüllung und Versöhnung im Horizont einer sinnschenkenden Hoffnung. Die religiöse Diakonie antwortet auf die Sinnfragen der Menschen und auf deren Suche nach Hoffnungsperspektiven.

Bei dieser Auflistung handelt es sich um keine Analyse. Vielmehr sollte damit das Panorama skizziert werden, in dem wir uns befinden, wenn wir die Dienstanweisungen in der Realität des persönlichen und gesellschaftlichen Lebens ernst nehmen und uns davon herausfordern lassen wollen. – Die Nennung der heutigen Herausforderungen bezeichnet keine grundlegend neuen Probleme. Aber ihre Ursachen und die Bedingungen der Problemlösung haben sich gegenüber früher radikal verändert, wie die folgenden Gedankenschritte belegen wollen.

3.3 Bedrohungen und Chancen des Humanum?

Schon diese wenigen Stichworte legen nahe, dass wir nicht mehr in den Bedingungen des 19. Jahrhunderts bzw. der Industriegesellschaften und

der totalitären Systeme im 20. Jahrhundert leben. Fachleute sprechen
von einem Sprung aus diesen geschichtlichen Phasen in das Kommuni-
kations- und Informationszeitalter. Man spricht von der Wissensgesell-
schaft. Wird sie in Zukunft die Quartiermeisterin für Kirchen und ihre
diakonischen Werke?

Im Einzelnen sind damit die Globalisierungen angesprochen. Die
wirtschaftliche Globalisierung vermag zurzeit bei ihrem sich beschleuni-
genden Tempo keine Antwort zu geben auf die heutigen Ursachen und
Formen der Armut ganzer Erdregionen. Und wird die Macht der «global
players» nicht so unkontrollierbar und uneinsehbar, dass demokratische
Kontrollen schwerlich greifen können? Wie steht es um die Zukunft der
Demokratie als eines Systems, das noch am ehesten die Freiheit des
Menschen zu schützen verspricht? Wird sie sich gegenüber der wachsenden Wirtschaftsmacht und dem politischen Machtgerangel behaupten
können? Die kommunikationstechnische, weltweite Vernetzung verspricht kaum Heilung. Der einzelne Mensch wird wohl noch erst lernen
müssen, wie er mit dem materialen Überangebot im Informationsmeer
und mit der Überschwemmung durch Bilder und Nachrichten sinnvoll
und menschlich bekömmlich umgeht.

Beide Entwicklungsstränge stehen im Zusammenhang mit dem Problem der Arbeitslosigkeit, mit der Umverteilung der Arbeit und der Neu-
strukturierung des Arbeitsmarktes und mit den Auswirkungen auf das
Ökosystem – und zwar weltweit – und mit der Verknappung der
Ressourcen. Konjunkturmassnahmen helfen wohl kaum. Grundlegende
Strukturreformen scheinen angesagt. Das spüren wir in der grossen Politik wie «zu Hause» im kleinen Haushalt.

Aber nicht nur diese Globalisierungen empfinden wir als Paradigmenwechsel, sondern auch die molekularbiologische Revolution mit dem
technisch-biologischen Griff in das Innere des Lebens. Das heisst nichts
weniger als Manipulation des menschlichen Lebens. Damit stellt sich die
Frage nach dem Menschsein und unserem Verständnis von Humanität.
Es geht um keine pessimistische Weltsicht, sondern darum, die Herausforderungen zu markieren. Es ist nüchtern zu registrieren, dass nicht
Soziologie oder Psychologie mehr die Leitwissenschaften sind, sondern
Ökonomie und zunehmend Biologie. Wie steht es dann um die menschliche Freiheit und die Gerechtigkeit?

Allerdings: Trotz all der Probleme im individuellen sowie im gesellschaftlichen und internationalen Zusammen- und Überleben ist für die

heutige Zeit doch positiv zu vermelden, dass die Wachheit gewachsen ist
für die Ursachenketten so vieler Nöte und für die Vorstellungen von einer
gerechteren und befriedeteren Welt, ebenso für die Ideale von Toleranz
und Selbstentfaltung, die Freiheit wagen aber auch Freiheit gewähren.
Die Sensibilität hat zugenommen für die Gleichwertigkeit aller Menschen
und für helfende und entlastende Solidarität sowie Versöhnungsschritte
im Kleinen wie im Grossen. Alles doch grossartige und Hoffnung we-
ckende Vorstellungen, von denen viele Frauen und Männer träumen,
Visionen, die an ihrer Wurzel christlich sind und die unsere Phantasie von
einem gelingenden Leben und menschlichem sowie gesellschaftlichem
Miteinander prägen.

Das grosse «Aber» jedoch setzt die Realität; die Verhältnisse sind
nicht so. Und das Leben teilt ohne Nachsicht andere Lehren mit. Risiken
und Chancen verbinden sich oft miteinander.

Die Krisen um die Werte und um einen Konsens bei wichtigen
Grundlagen des staatlichen und gesellschaftlichen Lebens sowie die Mei-
nungsvielfalt auch in grundsätzlichen Fragen (Sterbehilfe, Institution
Ehe, Gentechnologie) zeigen überdeutlich, dass aktive Solidarität nicht
mehr durch herkömmliche Traditionen oder durch abgeschlossene Milieus
(kirchliche Gettos, Parteien, Gewerkschaften, Universität) zu sichern ist.
Wohin führt das Verblassen der Werte? Welche sind die «neuen Werte»?
Manche Gesellschaftstheoretiker meinen, dass viele Menschen aus einer
teilnehmenden Position in eine Beobachterrolle gegenüber den gesellschaftlichen Prozessen hineinflüchten. Der aktive Gestaltungswille wird
an andere oder an den Staat delegiert.

Es scheint sich die Frage zu verschärfen, ob das Ende von Solidaritätsstrukturen nicht sozusagen gesellschaftlich herbeigeführt wird? Die Welt,
wie sie sich heute im Mikrokosmos unserer Alltagswelt und im gesellschaftlichen internationalen Makrokosmos zeigt, bietet keine allseits gültigen Solidaritätsstrukturen mehr an. Der sogenannte Pluralismus ist mehr
Tatbestand, der für manche Richtungslosigkeit und eine Fülle nebeneinander praktizierter und untereinander kaum verbundener Lebensstile
markiert, aber nicht selber schon eine Struktur sinnvoller Vielfalt darstellt.

Mit diesen «Stichworten» sollte der Horizont aufgewiesen werden,
vor dem sich die Herausforderungen in der Sorge um das (bedrohte) Hu-
manum und in Solidarität mit den Menschheitssorgen ergeben. Vielleicht
ist auch wacher zu entdecken, welche neuen Initiativen sich als künftige
Solidaritätsstrukturen ansagen. Es stimmt einfach nicht, dass es heute

nicht auch vielfache Projekte der Solidarität gibt und beeindruckende
Hilfsbereitschaft und neue Formen der Solidarisierung in der Zivilgesell-
schaft, vor allem aber auch in den Kirchen.

4. Geld oder Geist: Bestimmt die Ökonomie?

4.1 Weltformel Geld: dominant in der Kirche und in ihrer Diakonie?

Sparzwang ist ein bedrängendes Problem geworden – in öffentlichen
und in privaten Haushalten, auch in den Kirchen, nicht nur in Deutschland. Die Kirchen sind in letzter Zeit von vielen Mängeln heimgesucht
worden. Im katholischen Bereich ist es bald eine Logorrhö, von Priester-
mangel, Jugend- und Gläubigenmangel, auch von Gemeindemangel zu
sprechen usw. Ein neuer Mangel kam dazu: Finanzmangel. Zum Teil ist
die Rede von Finanzmisere. Allerdings begann McKinsey mehr und mehr
die Theologen zu ersetzen. Damit sind Managementkonzepte, Organisa-
tionsentwicklung, Personalentwicklung und Unternehmensberatung auch
im System der empirischen Kirche gelandet. Es waren somit finanz- und
personalpolitische Umbrüche und Krisen, die manche Entscheidungs-
träger der Kirche zum Handeln veranlassten. Keine Synode und kein
Pastoralplan verändern die Kirche so rapide wie Finanzkrisen. Auch der
einschlägige Jargon passte sich an. Es klingt doch weltläufig und modern,
von kirchlichem Hauptprodukt, Kerngeschäft, kirchlicher Kundschaft,
religiöser Kundenorientierung und Kundenbetreuung, von Kirche als
Betriebsgemeinschaft oder Dienstleistungsunternehmen, von Servicepas-
toral und kirchlichem Humankapital usw. zu sprechen.

Die Frage ist aber, ob es die Kriterien des Finanzmanagements sind,
die primär den Ton angeben. Die folgenden Überlegungen sind als Folie
gedacht, vor deren Hintergrund die konkreten Fragen und heissen Eisen
bedacht werden sollen, ohne dass Patentrezepte vorlägen.

Die finanzielle Ressourcenknappheit ist ein bedrängendes Faktum.[18]
Daran ist nicht zu rütteln. Aber dürfen wir uns dann eine Phantasie-

---

[18] Die folgenden Überlegungen sind z.T. veröffentlicht unter dem Titel «Kirche unter Sparzwang», in: Pastoraltheologische Informationen, 24. Jg., 2004,
50–64.

knappheit leisten? Sind Finanzknappheit und Sparen das Ende der Vision oder der Beginn und Anstoss für Visionen und geistesgewärtige wie geistesgegenwärtige Phantasie? Hängt nun alles von finanziellen Ressourcen ab?

4.2 Wirtschaftliche Marktgängigkeit: eine theologische und spirituelle Ressource?

Ist nun Marketing das neue Heil, eine modische Form für die Existenzsicherung von Kirche? Wechselt die bürokratische Institution infolge der finanziellen Verschlankung zu einer betriebswirtschaftlichen Organisation? Ist man auch kirchlich dann auf der Höhe der Zeit, wenn man flexibilisiert, anpasst und wegrationalisiert? Man sage nicht, dass nicht manches unter Umständen nötig sei. Auch hier gilt: «Prüft alles und behaltet das Gute» (1 Thess 5,21). Aber es ist zu fragen, was das Gute sei, das zu behalten ist. Oder geraten wir in und mit der Kirche in eine Gegenabhängigkeit zum Marktverhalten?

Wird dadurch die Kirche als Zeichen der Ankunft Gottes im Leben der Menschen und als Zeichen für die letzthorizontliche Bestimmung des Menschen zur Disposition gestellt? Importieren wir eine Funktionalisierung von Mensch und Religion, die sich nicht im Sinne eines am Evangelium orientierten Menschenbildes bewährt? Haben Wirtschaft und Marketing womöglich die besseren Rezepte? Ist eventuell die Theologie dabei, ihre Orientierungsaufgabe an beflissenere Ratgeber mit ökonomischer Cleverness abzugeben?

Wenn die Frage nach dem Umgang mit Geld und Besitz gestellt ist, heisst das in der Tat, die empirische Wirklichkeit von Kirche und deren finanzieller Aspekte einmal ernst zu nehmen und nicht in einer spiritualistischen Berührungsangst zu erstarren. Es bedeutet aber auch, nicht bei diesen Fakten stehen zu bleiben, sondern die Realitäten als Orte und Zeichen für die eigene Aufgabe und Sendung zu verstehen und zu gestalten. Wenn also von Zielvergewisserung, von Effizienz, von Kundenorientierung, von zielführenden Entscheidungen, von Leitbildern und von Kirche als lernender Institution die Rede ist, dann geht es letztlich um die Zeichenhaftigkeit der Kirche für das Handeln Gottes an den Menschen, um ihre Glaubwürdigkeit und um die konkreten Schritte einer «ecclesia semper reformanda». Alles noch so gut gemeinte und auch notwendige Bemühen um die empirische Kirche lebt letztlich von einer

Hoffnung, die sie nicht selber produzieren kann, sondern geschenkt ist. Kirche dient einer Liebe zwischen Gott und Mensch, vor der die Kirche mit all dem Reichtum ihrer pastoralen und institutionellen Instrumente und mit ihrer Angst und Selbstbeschäftigung auch wieder zurücktreten darf und muss. Das macht die Seele von Kirche als Gemeinschaft der Glaubenden aus.

4.3 Plädoyer für eine Theologie des Geldes (gegen Dämonisierungstendenzen)

Von Ambrosius wird das Wort überliefert: «Nichts besitzt die Kirche für sich ausser ihren Glauben. Das sind die Einkünfte, das sind die Gewinne, die sie anzubieten hat.» (Ep 18,16) Schöner kann man es nicht sagen. Kirche ist somit daran zu erkennen, wie sie ans Geld kommt, wie sie es ausgibt und wofür sie es einsetzt. An der «Geldanschauung» der Kirche (Gotthard Fuchs) kann man ihre Prioritäten, ihre geistige Orientierung und ihr Sorgen-Barometer erkennen, das, was ihr letztlich heilig ist. Worin haben wir also «Geld-sensibler» zu werden? Gegenüber einer Dämonisierung von Geld und von Macht ist vielmehr so etwas wie eine Theologie des Geldes zu vertreten und zu praktizieren. Wird nur in Bauten, Kirchen aus Steinen, in kostspielige Häuser oder deren Renovation oder in prestigeträchtige Projekte investiert oder fliesst auch Geld in die Kirche aus Menschen, in mutige Suchbewegungen, in die diakonischen bzw. karitativen Projekte, in das Wagnis neuer Wege und neuer Potentiale des Personals unter den Bedingungen der gesellschaftlichen Herausforderungen der Gegenwart? Gibt es nun einen Rückzug von der Diakonia? Ist das Geld nun Mittel zum Zweck oder der Massstab für aktuell kirchliche Entscheidungen? Bestimmen finanzielle Rücksichten die pastoralen bzw. diakonischen Absichten? Soll es der Institution oder dem Menschen gut gehen?

Wie die Kirche mit Geld umgeht, könnte zum zeichenhaften Gegenhorizont für die universale Bedeutung des Geldes in der heutigen Welt werden. In Geld und Besitz fokussiert sich sozusagen das Ganze der gesellschaftlichen Realität. Wir alle sind vermutlich von der pantheistischen Bedeutung des Tauschwertes Geld doch recht massiv geprägt. So besteht auch die Frage, für welche Anliegen und für welche Zukunftspotentiale die Kirche ihr Vermögen einsetzt – bei aller sachlichen Gebundenheit finanzieller Verpflichtungen.

4.4 Bestimmen zuerst ökonomische Rücksichten die diakonischen bzw. kirchlichen Absichten?

Eine weitere Frage, die grundsätzlich zur Diskussion drängt, ist das Verhältnis zwischen Finanzplan und Stellenplan und zwar im Rahmen eines Pastoralplans mit einem diakonischen Konzept. Grundsätzlich ist dieses Spannungsfeld schon kurz berührt worden. Sind es wirtschaftliche Rücksichten oder finanzpolitische Sparmassnahmen, die auf dem Rücken des Personals oder aufgrund einer zufälligen Interessenlage ausgetragen werden? Aber es kann doch nicht angehen, dass Sparmassnahmen das primäre oder gar alleinige Kriterium sind für Stellenpläne und Schwerpunktsetzungen. Auch ein Stellenplan ist keine isolierte und beliebige oder nur finanzierungsabhängige Grösse, sondern letztlich vom konkreten Ort und vom Aufgabenfeld der Kirche bzw. der Diakonie her zu gewichten. Im Klartext: Erstickt eine ökonomische (Spar-)Pragmatik oder die zufällige Macht von dominanten Interessengruppen die diakonische Konzeption, der es um Analysen, belegbare Anliegen bzw. Herausforderungen und langfristige Perspektiven gehen muss?

Natürlich läuft im allgemeinen Chaos des praktischen Alltags das meiste kaum im stromlinienförmigen Zuschnitt der reinen Theorie. Aber es zeigt sich deutlich, ob der Umgang mit Geld und wirtschaftlichen Vermögenswerten das Ende von Visionen bedeutet. Oder ist er gegebenenfalls Anstoss und Impuls für längerfristige Perspektiven, denen die kurz- und mittelfristigen Entscheidungen unter- oder zugeordnet werden?

5. Thesen: Ökumenisch-ökonomische Rivalität oder Kooperation?

1. Ökumene impliziert Glaubens-Gemeinschaft und Handlungs-Gemeinschaft. Ökumenisches Lernen vollzieht sich prozesshaft in konkreten Projekten als Weggemeinschaft der Kirchen im Horizont des gemeinsamen Vertrauens auf die Botschaft Jesu und ihre diakonische Verwirklichung.

2. Im diakonischen Herausforderungsfeld reagieren die Kirchen situativ, punktuell und kontextbestimmt auf die Nöte der Menschen, auch wenn der Konsens der Kirche als Glaubensgemeinschaft und in manchen ethischen Fragen (Partnerschaftsmodelle, Schwangerschaftsabbruch, …) noch aussteht.

3. Die Ökumene als Handlungsgemeinschaft ist im Bereich der ethischen, politischen, kulturellen, friedensförderlichen und sozialen
   sowie therapeutischen Diakonie weitgehend selbstverständlich geworden: Konziliarer Prozess für Gerechtigkeit, Frieden und Bewahrung
   der Schöpfung; Dekade des ÖRK zur Solidarität mit den Frauen
   1988–98; Weltgebetstag der Frauen; Ökumenischer Kirchentag 2003
   in Berlin; Ökumenische Konsultation zur sozialen und wirtschaftlichen Zukunft der Schweiz, «Wort der Kirchen: Miteinander in die
   Zukunft». Auch auf der Stadt- und Kantonsebene wie in den Pfar-
   reien/Gemeinden sind die ökumenischen Initiativen und Projekte
   kaum zu übersehen – trotz etwaiger Reibungsflächen.
4. Für die Zukunft dürfte das Modell einer transparenten und partner-
   schaftlichen Kooperation eher zu empfehlen sein als eine diffuse Fu-
   sion auf der Basis einer allgemeinen Pragmatik. Aber die gesellschaftlichen und sozialen Herausforderungen erlauben auch nicht mehr
   eine konfessionelle Rivalität und Verzettelung, sondern die Sammlung
   der Synergien in einer differenzierten und kooperativ abgestimmten
   Arbeitsteilung.
   Hat das Geld in dieser Beziehung eine Schlüsselfunktion? Scheinbar teilt sich das Geld in der Ökumene nicht leicht: «Das Abendmahl
   und die Eucharistie seien in der Ökumene in der Schweiz leichter zu
   teilen als das Geld.»[19]
5. Die Zusammenarbeit zwischen den kirchlichen Hilfswerken und den
   staatlichen Institutionen ist nicht zuletzt zur Koordination der Synergien im Blick auf die Gesetzgebung und Öffentlichkeitsarbeit unverzichtbar. Allerdings dient diese Zusammenarbeit letztlich den
   dezentralen Lösungsbeiträgen auf der Ebene des überschaubaren Gemeinwesens, wo basisorientierte Diakonie und Hilfe zur Selbsthilfe
   Aufmerksamkeit beanspruchen. Organisatorisch und funktional zweck-
   rationale «Zusammenlegungen» (Fusionen) könnten leicht übersehen
   lassen, dass gerade Menschen in Not vertrauensvolles Klima und
   persönliche Kontakte benötigen. Das personale Moment ist entscheidend zu berücksichtigen. In dieser Beziehung sind die sog. freien

---

[19] Bischof K. Koch im Kirchenboten der ev.-ref. Kirche Basel Stadt, Katholische Internationale Presseagentur (KIPA) Nr. 84, 24. März 2004, 13.

Träger bei spontaner und individueller Hilfe im Vergleich zu den
Instrumenten des Sozialstaates im Vorteil.

6. Die kirchliche Diakonie (bzw. Caritas) trägt sozialstaatliche Mitverantwortung. Aber sie soll nicht zu einem Konkurrenzunternehmen
für staatliche «Daseinsvorsorge» werden. Vielmehr liegt ihre Chance
darin, unentdeckte Not zu erspüren, ein Horchposten für die Defizite
inmitten des menschlichen und gesellschaftlichen Lebens zu sein und
als prophetisch-kritisches Frühwarnsystem aufzutreten.

7. Ökumenisch vernetzte Diakonie ist infolge des betriebswirtschaftlichen Personal- und Finanzeinsatzes, der Verrechtlichung und Professionalisierung der sozialen Dienste und Aufgaben und nicht zuletzt
durch die Macht der Bürokratie bei Fremdmitteln in Gefahr, ihr eigenes Profil zu verlieren.

Ihr eigenständiger Auftrag hängt mit ihrer Vision zusammen.
Wenn immer sie Solidarität, Anwaltsfunktionen und Selbsthilfe konkretisieren will, versucht sie dies in einem letztinstanzlichen Horizont
der Hoffnung für den Menschen. Dies gibt Motivation und langen
Atem, auch wenn oft nur kleine Schritte grosser Optionen möglich
sind und der Erfolg auf sich warten lässt.

Die Zukunft des Sozialstaates aus christlicher Perspektive, oder: Der Beitrag der Kirchen zu einer neuen europäischen Sozialkultur[*]

Wolfgang Lienemann

Einleitung

Wird die Europäische Union über eine liberale Wirtschaftsgemeinschaft hinaus auch eine politische Gemeinschaft werden, für deren Identität die Wahrnehmung sozialer Verantwortung ein entscheidendes Merkmal sein wird? Kann ein Staatenbund eine übergreifende Sozialkultur entwickeln? Im Bewusstsein vieler Menschen sind die Institutionen, Strukturen und Prozesse der Europäischen Union (EU) weit von ihrer Lebenswirklichkeit entfernt. Die Skepsis gegenüber der Einführung des EURO war dafür repräsentativ, aber auch die vor allem in kirchlich engagierten Kreisen verbreitete Kritik an zahlreichen Erscheinungen ökonomischer Globalisierungsprozesse. Die Folgen internationaler Marktöffnungen werden zwar mit künftigen Wohlstandsgewinnen zu legitimieren versucht, aber wenn als Folge von gewinnträchtigen Rationalisierungsmassnahmen und grossen Unternehmenszusammenschlüssen Arbeitsplätze verloren gehen, fühlen sich die betroffenen Menschen der Grundlagen ihrer ökonomischen, politischen und kulturellen Selbständigkeit beraubt.

Demokratische Partizipation und sozialer Ausgleich vollzogen sich in Europa in der Vergangenheit stets in einem staatlichen Rahmen, dem ein Mindestmass relativer kultureller Homogenität zugrunde lag.[1] Ob die transnationalen europäischen Institutionen, aber auch Kirchen und ihre (grossen) diakonischen Einrichtungen als anonyme Agenturen und Büro-

---

[*]   Die Grundlinien dieses Beitrages wurden beim Studientag der Fachschaft Theologie an der Universität Heidelberg am 16.11.2005 vorgetragen und für diese Publikation überarbeitet und ergänzt.

[1]   Siehe hierzu Böckenförde, Ernst-Wolfgang: Die Zukunft politischer Autonomie. Demokratie und Staatlichkeit im Zeichen von Globalisierung, Europäisierung und Individualisierung, in: ders.: Staat. Nation. Europa, Frankfurt a.M. 1999, 103–126.

kratien oder als Anwälte der konkreten Sorgen und Interessen der europäischen Bürgerinnen und Bürger und insofern auch als Gegenstand ihrer politischen Mitverantwortung und Einflussnahme erfahren werden, ist darum für die Bildung des Bewusstseins einer europäischen politischen Identität von entscheidender Bedeutung. Der französische Staatspräsident Jacques Chirac hat in diesem Sinne in einem «Französischen Memorandum für ein europäisches Sozialmodell» schon 1996 daran erinnert, dass in den europäischen Ländern über lange Zeiten hinweg Sozialmodelle entstanden sind, die sich von denen anderer Kontinente charakteristisch unterscheiden.[2] Diese sozialen Sicherungssysteme weisen wiederum deutliche Unterschiede von Land zu Land auf; sie sind tief in Geschichte und Kultur der Völker Europas verankert.[3] Sie stimmen in der Einsicht überein, dass zu den notwendigen Merkmalen eines funktionierenden Rechtsstaates die Garantie derjenigen wirtschaftlichen und sozialen Voraussetzungen unabdingbar ist, ohne welche bürgerliche Rechte überhaupt nicht wahrgenommen werden können. Rechts- und Sozialstaat lassen sich nicht (mehr) auseinanderdividieren.[4]

Auf der anderen Seite zeigen internationale Vergleiche, dass praktisch alle sozialstaatlichen Modelle ihre besonderen Vor- und Nachteile haben. Wenn man in der Schweiz lebt, drängt sich von allein eine vergleichende

---

[2] Zum französischen Modell siehe Lechevallier, Arnaud: Die französische «Protection sociale» im 20. Jahrhundert, in: Kraus, Katrin/Geisen, Thomas (Hrsg.): Sozialstaat in Europa. Geschichte, Entwicklung, Perspektiven, Wiesbaden 2001, 89–116.

[3] Daran erinnert Strohm, Theodor: Formalkonsens oder Übereinstimmung der Werte? Zur Grundrechtsordnung in der Europäischen Union, in: Zeitschrift für Evangelische Ethik, 44. Jg., 2000, 82–88. Siehe insgesamt den Aufsatzband Strohm, Theodor: Diakonie und Sozialethik. Beiträge zur sozialen Verantwortung der Kirche, hrsg. v. Schäfer, Gerhard Karl/Müller, Klaus, Geleitwort v. Engelhardt, Klaus, Heidelberg 1993. Eine gute Bestandsaufnahme bieten die Länderstudien in dem Sammelband von Kraus, Katrin/Geisen, Thomas (vorige Anm.).

[4] Für die Schweiz vgl. schon früh Müller, Jörg Paul: Die Schweiz und die Europäische Sozialcharta, in: Handbuch der schweizerischen Aussenpolitik, Bern 1975, 389–395; ders.: Soziale Grundrechte in der Verfassung?, 2. Aufl., Basel/Frankfurt a.M. 1981.

Sichtweise auf, wie sie in den modernen Sozialwissenschaften selbstverständlich geworden ist. Eine solche vergleichende Perspektive einzunehmen, empfiehlt sich insbesondere dann, wenn man über sinnvolle Reformen der Sozialpolitik im Zuge der künftigen europäischen Integrationserfordernisse nachdenkt. Dies soll in einem ersten Teil meiner Ausführungen geschehen (1). Im zweiten Abschnitt möchte ich dann nach kirchlich-theologischen Kriterien im Blick auf die künftige europäische Sozialkultur fragen (2), um schliesslich ganz kurz spezifische partikularkirchliche und ökumenische Handlungs- und Gestaltungsmöglichkeiten zu charakterisieren (3).

1. Probleme, Herausforderungen und Chancen der Sozialstaatlichkeit in Europa

1.1 Ursprünge und Typen des Sozialstaats

Die Vorläufer der Sozialstaatlichkeit in Europa reichen weit zurück. Eine wichtige Wurzel bilden die Erfahrungen der verbreiteten Armut im Mittelalter[5] sowie die Reformen der traditionellen Armenpflege im 16. Jahrhundert, diese zunächst meist auf städtischer Basis.[6] Die traditionelle

---

[5] Vgl. Mollat, Michel: Die Armen im Mittelalter, (zuerst Paris 1978) München 1984; Geremek, Bronislaw: Geschichte der Armut. Elend und Barmherzigkeit in Europa, aus d. Polnischen v. Griese, Friedrich, München 1988. Ältere Literaturübersichten: Lindgren, Uta: Europas Armut. Probleme, Methoden, Ergebnisse einer Untersuchungsserie, in: Saeculum 28, 1977, 396–418; Hunecke, Volker: Überlegungen zur Geschichte der Armut im vorindustriellen Europa, in: Geschichte und Gesellschaft 9, 1983, 480–512. Zum Armutsstreit im Franziskanerorden im frühen 14. Jh. vgl. meinen Beitrag: Die Bedeutung des spätmittelalterlichen Armutsstreits für theologische Kriterien der kirchlichen Ökonomie, in: Lienemann, Wolfgang (Hrsg.): Die Finanzen der Kirche, München 1989, 574–601.

[6] Siehe dazu Strohm, Theodor/Klein, Michael (Hrsg.): Die Entstehung einer sozialen Ordnung Europas. Bd. 1: Historische Studien und exemplarische Beiträge zur Sozialreform im 16. Jahrhundert, Bd. 2: Europäische Ordnungen zur Reform der Armenpflege im 16. Jahrhundert, Heidelberg 2004. Der erste Band enthält exemplarische Studien sowie Quellen von Luther bis

Sozialpolitik in Europa, in Nordamerika sowie in Australien und Neusee-
land seit dem 19. Jahrhundert vollzog sich im jeweiligen nationalen
Rahmen.[7] In Westeuropa waren seit den 1880er Jahren Deutschland und
Österreich «Pionierstaaten der Sozialpolitik»[8], während Grossbritannien
erst zu Beginn des 20. Jahrhunderts Sozialversicherungen einführte. In
den USA wurde erst 1930 eine gesetzliche Unfallversicherung eingeführt.
Die Schweiz hat tragfähige öffentliche Strukturen sozialer Sicherheit in
relevanter Grössenordnung erst nach dem II. Weltkrieg geschaffen und
wird insofern zu Recht als «verspäteter» Sozialstaat bezeichnet.[9]

Die jeweiligen sozialen Sicherungssysteme zeigen unverwechselbar
die Spuren der komplizierten Kräfteverhältnisse, aus denen sie hervor-

---

Andreas Hyperius, der zweite Band bietet Beispiele von Armen- und Al-
mosenordnungen aus ganz Europa von 1521 bis 1595.

[7]   Die einschlägige Literatur ist für Einzelne nicht überblickbar. Als zusammenfassende politologische Darstellung siehe für Deutschland, aber auch in
europäischer und vergleichender Perspektive vor allem Schmidt, Manfred
G.: Sozialpolitik in Deutschland. Historische Entwicklung und internationaler Vergleich, 2. Aufl., Opladen 1998; ders. (Hrsg.): Wohlfahrtsstaatliche Politik. Institutionen, politischer Prozess und Leistungsprofil, Opladen 2001. –
Zur historischen Einführung vgl. Hentschel, Volker: Geschichte der
Sozialpolitik in Deutschland 1880–1980, Frankfurt a.M. 1983. – Zur sozialrechtlichen Sicht Stolleis, Michael: Geschichte des Sozialrechts in Deutschland, Stuttgart 2003; Zacher, Hans F.: Vierzig Jahre Sozialstaat – Schwer-
punkte der rechtlichen Ordnung, in: Blüm, Norbert/Zacher, Hans F.
(Hrsg.): 40 Jahre Sozialstaat Bundesrepublik Deutschland, Baden-Baden
1989, 19–129. – Zu wichtigen verfassungs- und verwaltungsrechtlichen Fragen siehe bes. die Beiträge in: Der Sozialstaat in Deutschland und Europa
(Veröffentlichungen der Vereinigung der Deutschen Staatsrechtslehrer 64),
Berlin 2005.

[8]   Schmidt, Manfred G.: Sozialpolitik in Deutschland, 179; vgl. auch die Über-
sicht über die Gründungsjahre der Sozialpolitik, ebd., 180.

[9]   So Wicki, Martin: Soziale Sicherung in der Schweiz: Ein europäischer Sonderfall?, in: Kraus, Katrin/Geisen, Thomas (Hrsg.), Sozialstaat in Europa.
Geschichte, Entwicklung, Perspektiven, Wiesbaden 2001, 249–272: 253; vgl.
insgesamt Tschudi, Hans Peter: Entstehung und Entwicklung der schweizerischen Sozialversicherungen, Frankfurt a.M. 1989.

gegangen sind.[10] Im Allgemeinen wurde zuerst eine Unfallversicherung obligatorisch, gefolgt von der Alters- und Krankenversicherung. Die Arbeitslosenversicherung hatte die grössten Hindernisse zu überwinden, und zwar sowohl in sozial-konservativ wie wirtschaftsliberal geprägten Ländern. Während Unfall, Krankheit und Einschränkungen infolge des Alters prinzipiell jeden Menschen treffen können, ohne dass man sie der persönlichen Verantwortlichkeit ursächlich zurechnen kann, bedeutet eine staatliche Arbeitslosenversicherung, dass man «die Verantwortung für unfreiwilligen Müssiggang weder dem Herrn noch dem Knecht allein zuwies, sondern einer von beiden finanzierten Kollektivversicherung»[11].

Bemerkenswert ist, dass Veränderungen der politischen Ordnung und der Mehrheitsverhältnisse in den Parlamenten, ja selbst Wirtschaftskrisen sowie die beiden Weltkriege die sozialen Sicherungssysteme nie grundsätzlich infrage gestellt haben. Diese waren freilich sehr lange Zeit lediglich als ergänzende Hilfe in Notlagen konzipiert. Erst nach dem II. Weltkrieg ist es in den kapitalistischen Industrieländern zu einer eigentlichen Expansion der sozialen Sicherung gekommen, welche wiederum seit Ende der 1970er Jahre in den meisten Staaten früher oder später gebremst wurde. Im Zuge dieser Expansion wurden die sozialen Sicherungssysteme auf immer mehr erwerbstätige Personen, wenn nicht sogar auf die gesamte Bevölkerung ausgedehnt – «die ehemalige Zuschussversicherung, die als Zubrot zu anderweitigen Einkommen oder Hilfen gedacht war, wandelte sich zur Lebensstandardsicherung»[12].

---

[10] Im Blick auf die Entwicklung in Deutschland greift indes der Hinweis auf die sozial-konservativen Zielsetzungen der Bismarck'schen Sozialpolitik zu kurz, wenn man nicht gleichzeitig die Modifikationen und Anpassungen durch die verschiedenen politischen Kräfte, die wirtschaftlichen Interessen und die föderalistischen versus zentralstaatlichen politischen Strukturen in den Blick nimmt. Vgl. den knappen Überblick bei Ritter, Gerhard A.: Die Sozialversicherung in Deutschland 1881–1914, in: Aus Politik und Zeitgeschichte, B34/1983, 30–38; ders./Tenfelde, Klaus: Arbeiter im Deutschen Kaiserreich 1871–1914, Bonn 1992.

[11] Schmidt, Manfred G.: Sozialpolitik in Deutschland, 189f.

[12] Ebd., 158.

Bei einer vergleichenden Typologie sozialstaatlicher Strukturen in der
Gegenwart[13] kann man grob zwischen dem liberalen US-amerikanischen
Modell, dem sozialdemokratisch geprägten nordeuropäischen Typus und
dem westeuropäischen Modell unterscheiden. Auch wenn diese Typen[14]
in der Realität nur in Mischformen begegnen, betonen sie wichtige unter-
scheidende Merkmale, die sich vor allem im Blick auf die Aufgaben von
Familien, sozialen Organisationen, Märkten und staatlichen Einrichtungen präzisieren lassen. In den USA wird die soziale Sicherung stark den
einzelnen Bürgern und ihren marktvermittelten Entscheidungen überlassen. In den skandinavischen Ländern dominierte lange das System der
steuerfinanzierten Staatsbürgerversorgung (das schwedische «Volksheim»
als Inbegriff des Wohlfahrtsstaates). In Westeuropa und besonders in
Deutschland bildet die Sozialversicherung, die in unterschiedlichen Verhältnissen aus Beiträgen der abhängig Beschäftigten, der Arbeitgeber und
des Staates finanziert wird, die wichtigste Grundlage des Sozialstaates.
Dass die Zusammensetzung der Teile dieser Mischfinanzierung immer
wieder geprüft und kritisiert wird, gehört zur Dauerreformdiskussion im
Sozialstaat, und zwar nicht nur in Deutschland.[15]

---

[13] Die internationale Diskussion stark bestimmt haben die Arbeiten von Walter
Korpi und Gøsta Esping-Andersen; siehe bes. die zusammenfassende Darstellung des Letzteren: The Three Worlds of Welfare Capitalism, Cambridge
1990. Vgl. dazu auch die Beiträge in: Lessenich, Stephan/Ostner, Ilona
(Hrsg.), Welten des Wohlfahrtskapitalismus. Der Sozialstaat in vergleichender Perspektive, Frankfurt a.M./New York 1998, sowie die Kritik bei
Schmidt, Manfred G.: Sozialpolitik in Deutschland, 215–228. Einen guten
Überblick gibt Schmid, Josef: Wohlfahrtsstaaten im Vergleich. Soziale Sicherungssysteme in Europa: Organisation, Finanzierung, Leistungen und Probleme, Opladen 1996.

[14] Bis Ende der 1980er Jahre musste man natürlich zudem die sozialen Sicherungssysteme in den staatssozialistischen Ländern gesondert betrachten.

[15] Siehe beispielsweise schon die Beiträge zum Civitas-Symposium von 1982:
Koslowski, Peter u.a. (Hrsg.): Chancen und Grenzen des Sozialstaats. Staats-
theorie – Politische Ökonomie – Politik, Tübingen 1983. Dazu auch der
Literaturbericht von Strohm, Theodor: Die Zukunft des Sozialstaats im
Blickwinkel der neueren Literatur (1988), in: ders.: Diakonie und Sozialethik,
214–230.

1.2 Dringliche Probleme der Sozialpolitik[16]

Die derzeitigen Hauptprobleme des Sozialstaates sind in den meisten Industrieländern sehr ähnlich, freilich mit unterschiedlichen Gewichtungen. Ich nenne deren drei:

1. In den meisten europäischen Ländern haben sich die sozialpolitischen Ziele von der Hilfe in Notlagen und einem Ausgleich von schweren Beeinträchtigungen hin zu einer *umfassenden Daseinssicherung* entwickelt. In Deutschland betrugen die öffentlichen Sozialausgaben im Jahr 1995 gemäss der Sozialbudgetstatistik[17] 1179 Mrd. DM (560 Mrd. €); das entsprach 31,1% des Bruttosozialprodukts. Nach Aufgaben gegliedert entfielen vom gesamten Sozialbudget 1994 38,9% auf den Bereich «Alter und Hinterbliebene», 34% auf «Gesundheit», 11,9% auf «Ehe und Familie» sowie 11,4% auf «Beschäftigung»[18]. Zwar ist der Grossteil der Sozialversicherungsleistungen nach wie vor an die Erwerbstätigkeit gekoppelt, aber der Kreis der anspruchsberechtigten Versicherten ist vielfach ausgeweitet worden – bis hin zur obligatorischen Krankenversicherungspflicht für die gesamte Wohnbevölkerung wie in der Schweiz. Dies alles erfordert eine umfangreiche Bürokratie, umfassende rechtliche Regelungen und enorme finanzielle Transfers. Eine zentrale Streit- und Reformfrage besteht deshalb darin, ob und in welchem Umfang man in den einzelnen sozialen Sicherungssystemen die Eigenverantwortung und die finanzielle Selbstbeteiligung stärken und erhöhen soll.[19] Staatliche Umverteilung und

---

[16] Für Deutschland grundlegend: Bäcker, Gerhard/Bispinck, Reinhard/Hofemann, Klaus/Naegele, Gerhard: Sozialpolitik und soziale Lage in Deutschland, 2 Bde., 3. Aufl., Opladen 2000.

[17] Die wichtigsten Daten zum Sozialbudget findet man in den Publikationen des Statistischen Bundesamtes (http://www.destatis.de).

[18] Diese und weitere signifikante Zahlenangaben bei Schmidt, Manfred G.: Sozialpolitik in Deutschland, 147–155.

[19] Auf internationaler Ebene bildet sich diese zentrale Reformfrage auch in den Unterschieden zwischen den Konzepten zur sozialen Sicherung ab, wie sie von Weltbank und ILO vertreten werden; vgl. dazu Gsänger, Hans: Wie fördert man die soziale Sicherung im Süden?, in: Der Überblick, 37. Jg., 1/2001, 11–17, sowie Gillion, Colin: Sozialreform: eine Jahrhundertaufgabe, in: Der Überblick, 37. Jg., 1/2001, 18–23. Siehe dazu eingehender meinen

die Stärkung der Fähigkeiten zu individueller Daseinsvorsorge stehen zweifellos in einem Spannungsverhältnis, doch ist leicht einzusehen, dass man auf diesem Gebiet sorgfältig die Leistungen und Finanzierungen nach Arten, Funktionen und Institutionen unterscheiden muss.

2. Infolge der *Veränderungen im Altersaufbau* der Bevölkerung ergeben sich zunehmende Belastungen für die aktuell Erwerbstätigen und Beitragspflichtigen.[20] Die Beitragssätze für die Renten-, Kranken- und Arbeitslosenversicherung steigen und haben, soweit es sich auch um Arbeitgeberbeiträge oder Zuweisungen aus staatlichen Steuereinnahmen handelt, Wirkungen auf die sogenannten Lohnnebenkosten und damit auf die Wettbewerbsfähigkeit der Unternehmen. In Deutschland gibt es seit der Mitte der 1970er Jahre kontinuierlich Versuche, die Steigerung der Sozialleistungsquote[21] einzudämmen. Praktisch hat das unter Bedingungen der Parteienkonkurrenz jedoch zu einer allmählichen Stabilisierung auf relativ hohem Niveau geführt. In der Schweiz liegt die Sozialquote niedriger, ist der Druck auf die sozialen Sicherungssysteme wegen der vergleichsweise geringeren Arbeitslosigkeit weniger stark und ist schliesslich der Anteil der individuellen Daseinsvorsorge traditionell höher als in den meisten anderen europäischen Staaten.

3. Die sozialen Sicherungssysteme sind in Deutschland ganz überwiegend an die *Beiträge* der Erwerbstätigen und der Arbeitgeber gebunden und insofern unmittelbar in ihrem Aufkommen von der Höhe der Beschäftigung bzw. der Arbeitslosigkeit abhängig. Die Siche-

---

Beitrag: Macht – Wettbewerb – Solidarität. Bedingungen internationaler Verteilungsgerechtigkeit, in: Frey, Christofer u.a. (Hrsg.): Gerechtigkeit – Illusion oder Herausforderung? Felder und Aufgaben für die interdisziplinäre Diskussion, Münster 2006, 67–91.

[20] Für die Schweiz vgl. die Beiträge von Sommer, Jürg H.: Bleibt die Altersvorsorge finanzierbar?, und Gaillard, Serge: Die AHV ist finanzierbar, beide in: Güntert-Dubach, Martina B./Meyer Schweizer, Ruth A. (Hrsg.): ALTERnativen. Brüche im Lebenslauf, Bern u.a. 1995, 171–186.187–195.

[21] Unter dieser Quote versteht man i. Allg. das «rechnerische, in Prozenten ausgedrückte Verhältnis der Summe der Sozialleistungen, wie sie im Sozialbudget abgegrenzt sind, zum Bruttosozialprodukt». Das Sozialbudget wird i. Allg. nach Angaben des BM für Gesundheit und Soziale Sicherung ermittelt (Glossar des deutschen Bundesamts für Statistik).

rungssysteme gegen Risiken von Alter, Invalidität, Arbeitslosigkeit, Krankheit und Pflegebedürftigkeit waren nach dem II. Weltkrieg überwiegend so angelegt, dass sie von der realen Möglichkeit einer Erwerbstätigkeit aller arbeitsfähigen Männer ausgingen. Frauen- und Hausarbeit waren ganz überwiegend nicht für sich versichert. Daraus folgt bis heute nicht nur die bekannte durchschnittliche Minderbezahlung von Frauen, sondern auch generell eine Gender-Asymmetrie hinsichtlich aller Systeme der Sozialversicherung.[22] Sobald die alles andere entscheidende Grundlage einer halbwegs stetigen Erwerbsbiographie strukturell nicht mehr oder nicht in hinreichendem Masse gegeben ist, sind die Eckpfeiler der sozialen Sicherheit gefährdet. Kein Sozialsystem der Welt kann auf Dauer unter Bedingungen einer hohen strukturellen Sockelarbeitslosigkeit funktionieren – ausser in Diktaturen.[23]

Die Kritik an öffentlicher Sozialpolitik ist so alt wie diese selbst. Schon 1833 meinte der britische Konservative Edward Bulwer-Lytton: «Die Armengesetze sollten die Bettelei verhüten – sie haben das Betteln zu einem anerkannten Beruf gemacht ... Erdacht, den Elenden zu helfen, wurden die Armengesetze zur Grundursache des Elends.»[24] Er hat damit

---

22 Siehe Pfarr, Heide M./Bertelsmann, Klaus: Diskriminierung im Erwerbsleben. Ungleichbehandlungen von Frauen und Männern in der Bundesrepublik Deutschland, Baden-Baden 1989. In der Schweiz sind diese Ungleichheiten bis heute noch grösser; vgl. Lauterburg, Margareta/Lischetti-Greber, Barbara/Aeschbacher, Monique: Durchs Netz gefallen. Eine juristische Analyse der Stellung der Frauen im schweizerischen Sozialversicherungssystem unter Berücksichtigung von Frauenlebensläufen, Bern 1995.

23 Die sog. Vollbeschäftigung in den kommunistisch regierten Staaten Europas war dadurch möglich, dass Arbeitsmöglichkeiten staatlich zugeteilt wurden, der Staat zugleich ein relativ niedriges individuelles Einkommen sicherte und dabei eine gewisse (relative) Gleichstellung von Frauen und Männern im Erwerbsleben durch sozialpolitische Massnahmen (Ganztagsschulen, Kinderkrippen, öffentliches Gesundheitswesen) ermöglichte.

24 Daran erinnerte Jakob Augstein in einem bedenkenswerten Kommentar: Das grosse Arbeitslos. Stütze und Gesellschaft: Die Wahrheit über die Sozialhilfe, Süddeutsche Zeitung, Nr. 194 v. 24.8.2001, 13.

in satirischer Zuspitzung die Richtung gewiesen, die nach wie vor sehr stark die Zielsetzungen konservativer Sozialpolitik nicht nur in Grossbritannien und den USA bestimmt: staatliche Zurückhaltung, Druck zur Selbsthilfe und Eigenverantwortung, Entlastung der Unternehmen von Sozialbeiträgen, Förderung des freiwilligen Almosengebens. Den für die deutsche Sozialpolitik massgeblichen Ansatz kann man dagegen schon in Hegels «Grundlinien der Philosophie des Rechts» finden. Hegel erkannte, dass die bürgerliche Gesellschaft im Zuge der Industrialisierung die Menschen aus ihren traditionellen familiären Solidarbeziehungen herausreisst und individualisiert, dass damit die Gesellschaft, genauer: gesellschaftliche Gruppen, Ansprüche stellt bzw. stellen, welche zunächst umstritten sind und aus denen anerkannte und durchsetzbare Rechte erst noch neu entstehen müssen. Daraus folgerte er u.a., dass es mit der subjektiven, freiwilligen Hilfe und Liebestätigkeit (*caritas*) nicht sein Bewenden haben könne, diese vielmehr «ergänzt» werden muss «durch öffentliche Armenanstalten, Krankenhäuser, Strassenbeleuchtung usw.», kurz durch öffentliche Daseinsvorsorge. Der «Mildtätigkeit», so fügt Hegel hinzu, bleibe immer noch genug zu tun, aber die öffentliche Sozialpolitik dürfe darüber nicht vernachlässigt werden.[25] Er schreibt: «Der öffentliche Zustand ist im Gegenteil für uns um so vollkommener zu achten, je weniger dem Individuum für sich nach seiner besonderen Meinung, in Vergleich mit dem, was auf allgemeine Weise veranstaltet ist, zu tun übrig bleibt.»[26]

---

[25] Siehe seine Grundlinien der Philosophie des Rechts (1821), bes. §§237–246 (Theorie Werkausgabe, Bd. 7, 385–391).

[26] Ebd., 388f. Die damit geforderte Umstellung von «Hilfe» auf «Rechtsanspruch» wurde freilich erst Jahrzehnte später allmählich durchgesetzt. Gut 150 Jahre nach Hegel hat Harold L. Wilensky dessen Einsicht zur Definitionsgrundlage gemacht: «The essence of the welfare state is government-processed minimum standards of income, nutrition, health, housing, and education, assured to every citizen as a political right, not as charity.» The Welfare State and Equality. Structural and Ideological Roots of Public Expenditures, Berkeley Cal., 1975, 1, zit. nach Luhmann, Niklas: Politische Theorie im Wohlfahrtsstaat, München/Wien 1981, 27. Schmidt, Manfred G.: Sozialpolitik in Deutschland, verweist ähnlich auf «die historische Tendenz zur Verstaatlichung des Sozialschutzes» (227).

Dass die verbreitete Kritik am Sozialstaat dessen Stabilität lange Zeit erstaunlich wenig zu erschüttern vermochte, hat zahlreiche Gründe. Die beiden wichtigsten scheinen mir darin zu liegen, dass erstens sozialstaatliche Leistungsgarantien entscheidend zur politischen Legitimation des modernen Rechtsstaates und der Demokratie beitragen und insofern weder von konservativen noch von Linksparteien grundsätzlich infrage gestellt, sondern eigentlich nur immer wieder «auf den Prüfstand gestellt» werden können.[27] Zweitens sind zu einem nicht unerheblichen Teil Finanzierer, Nutzniesser und Kritiker des Sozialstaates identisch, wobei die Kritiker vor allem auf die jeweils anderen Nutzniesser zeigen. Wer verzichtet für sich selbst schon darauf, rechtlich garantierte Ansprüche auch wahrzunehmen? Wer greift lieber auf das eigene Vermögen als auf die Leistungen der Pflegeversicherung zurück? Diese Einstellung ist besonders im Blick auf die Sozialhilfe unübersehbar: Diejenigen, die aufgrund einer aktuellen Notlage neu zu den Sozialleistungen nachdrängen (Langzeitarbeitslose, Drogenabhängige, Strafentlassene), sollen möglichst kurz gehalten werden. Ihnen wird durchaus auch von Sozialleistungsbeziehern Arbeitsunwilligkeit unterstellt, die mit Leistungseinschränkungen bestraft werden soll. Hier wird ein Ressentiment verbreitet, welches sich «gegen die Armen richtet, die nehmen, und nicht gegen die Reichen, die nicht geben»[28]. Mir scheint, dass das Solidaritätsempfinden mit wachsendem Wohlstand nicht zunimmt, sondern eher abnimmt. Dies gilt übrigens auch für die Kirchen, die ja aus den bekannten Gründen überall sparen müssen. Dass ausgerechnet die Zahlungen für den Kirchlichen Entwicklungsdienst in Deutschland in den letzten Jahren stärker gesunken sind als das Kirchensteueraufkommen, hat Eberhard le Coutre zu Recht mit den Worten kommentiert: «Als wir ärmer waren, waren wir grosszügiger.»[29]

---

[27] Grundsätzliche Ablehnung des Sozialstaates begegnet freilich auch und wird am prominentesten durch Anhänger der Gesellschafts- und Wirtschaftstheorie Friedrich-August von Hayeks vertreten; siehe beispielhaft dessen anfangs der 1940er Jahre verfasstes Buch: The Road to Serfdom, deutsche Übersetzung von Eva Röpke: Der Weg zur Knechtschaft, München 1991. In der Schweiz steht Christoph Blocher diesen Gedanken nahe.

[28] So treffend Jakob Augstein in dem oben erwähnten Text.

[29] Sein diesbezüglicher Kommentar ist überschrieben: Als wir ärmer waren, waren wir klüger, in: Der Überblick, 35. Jg., 4/1999, 92–95 (Zit. 92).

Ich möchte mit diesen Hinweisen betonen, dass die Sozialpolitik von
Staat, Kommunen und Verbänden (einschliesslich der Kirchen) nicht
alternativlosen Sachzwängen unterliegt und auch nicht einfach von gesellschaftlichen und politischen Kräfteverhältnissen diktiert wird, sondern über Gestaltungsspielräume verfügt, welche in einer Demokratie
Gegenstand öffentlicher Urteilsbildung sein sollten. Ob, wie und in welchem Sinne Gestaltungsmöglichkeiten wahrgenommen werden, hängt
ganz entscheidend auch von der sozialen Sensibilität, der Fähigkeit zu
solidarischem Handeln und der Bereitschaft der Bürger zum Geben und
Teilen ab. Die Richtung, die eine Sozialpolitik nimmt, ist insofern u.a.
von historischen und persönlichen Beispielen erfahrener[30] und gewährter
Hilfe, vom sittlichen Bewusstsein sozialer Verantwortung und nicht zuletzt von der Darstellung und Vermittlung menschlicher Notlagen und
den Möglichkeiten sozialer Sicherung in den Medien abhängig. Die Institutionen des Bildungswesens und besonders die Kirchen haben hier eine
herausragende Aufgabe der Orientierung und Gewissensbildung. (Ich
komme darauf in Abschnitt 3 zurück.)

1.3 Neue Herausforderungen infolge der Erweiterung der EU

Mit den Verträgen von Maastricht und Amsterdam sowie durch den
Beitritt der Länder, die früher dem kommunistischen Machtbereich
zugehörten, hat die Europäische Union eine neue politische und verfas-

---

[30] Was erfahrene Hilfe für einen westfälischen Pastor nach dem II. Weltkrieg
bedeutete, mag folgendes Zitat aus Werner Danielsmeyers Erinnerungen
belegen: «Was wäre trotz allem aus uns geworden ohne die Hilfsbereitschaft
unserer früheren ‹Feinde›, ohne die Care-Pakete, die wir der Barmherzigkeit
fremder Menschen zu verdanken hatten, die uns häufig beschämten, weil es
sich um verjagte Deutsche handelte, die nicht die Rache, sondern das Mitleid
als das bessere Teil erwählten. Sie überwanden Abscheu und Ekel vor den
im Namen des deutschen Volkes begangenen Verbrechen und rechneten sie
den Übrigbleibenden, den Hungernden, den Frauen und Kindern nicht an.
Die Pakete und die Speisungen, die wir ausländischer, vor kurzem noch
feindlicher Hilfe zu verdanken hatten, sind die Lebensretter für Millionen
geworden. Wir sollten das jetzt, in der Zeit des Überflusses, nicht vergessen.» (Führungen, Ein Leben im Dienst der Kirche, Bielefeld 1982, 76f).

sungsrechtliche Qualität erlangt.[31] Unabhängig von der Ratifizierung der EU-Verfassung hat der politische Erweiterungs- und Vertiefungsprozess erhebliche Auswirkungen auf die Wirtschafts- und Sozialpolitik in ganz Europa, auch und besonders im Blick auf die neuen Beitrittsstaaten und die Freizügigkeitsregelungen für die Arbeitsmärkte. In vielen Mitgliedsländern der EU haben indes wohl die meisten Menschen noch nicht realisiert, dass die bestehenden Verträge und die künftige Verfassung umfangreiche und für die Zukunft wichtige Bestimmungen für die Sozialpolitik der Europäischen Union enthalten. Titel XI des Vertrages zur Gründung der Europäischen Gemeinschaft knüpft ausdrücklich an die Europäische Sozialcharta, die am 18. Oktober 1961 in Turin unterzeichnet wurde, und an die Gemeinschaftscharta der sozialen Grundrechte der Arbeitnehmer vom 9.12.1989 an. In drei umfangreichen Kapiteln werden wichtige «Sozialvorschriften» für die Politik der EU aufgestellt, die Aufgaben und Verfahren eines «Europäischen Sozialfonds» bestimmt sowie Ziele und Aufgaben für die «allgemeine und berufliche Bildung und Jugend» formuliert. Für Ministerrat und Kommission der EU werden Rahmenkompetenzen festgelegt, die insgesamt folgende Ziele verfolgen: «die Förderung der Beschäftigung, die Verbesserung der Lebens- und Arbeitsbedingungen, um dadurch auf dem Wege des Fortschritts ihre Angleichung zu ermöglichen, einen angemessenen sozialen Schutz, den sozialen Dialog, die Entwicklung des Arbeitskräftepotentials im Hinblick auf ein dauerhaft hohes Beschäftigungsniveau und die Bekämpfung von Ausgrenzungen.» (Art. 136)[32]

In der ‹alten› Europäischen Gemeinschaft konnten sehr unterschiedliche Systeme der sozialen Sicherung und staatlicher Sozialpolitik koexistieren. Ihr Geltungsbereich war durch die nationale Sozialgesetzgebung und -rechtsprechung begrenzt. Jedenfalls war das so lange möglich, als sich die transnationale Mobilität in relativ engen Grenzen hielt und ausländische Arbeitnehmer in das Sozialsystem des jeweiligen Gastlandes nicht nur temporär integriert werden konnten, sondern durch ihre Arbeit

---

[31] Siehe Grimm, Dieter: Zur Neuordnung der Europäischen Union. Die Regierungskonferenz 1996/97, Baden-Baden 1997.

[32] Die Vertragstexte sowie die ergänzenden Protokolle und Erklärungen hat für das Presse- und Informationsamt der Bundesregierung Thomas Läufer herausgegeben (Bonn 1998).

und ihre Beiträge zu dessen Funktionssicherheit entscheidend beitrugen.[33] Durch wenigstens vier Entwicklungen ist dieses System eines nicht-kompetitiven Nebeneinanders von Sozialsystemen herausgefordert: durch die *Erweiterung der EU* nach Osten und Süden, durch die anhaltende *Migration*, durch die *Liberalisierung* des Angebots von Dienstleistungen und durch die *marktorientierte Angleichung* der Sozialpolitiken auf europäischer Ebene, die teilweise durch die einschlägige Rechtsprechung des Europäischen Gerichtshofes gefördert wird. Hinzu kommt in den meisten europäischen Staaten die sogenannte «demographische Problematik», das heisst die Fülle derjenigen Probleme (und meist gar nicht wahrgenommenen Chancen), die sich aus der gestiegenen durchschnittlichen Lebenserwartung ergeben.[34]

(1) Alle EU-Beitrittsländer, die früher unter kommunistischer Herrschaft standen, waren und sind in den seitherigen Transformationsprozessen mit einem weitgehenden Zusammenbruch der bisherigen sozialen Sicherung und mit der Nötigung zum Aufbau eines ganz neuen Systems konfrontiert.[35] Das wird wiederum durch eine Reihe von

---

[33] Bisher habe ich leider nicht ermitteln können, in welchem Umfang Gastarbeiter nach einer Rückkehr in ihre Heimatländer ihre Ansprüche auf Sozialleistungen (bes. Alters- und Hinterbliebenen-Renten) ausgeschöpft haben. Im Allgemeinen erhält die erste Generation der ausländischen Arbeitnehmer in Deutschland deutlich niedrigere Renten als vergleichbare deutsche Arbeitnehmer. Das ist nicht nur eine Folge niedrigerer Löhne, sondern auch des Versicherungsverlaufes (relativ später Eintritt) und der Nicht-Anrechnung von Ausbildungs- und Erwerbszeiten in den Herkunftsländern. In der zweiten und dritten Generation gehen diese Unterschiede allerdings zurück. Siehe hierzu Bäcker, Gerhard u.a.: Sozialpolitik und soziale Lage in Deutschland, Bd. 2, 284f.

[34] Diese Entwicklung ist seit längerem auch in den sog. Entwicklungsländern zu beobachten, wird allerdings vor allem durch die Verbreitung von HIV/ AIDS grundlegend wieder verändert.

[35] Einen Sonderfall stellt die ehemalige DDR dar, die im Zuge der staatlichen Vereinigung das westdeutsche System der sozialen Sicherungen übernommen hat. Die übrigen staatssozialistischen Länder haben Mischformen von privater und öffentlicher Daseinsvorsorge entwickelt; zu Polen vgl. Piatek, Krysztof: Sozialstaat in Polen: Von der Teilung Polens über den Realsozia-

Faktoren ungemein erschwert: Die bisherige Industriestruktur muss von Grund auf neu gestaltet werden; dasselbe gilt für die Agrarwirtschaft. Rechtsstaatliche Institutionen, eine funktionierende Administration und nicht-korrupte Fiskalstrukturen können nicht von heute auf morgen entstehen. In der Transformationszeit gewinnt unter diesen Bedingungen der informelle Sektor der Wirtschaft an Bedeutung, in dem vor allem auch Frauen tätig sind. Dies alles führt u.a. dazu, dass ein Versicherungswesen für die primären Lebensrisiken sich nur allmählich aufbauen und finanzieren lässt. Überdies erneuern sich die Spannungen zwischen Systemen sozialer Sicherung, bei denen staatliche Umverteilung eine wichtige Rolle spielt, und solchen, in denen die private Versicherungswirtschaft eine starke Stellung anstrebt.

Mit dem Beitritt zur EU oder nach einer gewissen Übergangzeit wird die Mobilität für Arbeitskräfte in Zukunft deutlich erleichtert. Dadurch dürfte allmählich das Gefälle zwischen den alten und neuen Sozialsystemen zunehmend problematisch werden. Wer beispielsweise als medizinische Pflegekraft in ihrem oder seinem Heimatland zu einem niedrigen Beitragssatz versichert ist und in Westeuropa seine Dienste kommerziell anbietet, kann auf diesem Wege Konkurrenzvorteile auf dem betreffenden Arbeitsmarkt erreichen. Ob daraus ein kooperativer oder ein verdrängender Wettbewerb hervorgeht, hängt entscheidend von der Bereitschaft der EU ab, Konvergenzkriterien in der Sozialpolitik zu finden, die nicht auf eine über Marktkonkurrenzen vermittelte Senkung von sozialen Leistungen auf das niedrigste Niveau hinauslaufen. Zieht man nun in Betracht, wie sehr schon im nationalen Bereich Ressentiments die Stellung zum Sozialstaat mitbestimmen, so dürfte diese Neidhaltung auf europäischer Ebene erst recht dem Entstehen einer neuen Sozialkultur abträglich sein. Wird sich vielleicht einmal ein europäischer Bürgerstolz daraus ergeben, diese Herausforderung gemeistert zu haben? Wird einmal auch für die europäische Identität gelten, was die Präambel der Bundesverfassung der Schweiz herausstellt, «dass frei nur ist, wer seine Freiheit gebraucht, und dass die Stärke des Volkes sich misst am Wohl der Schwachen»?

---

lismus zum aktuellen Transformationsprozess, in: Kraus, Katrin/Geisen, Thomas (Hrsg.): Sozialstaat in Europa, 201–224.

(2) Ein zweiter wichtiger Prüfstein für die künftige europäische Sozialkultur sind die Gestaltung der Zuwanderung und der Umgang mit (legalen und illegalen) Einwanderern. (Die Asylproblematik klammere ich hier aus, zumal die ständige Vermengung der Probleme in beiden Bereichen kontraproduktiv ist, obwohl man diese Fragen auch nicht exakt trennen kann.) Die Kirchen in Europa haben zu diesen Fragen wiederholt, engagiert und in den Grundpositionen bemerkenswert einmütig Stellung genommen.[36] Manches ist in politischen Entscheidungen aufgenommen worden. In Deutschland hat es dazu – von der Süssmuth-Kommission bis zum Einwanderungsgesetz unter der Federführung von Innenminister Otto Schily – viele und kontroverse Entwürfe gegeben. Sie alle laufen auf den gut gemeinten, aber kaum realisierbaren Versuch hinaus, Migration nach bestimmten Kriterien steuern zu können. Das ist zwar grundsätzlich ein durchaus sinnvolles politisches Ziel, aber man muss realistisch sehen, dass mehr oder weniger grosse Wanderungsprozesse angesichts der bestehenden globalen Ungleichheiten letztlich unvermeidbar sind.

Der wichtigste Unterfall von Migrationen ist durch die Freizügigkeitsgarantie innerhalb der EU bestimmt. Grundsätzlich muss gelten, dass, wer in einem Land der EU lebt und arbeitet, auch in den Genuss aller sozialrechtlichen Garantien kommt, die in dem betreffenden Land in Geltung sind, was wiederum natürlich nur möglich ist, wenn entsprechende (Beitrags-)Pflichten bestehen. Interessanter ist für viele Migranten hingegen die Option, in den alten Kernländern der EU zu arbeiten und zur sozialen Sicherung sich auf die oft günstigeren Tarife und meist

---

[36] Siehe als Beispiele: Schweizerischer Evangelischer Kirchenbund (Hrsg.): Migrationspolitische Leitlinien: Standortbestimmung und Handlungsperspektiven, Bern 1996; «... und der Fremdling, der in deinen Toren ist.» Gemeinsames Wort der Kirchen zu den Herausforderungen durch Migration und Flucht, Bonn/Frankfurt a.M./Hannover 1997; Die deutschen Bischöfe/Kommission für Migrationsfragen: Leben in der Illegalität in Deutschland – eine humanitäre und pastorale Herausforderung, Bonn 2001; Durchgangsland oder Bleibegesellschaft. Plädoyer der Evangelischen Kirche im Rheinland für eine zielorientierte Zuwanderungs- und Integrationspolitik, Düsseldorf 2001; Humanisisierung des Alltags. Grundrechte der Sans-Papiers respektieren, Bern 2004.

geringeren Leistungen der Heimatländer abzustützen. Von einer solchen individuellen Risikoverteilung dürften vermutlich vor allem die sozial Kräftigeren profitieren.

(3) Die Liberalisierungsbestimmungen der europäischen Verträge öffnen nicht nur die Märkte für Waren und Kapital, sondern auch für Dienstleistungen. Diese Entwicklung war seit langem absehbar – seit vielen Jahren kann man im Frühsommer und Herbst in Südwestdeutschland die Autos mit mittel- und osteuropäischen Kennzeichen sehen, ohne deren Besitzer die Spargel- und die Weinernte kaum noch einzubringen wären. Zunehmend werden Dienstleistungen im Pflege- und Betreuungsbereich von ausländischen Arbeitskräften angeboten; in den Anfängen bildeten Touristenvisen dafür die nicht unproblematische Grundlage, allmählich werden diese Tätigkeiten legal sein. Wer nicht in der Lage ist, beispielsweise Pflegekräfte zu den landesüblichen Tarifen zu bezahlen, wird in der Zukunft eher auf ausländische Leistungsanbieter zurückgreifen. Dies dürfte wiederum die Wahrscheinlichkeit erhöhen, dass (unzureichend ausgebildete) einheimische Kräfte noch grössere Schwierigkeiten als bisher haben werden, eine (tarifvertraglich abgesicherte) bezahlte Tätigkeit aufnehmen zu können. Es ist ganz offensichtlich, dass die Liberalisierung im Dienstleistungsbereich, vor allem in Haushalt, Pflege, Service, aber auch in Landwirtschaft, Gastronomie und Baugewerbe, die Löhne stark unter Druck zu setzen vermag und damit auch zu sozialen Konflikten führen kann.

(4) Ich zweifle, ob nationale Regierungsparteien willens und fähig sind, eine mögliche Konvergenz der sozialen Sicherungssysteme in Europa aktiv zu fördern. Ich zweifle auch, ob eine derartige Homogenisierung der Sozialsysteme politisch durchsetzbar ist, ja, ich bin mir nicht einmal sicher, ob dergleichen wünschbar wäre. Die heimischen Wähler könnten es den Politikern verübeln, wenn diese zu sehr auf grenzüberschreitende sozialpolitische Angleichung hinarbeiten würden. Die Briten vor allem widersetzen sich entschieden jeder Verstärkung sozialpolitischer Kompetenzen der EU.[37] Gleichwohl wird die Bedeutung des Sozialrechts für den Gesamtbereich der EU weiter zunehmen, sobald Kommission und

---

[37] Grossbritannien hat die Gemeinschaftscharta der sozialen Grundrechte von 1989 nicht unterzeichnet.

Ministerrat damit beginnen, die sozialpolitischen Ziele der EU-Verträge
zu konkretisieren. Ich selbst neige in der Frage der wünschbaren oder
möglichen Konvergenz der Sozialsysteme in Europa zu der Auffassung,
dass umfassende Gleichstellung unabdingbar ist, wo es um die Sicherung
des Existenzminimums und eine soziale Grundsicherung für Schutz-
bedürftige geht, dass aber in dem Masse, wie zusätzliche Ansprüche
(durchaus berechtigterweise) geltend gemacht werden, deren Anerkennung und Berücksichtigung länderspezifisch abhängig sein wird von den
jeweiligen Finanzierungsmöglichkeiten, der Berücksichtigung individueller Leistungsfähigkeit und den gesellschaftlich vorherrschenden Soli-
daritätserwartungen und -bereitschaften. Die Mischung dieser Einfluss-
grössen dürfte noch auf lange Zeit die kulturell-historischen Prägungen
nationaler Sozialstaatlichkeit widerspiegeln.[38]

Ob ein «soziales Europa» im Entstehen begriffen ist, wird höchst
unterschiedlich beurteilt.[39] Einerseits hat der Europäische Gerichtshof
mit bisher weit über 300 Entscheidungen zur Sozialpolitik faktisch immer wieder notwendige rechtliche Regelungen vorgenommen und damit
durchaus die nationalen Kompetenzen begrenzt, etwa im Blick auf die
Freizügigkeit der Arbeitskräfte, den arbeitsrechtlichen Schutz oder Leistungen der Renten- und Krankenversicherung. Auf der anderen Seite gilt
aber auch, dass die europäische Sozialpolitik überwiegend den Freizügig-
keitszielen der Wirtschaftspolitik zu- und untergeordnet ist. Das ist auch
deshalb plausibel, weil eine wirkliche Vereinheitlichung des Arbeits- und
Sozialrechts und der sozialen Sicherungssysteme Transferzahlungen und

---

[38] Siehe dazu eingehend die Beiträge von Christoph Enders und Ewald
Wiederin zum Thema «Sozialstaatlichkeit im Spannungsfeld von Eigenverantwortung und Fürsorge», in: Der Sozialstaat in Deutschland und Europa (Veröffentlichungen der Vereinigung der Deutschen Staatsrechtslehrer
64), Berlin 2005.

[39] Die Europäische Kommission, Geschäftsdirektion Beschäftigung, gibt seit
1995 regelmässig Berichte über «Arbeitsbeziehungen und soziale Angelegenheiten» heraus. Zur kritischen Diskussion vgl. Schmidt, Manfred G.: Sozialpolitik in Deutschland, 243–252. 2001 ist der zweite jährliche Bericht der
EU-Kommission zur sozialen Lage in Europa erschienen: European Com-
mission/Eurostat: Beschreibung der sozialen Lage in Europa 2001, Luxem-
burg.

wirtschaftspolitische Eingriffe zwischen den EU-Mitgliedern erfordern würden, die in der Grössenordnung beispielsweise weit über den Länderfinanzausgleich in Deutschland hinausgehen müssten. Insofern kann man prognostizieren, dass die EU-Sozialpolitik zwar eine gewisse Konvergenz der Systeme sozialer Sicherheit fördern wird, aber nicht im Sinne einer Vereinheitlichung, sondern einer Verträglichkeit, und zwar vorwiegend durch die Grundsätze von «Subsidiarität, Übermassverbot und Mindeststandards»[40].

Im Übrigen gilt auch für die künftige europäische Sozialpolitik, dass nicht «der Sozialstaat» unfinanzierbar wird, sondern dass sachkundig darüber gestritten werden muss, welche Verteilung variabler Finanzmittel die günstigsten sozialpolitischen Wirkungen zu erzielen vermag. Unstrittig ist, dass die Systeme der sozialen Sicherung am ehesten zuverlässig finanziert werden können, wenn ein hohes Beschäftigungsniveau vorhanden ist und wenn man gleichzeitig Ausgabendisziplin wahrt. Entscheidende Voraussetzung guter Beschäftigungschancen ist wiederum eine qualifizierte Ausbildung. Insofern bedarf eine gute Sozialpolitik einer erfolgreichen Bildungs- und Arbeitsmarktpolitik. Das wieder führt zu dem Schluss, dass vor allem erhebliche Investitionen in das Bildungswesen der Beitrittsländer der EU im gesamteuropäischen Interesse liegen.[41]

---

[40] Bergmann, Susanne: Sozialpolitik und Sozialrecht der Europäischen Union – Universalismus statt Uniformität, in: Schulte, Bernd/Mäder, Werner (Hrsg.): Die Regierungskonferenz Maastricht II. Perspektiven für die Sozialgemeinschaft, 27–36: 32. Ob man auf europäischer Ebene freilich «die unerwartete Renaissance des Subsidiaritätsprinzips» (so Strohm, Theodor: Zeitschrift für Evangelische Ethik, 45. Jg., 2001, 64–72, dort auch weitere Literatur) beobachten kann, dürfte noch nicht ausgemacht sein. Immerhin hat der «Europa-Artikel» 23 im erneuerten deutschen Grundgesetz ausdrücklich den Grundsatz der Subsidiarität hervorgehoben, und Art. 5 (früher 3b) des EG-Vertrages erwähnt explizit das «Subsidiaritätsprinzip»; insofern wird zumindest terminologisch auf ein Grundprinzip kirchlicher Sozialethik rekurriert. Ob es auch entsprechend verstanden, ausgelegt und konkretisiert werden wird, bleibt abzuwarten. Zu den juristischen Fragen siehe Calliess, Christian: Subsidiaritäts- und Solidaritätsprinzip in der Europäischen Union. Vorgaben für die Anwendung von Art. 5 EGB nach dem Vertrag von Amsterdam, Baden-Baden 1999.

[41] Daraus hat das Wiener Institut für die Wissenschaften vom Menschen (IWM) schon 1991 die Konsequenz gezogen, mit Unterstützung der Euro-

1.4 Chancen einer neuen europäischen Sozialkultur im Prozess der Globalisierung

Auch ein politisch und sozial stärker integriertes Europa der Zukunft wird keine Insel sein. Die Gefahr, dass die EU sich an ihren Grenzen abschottet, ist freilich gross. Wer sich aber heute nicht dafür interessiert, wie beispielsweise in Polen oder Rumänien ein neues Sozialversicherungswesen aufgebaut wird, wird sich auch künftig keine Gedanken über die Entwicklung von Krankenversicherungen in der sogenannten Dritten Welt machen, obwohl leicht zu sehen ist, dass für eine langfristige, nachhaltige Entwicklung der Aufbau von Systemen kollektiver Daseinsvorsorge ganz unverzichtbar sein dürfte. Im Zuge von Urbanisierungs- und Industrialisierungsprozessen verlieren nämlich wie einst im Europa des 18. und 19. Jahrhunderts die Solidaritätsbeziehungen der Grossfamilien fast überall ihre unterstützenden Bindungskräfte.[42] Soll etwa im Blick auf die Erreichbarkeit medizinischer Leistungen sich die Schere immer weiter öffnen dürfen, welche zwischen der technischen Spitzenmedizin der nördlichen Hemisphäre und dem Fehlen einfachster hygienischer Bedingungen und einer medizinischen Basisversorgung im Süden besteht? In der Gegenwart hat fast die Hälfte der Erdbevölkerung überhaupt keinen Zugang zu medizinischen Diensten. Eine Krankenversicherung, wenn sie überhaupt angeboten wird, kann in der Dritten Welt nur abschliessen, wer beim Staat oder einem (oft ausländischen) Privatunternehmen angestellt ist. Altersversicherungen sind im Süden noch seltener. Die So-

---

päischen Kommission Forschungen und praktische Beratungen zur Transformation des Hochschul- und Forschungswesens in Ostmitteleuropa zu fördern und in diesem Zusammenhang einen Hannah-Arendt-Preis für exemplarische Reforminitiativen zu verleihen. Eine kritische Auswertung hat Ralf Dahrendorf geschrieben: Universities after Communism. The Hannah Arendt Prize and the Reform of Higher Education in East Central Europe, Hamburg 2000. – Daneben hat das IWM ebenfalls ein Programm über «Soziale Folgen des Übergangs zur Marktwirtschaft in Ostmitteleuropa» (SOCO) durchgeführt; die vorliegenden Arbeiten (papers) können von der Website des IWM heruntergeladen werden.

[42] Im Blick auf Frankreich siehe Supiot, Alein: Sur le principe de solidarité, in: Rechtsgeschichte, 6/2005, 67–81, zu Italien Balandi, Gian Guido: Sulla possibilità di misurare la solidarietà, in: Rechtsgeschichte, 6/2005, 14–27.

zialstaatsquote beträgt auf den Philippinen oder in Pakistan 0,9%, hingegen in Deutschland 22,7% und in Schweden 35,9%.[43]

Es ist nicht unmöglich, auch ausserhalb Europas vom historischen Erbe – den Leistungen, aber auch den Grenzen und Fehlern – der europäischen Sozialkultur zu lernen. Dazu gehört die grundlegende Einsicht, dass die Folgelasten von Industrialisierung, Marktwirtschaft und abhängiger Erwerbsarbeit solidarisch getragen werden müssen und dass es dazu sozialer Institutionen bedarf, denen gegenüber jede und jeder einen Rechtsanspruch auf die Sicherung zumindest des Existenzminimums und elementarer menschenwürdiger Lebensbedingungen hat.[44] Ich bin überzeugt, dass die globale Ausdehnung von Marktwirtschaft und Handelsfreiheit nur dann demokratisch akzeptabel wird, wenn es mittel- und langfristig gelingt, auch entsprechende Systeme sozialer Sicherheit global aufzubauen, und zwar nicht auf der Basis freiwilliger, privater Wohltätigkeit, sondern eines demokratisch beschlossenen Sozialrechts. Dessen Umfang und Ausgestaltung hängen nicht zuletzt (1) von der jeweiligen Sozialkultur ab, welche eine politisch verfasste Gesellschaft prägt sowie (2) davon, ob und in welchem Masse sich eine transnationale Solidarität entwickelt.[45]

---

43 Vgl. Tabelle 10 bei Schmidt, Manfred G.: Sozialpolitik in Deutschland, 238f, auf der Basis von Definitionen und Berechnungen der ILO, die seit den 1950er Jahren regelmässig Übersichten über «The Cost of Social Security» veröffentlicht und dafür im Laufe der Zeit brauchbare Definitionen, Indikatoren und Messinstrumente entwickelt hat. Gleichwohl muss man beachten, dass in die aggregierten Zahlenwerte und Abgrenzungen immer auch politische und kulturelle Bewertungen eingehen.

44 Siehe dazu im Blick auf Deutschland Neumann, Volker: Menschenwürde und Existenzminimum, in: Neue Zeitschrift für Verwaltungsrecht 1995, 426–432; für die Schweiz siehe, neben den Kommentaren zu Art. 12 BV, bes. Amstutz, Kathrin: Das Grundrecht auf Existenzsicherung. Bedeutung und inhaltliche Ausgestaltung des Art. 12 der neuen Bundesverfassung, Bern 2002; Tschudi, Carlo (Hrsg.): Das Grundrecht auf Hilfe in Notlagen. Menschenwürdige Überlebenshilfe oder Ruhekissen für Arbeitsscheue?, Bern 2005.

45 Siehe dazu Beckert, Jens u.a. (Hrsg.): Transnationale Solidarität. Chancen und Grenzen, Frankfurt a.M. 2004; Brunkhorst, Hauke: Solidarität. Von der Bürgerfreundschaft zur globalen Rechtsgenossenschaft, Frankfurt a.M. 2002.

2. Kriterien des kirchlichen Beitrages zu einer sich entwickelnden europäischen Sozialkultur

Bisweilen kann man den Eindruck gewinnen, dass in Zeiten der Not das Wissen um das aktuell Vordringliche und das bleibend Notwendige klarer und deutlicher ist als in Zeiten komplizierter Interessen- und Politikverflechtungen, unübersichtlicher Kräfteverhältnisse und zähem Verteidigen von Besitzständen. Insofern ist es vielleicht nicht unangebracht, die Frage nach unverzichtbaren Kriterien heutiger Sozialpolitik in Europa einmal auf Grundentscheidungen der Kirchen nach 1945 zurückzubeziehen – ohne natürlich damit einer Nostalgie und Sehnsucht nach vermeintlich einfachen Ursprüngen und Verhältnissen das Wort zu reden. Ich versuche also, die Frage nach Kriterien mit der Erinnerung an wichtige Weichenstellungen nach 1945 (primär im Blick auf die Entwicklung in Deutschland) zu verbinden und nenne dazu drei Stichworte:

(1) Die vorrangige Verantwortung für die Entwurzelten und Ausgegrenzten
Flüchtlinge sind «entwurzelt». Arbeitslose werden ausgegrenzt, besonders wenn ihre Situation als unveränderbar gilt. Sie haben den Boden verloren, auf dem sie gewachsen und in dem sie verwurzelt sind. In allen jüdischen und christlichen Überlieferungen spielt die Erinnerung an die ursprüngliche Erfahrung, schutzlos ausgeliefert gewesen zu sein und dann unverhofft Barmherzigkeit erfahren zu haben, eine entscheidende Rolle. Diese Urerfahrung ermöglicht das Gedenken an eigene Not und erfahrene Hilfe sowie Befreiung und damit ineins ein elementar verpflichtendes Empfinden der Dankbarkeit. Nicht nur die erste Generation, die nach 1945 mit den Herausforderungen des Wiederaufbaus konfrontiert war, hat sich in ihrer sozialethischen Orientierung von dieser Grunderfahrung bestimmen lassen.

Der Name von Flüchtlingslagern in Deutschland nach 1945 wie Espelkamp steht für die Einsicht, dass derartige Elementarerfahrungen in langfristig tragfähige Strukturen übersetzt werden müssen und können. Freiwillige Hilfe *muss* verrechtlicht werden; *caritas* bedarf verlässlicher Institutionen. Wir alle haben gelernt: Um der personalen Freiheit willen muss zwischen Recht und Moral streng unterschieden werden, aber damit das Recht bestehen kann, bedarf es eines sittlichen Fundamentes, welches als solches nicht erzwungen werden kann, sondern allein aus freier Einsicht hervorgehen muss. Ohne diese rechtlich nicht erzwingbare, moralisch gebotene «Sozialkultur», die nicht zuletzt in dankbarer Erinnerung überwundenen Unrechts verwurzelt ist, kann der Sozialstaat auf Dauer nicht die zwanglose Zustimmung seiner Bürgerinnen und Bürger finden. Die christliche Gemeinde im Besonderen weiss sich in dieser Hinsicht in erster Linie an diejenigen verwiesen, die am schärfsten ausgegrenzt werden und für die niemand die Stimme erhebt. Es mag der Politik passen oder nicht: Das Engagement für Ausgegrenzte und Asylsuchende ist für die Kirche Christi eine *nota ecclesiae*, ein Wesensmerkmal kirchlicher Existenz.

Allerdings sollte man die Erinnerung an ursprüngliche Erfahrungen der Solidarität nicht kurzschliessen mit den aktuellen Aufgaben der Gestaltung des Sozialstaates. Wenn es demographische, weltwirtschaftliche und arbeitsmarktbezogene Entwicklungen gibt, die zu einem Umbau des Sozialstaates nötigen, dann wird der reflexhafte Appell an Solidarität zur nostalgischen Beschwörung von vermeintlich besseren Zeiten. Michael Stolleis hat insofern zu Recht zu bedenken gegeben, dass die schlichte Berufung auf «Solidarität» nicht dazu taugt, den Aufgaben «einer durchgreifenden Verschlankung und prinzipiellen Neukonstruktion des Systems der sozialen Sicherung … beizukommen», weil damit eine nur moralische Forderung verschleiert wird – «wer Solidarität sagt, will etwas haben».[46] Entscheidend kommt es demgegenüber darauf an, im politischen Prozess starke moralische Überzeugungen hinsichtlich der gesellschaftlich erstrebenswerten Sozialstandards mehrheitsfähig zu machen und dann in bindendes Recht zu überführen. «Der Sprung in das geltende Recht gelingt nur über den Gesetzgeber, der die grossen Zweckprogramme vorgibt. Nur er kann Sätze liefern, die hart genug sind, um auch gegen Widerstreben durchgesetzt zu werden.»[47] Die sachlichen Bestimmungen des jeweils geltenden Rechtes allerdings sind ihrerseits nicht zuletzt von den ‹weichen› Faktoren wie sozialer Sensibilität, Mitgefühl und Solidaritätsbereitschaft abhängig.

(2) Klassenkonflikte: Aufklärung und Mediation
Die Diskussion über die Reformfähigkeit und -bedürftigkeit des Sozialstaates ist kein Sakrileg. Dass die einen Hypertrophie anklagen, wo die

---

[46] So in dem Aufsatz gleichen Titels in: Rechtsgeschichte, 5/2004, 49–54: 52.
[47] Ebd., 54.

anderen Unterversorgung beklagen, kann in einem korporatistischen und zugleich konkurrenzkapitalistischen Staatswesen[48] eigentlich niemanden verwundern. Es geht bei der Formulierung und Durchsetzung einer Sozialpolitik immer auch um organisierte Gruppeninteressen, politisches Machtstreben und wirtschaftliche Gewinne und Verluste. In diesem Feld hatten und haben die Kirchen eine doppelte Aufgabe: Sie haben zuerst dezidiert der Aufklärung zu dienen, indem (sozial-)politische Optionen mit ihren Folgen dargelegt und bewertet werden sowie die ethischen und rechtlichen Bewertungsgrundlagen selbst geklärt werden. Zweitens haben Kirchen immer wieder bewiesen, dass sie durch Zusammenarbeit mit gesprächsoffenen Experten der verschiedenen Interessengruppen und aus der Wissenschaft sozialpolitische Konflikte zwar nicht lösen, aber ein Streitklima schaffen können, welches einer kooperativen Konfliktbehandlung günstig ist. Die Evangelischen Akademien waren und sind hierfür wichtige Begegnungsorte. Das «Bergbauzimmer» des Sozialamtes der Ev. Kirche Westfalens in Haus Villigst war dafür symbolisch. Den wichtigsten neueren Versuch, in diesem Sinne über die Unerlässlichkeit und Reformfähigkeit des Sozialstaates aufzuklären und dafür auch kirchlich-theologische Kriterien ausdrücklich zu formulieren, bildet die umfangreiche und sorgfältig vorbereitete Erklärung der grossen Kirchen in Deutschland «Für eine Zukunft in Solidarität und Gerechtigkeit» vom Februar 1997. In der Schweiz haben die grossen Kirchen mit dem Konsultationsprozess unter der Frage «Welche Zukunft wollen wir?» ähnliche Wege beschritten.[49]

(3) Ökumene und der neue kirchliche Konsens in Grundsatzfragen
Das Wort «Sozialkultur» begegnet in hervorgehobener Weise wohl erstmals in dem «Wort des Rates der Evangelischen Kirche in Deutschland

---

[48] Ich bevorzuge diesen Begriff im Gegenüber zur gängigen Redeweise vom «korporatistischen» Wohlfahrtsstaat, weil er besser geeignet ist, die individuelle Erfahrung im Unterschied zu den institutionellen Arrangements zum Ausdruck zu bringen.

[49] Nähere Informationen unter: http://www.kirchen.ch/konsultation. Allerdings wird man jedes Mal fragen müssen, wie es um Anschlussprojekte und Konkretisierungen steht. Einmalige Konsultationsprozesse werden leicht wieder vergessen.

und der Deutschen Bischofskonferenz zur wirtschaftlichen und sozialen Lage in Deutschland» mit dem Titel «Für eine Zukunft in Solidarität und Gerechtigkeit».[50] Gemeint ist damit offenkundig der Inbegriff derjenigen sittlichen Überzeugungen, Einstellungen, Empfindungen, Verhaltensweisen und Erwartungen, welche in einer menschlichen Gesellschaft deren rechtliche Gestaltung ihrer sozialen Ordnung massgeblich mitbestimmen, ohne selbst Gegenstand verbindlicher Festlegungen und rechtlicher Regelungen zu sein. Unter einer «Sozialkultur» kann man den komplexen, traditionsvermittelten und wandlungsoffenen kulturellen Boden einer konkreten Sozialordnung verstehen. Dieser Boden kann verdorren und wüst werden, aber auch eine reiche Flora und Fauna hervorbringen. Alle Menschen sind hier in gewisser Weise Bauern, Gärtner und Erntende zugleich.

Das Sozialwort der Kirchen hat überwiegend verbale Zustimmung gefunden, ist aber in einem äusserlichen Sinne zunächst ziemlich folgenlos geblieben.[51] Immerhin handelt es sich um die erste gemeinsam formulierte Grundposition der beiden grossen Kirchen in Deutschland zur Zukunft einer ökologischen und sozialen Marktwirtschaft. Zukunftsweisend sind besonders folgende Elemente: Erstens die Auszeichnung klarer sozialpolitischer Prioritäten, nämlich der Überwindung der Mas-

---

50 In der Reihe «Gemeinsame Texte» als 9. Heft in Hannover und Bonn veröffentlicht. In einer gewissen Parallele zum «Hirtenbrief über die katholische Soziallehre und die amerikanische Wirtschaft», betitelt «Wirtschaftliche Gerechtigkeit für alle» von 1986 (dazu eingehend Bedford-Strohm, Heinrich: Vorrang für die Armen. Auf dem Weg zu einer theologischen Theorie der Gerechtigkeit, Gütersloh 1993), entstand auch das gemeinsame Wort auf der Basis eines breiten Konsultationsprozesses. Zwischenschritte sind dokumentiert in der «Diskussionsgrundlage»: Zur wirtschaftlichen und sozialen Lage in Deutschland, Hannover/Bonn o.J. (1994), sowie in: Wissenschaftliches Forum 12. September 1995. Beiträge zum Konsultationsprozess der Kirchen usw., Hannover/Bonn o.J. (1996). Vgl. auch zur ersten Rezeption die Beiträge in: Zeitschrift für Evangelische Ethik, 41. Jg., 4/1997.

51 Vgl. die Anmerkungen von Wolfgang Huber in: Zeitschrift für Evangelische Ethik, 44. Jg., 2000, 166–171, sowie die Dokumentation wichtiger Reaktionen durch Diefenbacher, Hans/Reuter, Hans-Richard/Ratsch, Ulrich: Kirchliches Jahrbuch für die Evangelische Kirche in Deutschland, 1997, 2. Lfg. (ersch. 2000).

senarbeitslosigkeit und der Verringerung der Armut in der Wohlstands-
gesellschaft. Zweitens werden ausdrücklich die «Perspektiven und Impulse aus dem christlichen Glauben» genannt, welche praktisch die
«vorrangige Option für die Armen, Schwachen und Benachteiligten» be-
gründen. Wichtige Konsequenzen, die daraus gezogen werden, betreffen
die doppelte Forderung der sozial wirksamen rechtlichen Garantie eines
materiellen Existenzminimums um der Würde jedes einzelnen Menschen
willen sowie der Schaffung von Mindeststandards im Bereich des Sozial-
und Arbeitsrechts auf europäischer Ebene.

Hinsichtlich der konkreten politischen Umsetzung haben sich die
Verfasser nicht weit auf die Äste hinausgewagt. Wenn dabei eine Stärkung der Eigenverantwortung und der individuellen Daseinsvorsorge
angemahnt und das Ziel «Arbeit statt Sozialhilfe» betont wird, so wird
doch zugleich stärkstes Gewicht darauf gelegt, dass zur Verwirklichung
individueller Freiheit auch und gerade das soziale Engagement gehören
muss und dass selbstverständlich die stärkeren Schultern auch die grösseren Lasten zu tragen bereit sein sollten. Letztlich konvergieren die
sozialethischen Positionen der beiden grossen Kirchen durchaus in den
klassischen Prinzipien der Personalität, Solidarität und Subsidiarität, deren immer neu auszutarierende Balance eine tragfähige Sozialkultur
charakterisiert.

Was das gemeinsame «Wort» im Blick vor allem auf den Sozialstaat
Deutschland sagt, muss freilich auch für Europa gelten. Der Prozess
politischer Entspannung in Europa, zu dem die Konferenz Europäischer
Kirchen Wesentliches beigetragen hat,[52] muss durch einen kontinuierli-
chen sozialen Ausgleich weitergeführt werden.[53] Auf diesem Weg haben
die Kirchen unverwechselbare Gestaltungsmöglichkeiten und die Chance, zur öffentlichen Bewusstseinsbildung beizutragen.

---

[52] Siehe Kunter, Katharina: Die Kirchen im KSZE-Prozess 1968–1978, Stuttgart u.a. 1999.

[53] Siehe dazu besonders die Denkschrift der Kammer der EKD für soziale Ordnung: Verantwortung für ein soziales Europa – Herausforderungen einer
verantwortlichen sozialen Ordnung im Horizont des europäischen Einigungs-
prozesses, Gütersloh 1991.

3. Kirchliche Handlungs- und Gestaltungsmöglichkeiten

3.1 Perspektiven kirchlich-diakonischer Einrichtungen

Die meisten neueren Darstellungen zur Sozialpolitik und ihrer Geschichte setzen mit der Industrialisierung und der Arbeiterbewegung des 19. Jahrhunderts ein. Man muss indes zumindest von Zeit zu Zeit daran erinnern, dass es daneben über Jahrhunderte vielfältige Gestalten organisierter kirchlicher Nothilfe gegeben hat, insbesondere im Bereich von Spitälern, Pflegeeinrichtungen und Obdachlosenheimen. Säkularisierte Kirchengüter bildeten in den deutschen Ländern nicht nur in der Zeit der Reformation immer wieder die materielle Grundlage für kommunale und staatliche soziale Einrichtungen in Bereichen der Armenfürsorge, Bildung und Gesundheit. Daneben standen und stehen die selbständigen Werke der «Inneren Mission», der «Caritas» und der «Diakonie». Staatliche Sozialpolitik und Wohlfahrtsförderung in freier Trägerschaft konnten und können sich so ergänzen. In der Bundesrepublik Deutschland hat sich daraus «ein eingespieltes und im grossen und ganzen bewährtes Modell der Kooperation von freier Wohlfahrt und Sozialstaat entwickelt»[54]. Dabei stehen die freien Träger der Wohlfahrtspflege unter teilweise spannungsvollen Erwartungen und Zwängen: Sie waren und sind immer auch auf freiwillige, ehrenamtliche Mitarbeiter angewiesen, sollen aber gleichzeitig sich voll professionalisieren; aufgrund ihrer staatskirchenrechtlich verbürgten Selbständigkeit haben sie das Recht und die Freiheit, die Ordnung ihrer Arbeit nach den eigenen Kriterien ihres kirchlichen Auftrages zu gestalten, doch zugleich müssen sie mit den staatlichen und kommunalen Stellen sowie den Versicherungsträgern kooperieren und deren Auflagen für die Mittelzuweisung erfüllen.[55] Gleichwohl scheint mir dieses Differenzierungsmodell teilautonomer Träger in der Sozialpolitik Effizienz und Freiheitlichkeit insgesamt optimal zu

---

[54] Neumann, Volker: Rechtsgrundlagen der finanziellen Beziehungen zwischen Sozialstaat und Diakonie, in: Lienemann, Wolfgang (Hrsg.): Die Finanzen der Kirche, München 1989, 273–302: 274. Vgl. insgesamt Isensee, Josef: Die karitative Betätigung der Kirchen und der Verfassungsstaat, Handbuch des Staatskirchenrechts der Bundesrepublik Deutschland II (1995), 665–756.

[55] Zu den Problemen siehe Neumann, Volker: Freiheitsgefährdung im kooperativen Sozialstaat, Köln usw. 1992.

verbinden, besser jedenfalls als Systeme, in denen entweder staatlicher Zentralismus dominiert oder die Leistungen zur Daseinsvorsorge vom Auf und Ab privater Wohltätigkeit abhängig sind.

Im Blick auf die künftige europäische Sozialkultur liegt deshalb die wichtigste kirchliche Aufgabe in der Weiterentwicklung ihrer teilselbständigen diakonischen Werke selbst. Dabei sehe ich drei wichtige Herausforderungen: Erstens gehörte und gehört es immer wieder zur Eigentümlichkeit kirchlicher Sozialpolitik, mit höchster Priorität sich jenen Menschen zuzuwenden, die am schärfsten ausgegrenzt werden und um die sich sonst niemand kümmern mag. Dies waren nicht nur in der Vergangenheit aus rassistischen Gründen Verfolgte; weil der spätere Präses der Evangelischen Kirche von Westfalen, Ernst Wilm, gerade für diese Menschen den Mund auftat, wurde er ins KZ geworfen. Zweitens sind für alle kirchliche Sozialarbeit ihre Abstützung in Gemeinden und freiwillig-ehrenamtliche MitarbeiterInnen unverzichtbar. Darin liegt im Übrigen eine entscheidende und vorbildliche «Stärkung der Eigenverantwortung um des Sozialen willen»[56]. Drittens halte ich es für wichtig, dass die Kirchen in der Gestaltung der Arbeitsbeziehungen in ihren selbständigen Einrichtungen die allgemeinen Regelungen für Arbeitsschutz, Mitbestimmung und Entlohnung nicht unterbieten. Es ist nicht leicht, diese Anforderungen gleichzeitig zu erfüllen, doch wenn es gelingt, wird die Diakonie immer neu zur weithin leuchtenden «Stadt auf dem Berge».

3.2   Internationale soziale Friedensdienste und kirchliche Partnerschaften

Im Zuge der Westintegration der ‹alten› Bundesrepublik hatten die Partnerschaften zwischen Kommunen und der Jugendaustausch eine überhaupt nicht zu unterschätzende Bedeutung. Neben vielen Ortsschildern sieht man die Hinweise auf die entsprechenden Verbindungen. Ich denke, diese Partnerschaften bedürfen seit langem einer entschlossenen Erweiterung in Richtung Osten. Verweisen möchte ich in diesem Zusammenhang exemplarisch auch an den Christlichen Friedensdienst, an die «Aktion Sühnezeichen/Friedensdienste», an das Werk von «Eirene»

---

[56]   Huber, Wolfgang; in: Zeitschrift für Evangelische Ethik, 44. Jg., 2000, 169.

sowie an die Partnerschaften zwischen Kirchgemeinden in Deutschland und dem südlichen Afrika im Rahmen des sog. «covenant project» in den 1980er Jahren. Derartige Verbindungen sind unverzichtbar, weil auch in einer massenmedial geprägten Gesellschaft lebensbereichernde Erfahrungen nach wie vor insbesondere im persönlichen Austausch zwischen Menschen ihren unverwechselbaren Ort haben. Hierfür sind offizielle kommunale Partnerschaften besonders wichtig, und dabei haben die kirchlich-ökumenischen Verbindungen einen noch höheren Stellenwert als in Westeuropa.

Eine künftige europäische Sozialkultur braucht solche Erfahrungen der nachbarschaftlichen Solidarität – auch, aber eben nicht nur in Katastrophenfällen –, und nicht weniger braucht sie eine wachsende Vertrautheit der Menschen mit den äussert unterschiedlichen Lebensverhältnissen in Europa. Die EU-Erweiterung nach Osten stellt in dieser Hinsicht nicht bloss vor erhebliche sprachliche Hürden, sondern vor allem vor enorme soziale Herausforderungen. Ich denke, dass es wichtig ist, die kontextuell verschiedenen Erfahrungen und Beurteilungen aus der Nähe kennen zu lernen – etwa im Austausch zwischen Gewerkschaftsvertretern und sozialpolitisch engagierten kirchlichen Gruppen.

3.3 Jugend und Europa

In den zuletzt genannten Hinsichten sind Jugendliche im wörtlichen Sinne zu «Pfadfindern» prädestiniert. Es ist ein gutes und wichtiges Zeichen, dass das Evangelische Studienwerk Villigst, ein Bildungswerk der evangelischen Kirchen in Deutschland, seit einigen Jahren auch für Stipendiaten aus Mittel-, Ost- und Südosteuropa geöffnet ist. Die östlichen Neumitglieder der EU sind hierzulande immer noch ziemlich unbekannte Wesen. Wenn von den Schweizer Blauhelmen oder den deutschen Bundeswehrsoldaten, die auf dem Balkan eingesetzt sind, die Rede ist, dann sollte man darüber nicht die Hunderte von vor allem jungen Menschen vergessen, die dort ihren nicht weniger schwierigen, aber nun einmal nicht so medienwirksamen Friedensdienst leisten. Wenn es gut geht, brauchen die einen den Schutz und die anderen die Aufbauarbeit der jeweils anderen.

Jugendliche sind – vielleicht – weniger an der Verteidigung von sozialen Besitzständen orientiert und eher fähig, starke Solidaritätsbindungen zu entwickeln. Vor allem lassen sich nach allem, was wir darüber wissen,

Jugendliche weit stärker als Erwachsene für herausfordernde, neue Aufgaben nicht zuletzt im Sozialbereich begeistern. Ich plädiere seit langem dafür, dass zu einem ordentlichen Theologiestudium ein oder zwei Auslandssemester gehören. Die Frage liegt nahe: Warum lassen die Kirchen nicht die Kandidatinnen und Kandidaten der Theologie (zumal in Deutschland mit einer ohnehin überlangen Vikariatszeit) zumindest ein halbes Jahr in einer Kirchgemeinde in Polen oder Rumänien oder Ungarn hospitieren?

Eine künftige europäische Sozialkultur erfordert präzise sozialpolitische und ökonomische Kenntnisse, lebensnahe Anschauung und soziale Sensibilität – «compassion». Die Kirchen haben in diesen Hinsichten enorme Erfahrungen und Fähigkeiten – es kommt darauf an, mit diesem Pfunde zu wuchern.

Reiche Witwen – arme Jungfrauen?

Geld und weibliche Diakonie in der Antike

Anne Jensen

1. Vorbemerkungen

Im Hinblick auf das allgemeine Thema dieser Tagung möchte ich zunächst zwei persönliche Vorbemerkungen machen, eine *konfessionelle* und eine *ökumenische*. Als ich über Frauen in der christlichen Spätantike zu arbeiten begann (1985), hatte ich mich natürlich auch mit den im Ostteil des Reiches gut bezeugten Diakoninnen zu befassen.[1] Als römische Katholikin hatte ich dabei zunächst die Frage nach der Ordination im Blick. Sie ist spätestens durch das Konzil von Chalkedon (451) zweifelsfrei belegt: «Eine Frau darf nicht zur Diakonin ordiniert werden, bevor sie vierzig Jahre alt ist, und auch dann nur nach sorgfältiger Prüfung ...»[2] Der orthodoxe Theologe *Evangelos Theodorou* hat in seiner liturgiewissenschaftlichen Dissertation nachgewiesen, dass es sich hier zweifelsfrei um eine «höhere Weihe» (fast genau parallel zu der des Diakons) gehandelt hat.[3] Allerdings war es ein Amt «sui generis», da die Diakonin in der Catholica nicht «aufsteigen», also nicht zur Presbyterin oder Bischöfin ordiniert werden konnte.[4]

---

[1] Vgl. dazu: Jensen, Anne: Gottes selbstbewusste Töchter. Frauenemanzipation im frühen Christentum?, (Freiburg 1992) 2. erw. Aufl., Münster 2003, 131–138.140–165.518–521; dies.: Frauen im frühen Christentum (Traditio Christiana 11), Bern 2002 (Textsammlung), XXXII–XXXV, 163–179.

[2] Kanon 15, in: Wohlmuth, Josef/Alberigo, Giuseppe u.a. (Hrsg.): Dekrete der ökumenischen Konzilien. Bd. 1, Konzilien des ersten Jahrtausends. Vom Konzil von Nizäa (325) bis zum vierten Konzil von Konstantinopel (869/70), Paderborn 1998.

[3] Hē «cheirotonía», hē «cheirothesía» tōn diakonissōn, in: *Theología*, 25. Jg., 1954, 430–469.576–601; 26. Jg., 1955, 57–76. Eine deutsche Übersetzung von mir soll in den «Grazer theologischen Studien 23, 2006» erscheinen.

[4] Ausserhalb der Catholica sind Presbyterinnen und Bischöfinnen für die Neue Prophetie (alias «Montanismus») bezeugt bei Epiphanios, Panarion 48,14–49,2

Es war also zunächst die Frage nach dem «Amt», nicht die nach dem «Dienst», die mich beschäftigte. Wir müssen uns ja im Deutschen bei der Übersetzung aus dem Griechischen zwischen «Diakonat» und «Diakonie» entscheiden, während im griechischen Begriff Autorität und karitatives Engagement gekoppelt sind. Für die heutige Situation stand für mich die Frage nach der Priesterweihe im Vordergrund – der Weg dorthin schien mir, gerade im Blick auf andere Kirchen, insbesondere die anglikanische[5] und die altkatholische[6], realistischer Weise über das Diakonat zu gehen. Um die Diskussion in der katholischen Kirche voranzubringen, initiierte *Peter Hünermann* einen Kongress zur Frage «Diakonat – Ein Amt für Frauen in der Kirche – Ein frauengerechtes Amt?», an des-

---

(Text bei Jensen, Anne: Gottes selbstbewusste Töchter, 323 oder Jensen, Anne: Frauen im frühen Christentum, 59).

[5] In der anglikanischen Kirche wurde die erste Diakonisse 1862 eingesetzt – es dauerte mehr als ein Jahrhundert, bis aus den Diakonissen Diakoninnen wurden, die nun definitiv als den Diakonen gleichgestellt anerkannt sind (1987/1988). Bereits 1975 wurden in den USA die ersten Diakoninnen zu Priesterinnen geweiht, in England dann 1994. Vgl. dazu das entsprechende Kapitel in der monumentalen Studie von Reininger, Dorothea: Diakonat der Frau in der Einen Kirche. Diskussionen, Entscheidungen und pastoral-praktische Erfahrungen in der christlichen Ökumene und ihr Beitrag zur römisch-katholischen Diskussion, Ostfildern 1999, 310–398.

[6] Die altkatholische Bischofskonferenz lehnte 1976 das diakonische Amt für Frauen kategorisch ab, revidierte diese Entscheidung aber bald. Die ersten Diakoninnen wurden 1987 ordiniert, die ersten Priesterinnen 1996. Vgl. Reininger, Dorothea: Diakonat der Frau in der Einen Kirche, 339–460; Spreitzhofer, Elisabeth: «Diakonin soll sie sein ...». Diakonat der Frau in den Kirchen der Utrechter Union (Diplomarbeit), Graz 2001. Im Jahr 1976 erschien auch das Dokument der Glaubenskongregation «*Inter Insigniores*», in dem die Ordination von Frauen zum Priestertum abgelehnt wird. Johannes Paul II. erklärte diese Entscheidung in seinem apostolischen Schreiben «*Ordinatio sacerdotalis*» von 1994 für «*irreformabilis*». Auf die Frage nach der Diakonatsweihe von Frauen geht «Inter Insigniores» nicht ein. Vgl. Groß, Walter (Hrsg.): Frauenordination. Stand der Diskussion in der Katholischen Kirche, München 1996; dort sind die beiden römischen Dokumente abgedruckt.

sen Vorbereitung ich beteiligt war und der 1997 in Stuttgart stattfand.[7]
Hier habe ich meine Meinung dann allmählich geändert: Die Aufwertung
des Diakonats von Männern und Frauen ist für die Kirche selbst ungeheuer wichtig, um ihren diakonischen Auftrag klarer ins Bewusstsein
zu heben.

Die *ökumenische Vorbemerkung* bezieht sich auf die Lima-Papiere «Taufe, Eucharistie und Amt» von 1982[8], in denen ausdrücklich dafür ge-
worben wird, die klassische Ämter-Trias von Bischof–Presbyter–Diakon
dort wiederherzustellen, wo sie nicht mehr vorhanden ist. Es handelt
sich dabei natürlich um den ständigen Diakonat, nicht um die Durch-
gangsstufe zum Priestertum.[9] 1984 war ich zur Diskussion über die
Lima-Papiere von der Frauenarbeit der Evangelischen Landeskirche in
Württemberg eingeladen, und es ging dabei vor allem um das Amts-
verständnis. Dabei ist mir das dezidierte Statement einer Teilnehmerin
sehr intensiv in Erinnerung geblieben: «Genau das möchte ich nicht: eine
Klerikalisierung der Diakonie». Ich habe oft über diese Äusserung nach-
gedacht. Soweit meine Vorbemerkungen. Doch nun auf in die christliche
Spätantike.

---

7   Hünermann, Peter/Biesinger, Albert/Heimbach-Steins, Marianne/Jensen,
    Anne (Hrsg.): Diakonat. Ein Amt für Frauen in der Kirche – Ein frauen-
    gerechtes Amt?, Ostfildern 1997. Mein Beitrag: Das Amt der Diakonin in
    der kirchlichen Tradition des ersten Jahrtausend, 33–77.
8   In: Meyer, Harding (Hrsg.): Dokumente wachsender Übereinstimmung.
    Sämtliche Berichte und Konsenstexte interkonfessioneller Gespräche auf
    Weltebene, Bd. 1, Paderborn 1983, 545–585.
9   «Diakone stellen der Kirche ihre Berufung als Diener in der Welt vor Augen.
    Indem sie sich in Christi Namen für die unzähligen Bedürfnisse der Gesell-
    schaften und Personen einsetzen, verdeutlichen die Diakone die wechsel-
    seitige Abhängigkeit von Gottesdienst und Dienst im Leben der Kirche. Sie
    üben Verantwortung im Gottesdienst der Gemeinde aus: z.B. indem sie die
    Schrift lesen, predigen und die Gemeinde im Gebet leiten. Sie helfen bei der
    Unterweisung der Gemeinde. Sie üben einen Dienst der Liebe innerhalb der
    Gemeinschaft aus. Sie erfüllen gewisse Verwaltungsaufgaben und können
    gewählt werden für Verantwortungsbereiche der Leitung.» ... «In vielen Kir-
    chen besteht heute eine starke Tendenz, den Diakonat als ein ordiniertes
    Amt mit seiner eigenen Würde wiederherzustellen, der ein Leben lang aus-
    geübt werden soll.» (31).

2. Der Einsatz grosser Privatvermögen durch Frauen

Der Titel «Reiche Witwen – arme Jungfrauen?» ist natürlich ein «Auf-
hänger» – es gab selbstverständlich ebenso arme Witwen und reiche
Jungfrauen. Und auch verheiratete Frauen waren in der christlichen
Diakonie äusserst aktiv. Allerdings: vermögende Witwen waren zweifellos die unabhängigsten Frauen in der Kaiserzeit und so im frühen Christentum im römischen Reich.[10] Das allerdings war in christlichen Kreisen
nicht immer gern gesehen: Polemik gegen Witwen findet sich bereits in
den Pastoralbriefen[11] und dann ganz massiv in der *Didaskalia* (Mitte 3.
Jh., Syrien) – wir finden dort zwei lange Kapitel gegen die Witwen,
wohingegen der postulierten Diakonin, die dem Bischof treu ergeben
sein soll, nur eines gewidmet ist.[12] Ich möchte mich im Folgenden nicht
vorrangig am *Amt* der Diakonin orientieren, sondern an den äusserst
diversen *karitativen Aktivitäten* von Frauen – verheirateten wie unverheira-
teten. Doch ich möchte zunächst wenigstens darauf hinweisen, dass die
Einrichtung des weiblichen Diakonats eher eine restriktive Massnahme
war; eine Reglementierung im Geist der immer stärker werdenden Insti-
tutionalisierung des kirchlichen Lebens.[13] Interessanterweise gibt es hier
eine signifikante Parallele im 19. Jh.: Damals wurde in der anglikanischen
Kirche die Institution der Diakonissen ins Leben gerufen, um die «wilde»
karitative Aktivität von Frauen in kirchliche Bahnen zu lenken.[14]

---

[10] Auf die Christentümer und Kirchen ausserhalb des römischen Reiches kann
ich hier nicht eingehen, aber ich möchte wenigstens auf ihre Bedeutung hinweisen, zumal viele von ihnen die Institution des weiblichen Diakonats kennen. Vgl. die entsprechenden Kapitel bei Reininger, Dorothea: Diakonat der
Frau in der Einen Kirche, 310–398.

[11] Vgl. 1 Tim 5,1–16.

[12] Didaskalia, hrsg. v. Achelis, Hans/Flemming, Johannes (Texte und Untersuchungen zur Geschichte der altchristlichen Literatur 25), Neue Folge 10,
Berlin 1904; Kap. 14: Über die Zeit der Einordnung der Witwen; 15: Wie die
Witwen sich würdig betragen sollen; 16: Über die Anstellung der Diakone
und Diakonissen. Die Übersetzung habe ich in Zitaten gelegentlich leicht
geglättet.

[13] Vgl. dazu Jensen, Anne: Gottes selbstbewusste Töchter, 164f.

[14] Vgl. dazu Reininger, Dorothea: Diakonat der Frau in der Einen Kirche, 316.

2.1 Faltonia Betitia Proba (Rom, † vor 379)

Beginnen möchte ich meine Ausführungen zur Diakonie von Frauen in der christlichen Spätantike mit einem wenig bekannten Text aus der Feder einer römischen Matrone, aus dem Cento, dem Christusgedicht aus Vergilversen von *Faltonia Betitia Proba*.[15] Als Prototyp der christlichen Berufung wählt sie interessanterweise nicht die Berufung der Jünger oder der Apostel, sondern die Begegnung Jesu mit dem reichen Jüngling.

«Ihm also erwidert der Held mit wenigen Worten: ‹Jüngling, ragend an Mut, lass ab vom Bitten, quäle dich doch nicht länger. Du, Freund, hast nichts unterlassen. Eins füge ich noch hinzu, sofern dein Wille noch feststeht. Lerne, mein Sohn, zu verachten die Pracht, und mache auch du dich würdig des Gottes und begreife, was Tugend bedeutet. Gib dem Armen die Hand, verlass nicht als Bruder den Bruder. Wenn er sich eilt, unser Gast zu sein, verbinde dich ihm. Keuschheit durchstrahle das behütete Haus. Wohlan, der Säumnis Fesseln zerbrich und nahe dich nicht schroff dem Reiche der Armut.› So sprach er. Da wandte jener noch im Wort sich von dannen, innig betrübt, gar seltsam bleich erhob er das Antlitz. Tief seufzend entzog er sich seinem Blick und ging fort.»[16]

Proba hat die Szene zwar «verbürgerlicht» (kein «verlasse alles»), aber sie macht die Sorge für die Armen zur zentralen Aufgabe der Christen. Mitleidlosigkeit, Machtgier und Geiz werden von ihr als die schlimmsten Sünden gebrandmarkt.

---

[15] Vgl. The Golden Bough, the Oaken Cross. The Virgilian Cento of Faltonia Betita Proba, hrsg. v. Clark, Elizabeth A./Hatch Diane F. (American Academy of Religion. Texts and Translation, Series 5), Chico (California) 1981 (lat. Text mit engl. Übersetzung); Auszüge in Jensen, Frauen im frühen Christentum, 203ff; 261–267. Vgl. auch: Jensen, Anne: Prophetin, Poetin und Kirchenmutter. Das theologische Werk Faltonia Betitia Probas (Rom, 4. Jh.), in: Schoppelreich, Barbara (Hrsg.): Frauen Gestalten Geschichte. Im Spannungsfeld zwischen Religion und Geschlecht, Hannover 1998, 33–53.

[16] Proba, Cento 518–530, zitiert nach Jensen, Frauen im frühen Christentum, 264f.

2.2 Olympias von Konstantinopel (~ 368–408)

Proba war eine reiche Frau der Oberschicht. Von ihrem Alltagsleben wissen wir nichts. Aber wir kennen die Namen vieler extrem reicher Frauen, die ihren Besitz rückhaltlos für karitative und kirchliche Zwecke zur Verfügung gestellt haben. Einige Beispiele möchte ich nennen und dabei mit der berühmtesten Diakonin der christlichen Spätantike beginnen: *Olympias von Konstantinopel*. Ein anonymer Verfasser hat uns ihre Lebensbeschreibung hinterlassen.[17] Er beschreibt sich selbst als «Augenzeugen», als «ihr wahrer geistlicher Freund, der eng mit ihrer Familie verbunden war» und «viele ihrer Güter in ihrem Sinn verteilt hat» (Vita, Kap. 15). Der Verfasser schildert sie eingangs als «neue Thekla», von der er betont, dass sie auf eine reiche Heirat verzichtet habe.[18] Olympias war verheiratet, aber ihr Gatte war nach 20 Monaten Ehe gestorben.[19] Der Kaiser Theodosios wollte sie zu einer zweiten Ehe zwingen, und als sie dies ablehnte, entzog er ihr das Verfügungsrecht über ihr Vermögen, worauf sie folgendermassen reagierte: «Du hast meiner niedrigen Person gegenüber, höchster Herr, die eines Kaisers und auch eines Bischofs wür-

---

[17] Vie anonyme d'Olympias, in: Jean Chrysostome, Lettres à Olympias, hrsg. v. Malingrey, Anne-Marie, SC 13bis, Paris 1968; engl. Übers.: The Life of Olympias, in: Clark, Elizabeth A.: Jerome, Chrysostom and Friends. Essays and Translations, New York/Toronto 1979. Auszüge in Jensen, Frauen im frühen Christentum, 287–293 (in der Übersetzung von Livia Neureiter). Palladios widmet ihr im «Paradies» (Historia Lausiaca) ein eigenes Kapitel (56) und erwähnt sie auch mehrfach in seinem «Historischen Dialog über das Leben von Johannes Chrysostomos» (Kap. 10, 16 u. 17). Auch von Sozomenos wird sie in seiner Kirchengeschichte äusserst positiv dargestellt (VIII,9,24,27). Erhalten sind ausserdem siebzehn Briefe, die Johannes Chrysostomos aus dem Exil an sie richtete (s.o. SC 13bis; dt. in: Bibliothek der Kirchenväter, Bd. 3, 1879, 461–610).

[18] Vita, Kap. 1. Zu Thekla, deren Geschichte in den ausserkanonischen Paulusakten überliefert ist, vgl. Jensen, Anne: Thekla – Die Apostolin. Ein apokrypher Text neu entdeckt, Freiburg 1995 (Kaiser Taschenbuch, Gütersloh 1999).

[19] So Palladios im Dialog Kap. 17. Im «Paradies» und in der Vita dauert die Ehe nur wenige Tage und Olympias wird zur «reinen Jungfrau» emporstilisiert. Vgl. dazu SC 13bis, 409, Anm 6.

dige Güte erwiesen, indem du die schwere Bürde, deren Verwaltung mir grosse Sorge bereitete, in sichere Verwahrung gegeben hast. Besser noch wäre es, wenn du befehlen würdest, sie grosszügig an die Armen und die Kirchen zu verteilen, denn ich habe viel gebetet, um mich von der eitlen Ruhmsucht zu befreien, die der Reichtum zur Folge haben kann...» (V). Olympias wurde als junge Witwe von Nektarios zur Diakonin ordiniert.[20] Von diesem Bischof berichtet Palladios, «dass er Olympias in solchem Mass verehrte, dass er sich selbst in kirchlichen Dingen von ihren Ratschlägen leiten liess»[21]. In ihrer Lebensbeschreibung werden ihre Besitzungen, die sie in den Dienst der Kirche stellte, genau beschrieben: Sie habe jene Jünger imitiert, die alles was sie besassen, den Aposteln zu Füssen legten[22], und stellte ihm (dem Bischof[23]) Folgendes zur Verfügung:

«Zehntausend Pfund Gold, hunderttausend Pfund Silber und alle Immobilienbesitzungen, die ihr zustanden und die sich in den Provinzen von Thrakien, Galatien und im ersten Kappadokien und in Bithymien befanden; ausserdem stellte sie ihm die Häuser zur Verfügung, die sie in der Hauptstadt besass: jenes, das dicht neben der grossen Kirche (Hagia Sophia) lag, und ‹Olympias Haus› hiess, mit den Gebäuden des Tribunal[24], mit gut ausgestatteten Thermen und allen Nebengebäuden, sowie das Silignarion[25], ferner neben den öffentlichen Thermen des Konstantios das Haus, das ihr gehörte und in dem sie wohnte, und schliesslich das sogenannte Haus des Evandros sowie alle ihre Besitzungen in den Vororten. (V) Sie wurde durch göttlichen Willen zur Diakonin dieser grossen und ehrwürdigen Kirche Gottes gewählt und gründete ein Kloster an deren südlichem Flügel. Ihr gehörten alle Häuser, die in der Umgebung der heiligen Kirche lagen, und alle Geschäfte, die sich bei dem genannten Süd-

---

20 Sozomenos, Kirchengeschichte VIII,9.
21 Palladios, Dialog 17.
22 Vgl. Apg 4,32–35.
23 Im Text steht Johannes, aber das ist ein Anachronismus. Johannes Chrysostomos spielt erst später eine zentrale Rolle im Leben von Olympias.
24 Zum «Tribunal» vgl. SC 13bis, 416, Anm. 5.
25 Zum «Silignarion» vgl. SC 13bis, 417, Anm. 6.

flügel befanden. Sie liess einen Weg hinauf bauen vom Kloster in den Narthex der heiligen Kirche.» (VI)

Zu diesem Kloster gehörten schliesslich 250 Frauen, viele aus der Oberschicht, aber auch ihre fünfzig Dienerinnen. Unter Johannes Chrysostomos stellte Olympias der Kirche von Konstantinopel noch weiteren Immobilienbesitz in den Provinzen zur Verfügung sowie die Rechte über ihre Einkünfte.[26] Bemerkenswert sind auch ihre Kontakte zu zahlreichen Bischöfen (darunter Gregor von Nyssa und Basilius von Caesarea) – neben den Armen unterstützte sie die Kleriker, die sich vorübergehend in Konstantinopel aufhielten.[27] Und betont wird noch, dass sie selbst in grösster Einfachheit lebte und sich quasi in Lumpen kleidete.[28] Am Ende der Lebensbeschreibung heisst es:

«Kein Ort, kein Land, keine Wüste, keine Insel, kein entlegenstes Land blieb ohne Anteil an der Grosszügigkeit dieser berühmten Frau; ja sie half den Kirchen mit liturgischen Weihegeschenken und unterstützte Klöster bzw. klösterliche Gemeinschaften, Arme, Inhaftierte, Verbannte, kurzum: sie säte die Werke ihrer Barmherzigkeit über die ganze bewohnte Erde aus.»[29]

Interessant ist, dass Johannes Chrysostomos den grosszügigen Umgang mit ihrem Reichtum kritisiert:

«Ich kann deinen Vorsatz nur loben, aber ein guter Haushalter muss sein, wer in Gottes Sinne nach vollkommener Tugend strebt. Wenn du aber Reichen Reichtum zukommen lässt, tust du nichts anderes, als deinen Besitz ins Meer zu schütten. Oder weisst du nicht, dass du aus freien Stücken um Gottes willen den Bedürftigen dein Vermögen geweiht hast und nun wie über Reichtümer, die aus deiner Verfügungsgewalt ausgeschieden sind, als Verwalterin eingesetzt und rechenschaftspflichtig geworden bist? Falls du auf mich hören willst, solltest du in Zukunft die Gabe nach dem Bedürfnis der Bittsteller bemessen. So wirst du mehr Menschen Gutes tun können und für

---

[26] Vita, Kap. 7.
[27] Vita, Kap. 14.
[28] Vita, Kap. 15.
[29] Vita, Kap. 13.

dein Mitleid und für die gewissenhafteste Fürsorge Belohnung von Gott erhalten.»[30]

Im «Dialog» von Palladios wird sie deswegen umgekehrt ausdrücklich gelobt: «Wie nun? Handelte Olympias schlecht, wenn sie das Beispiel ihres Herrn und Meisters nachahmte, der doch ‹regnen lässt und seine Sonne aufgehen heisst über Gerechte und Ungerechte›?» (Mt 5,45).[31] Trotz ihrer «Verschwendung» verfügte Olympias noch über genügend Geldmittel, um Johannes Chrysostomos im Exil so grosszügig zu unterstützen, dass er sogar Gefangene loskaufen konnte.[32] Sie beendete ihr Leben wie Johannes Chrysostomos im Exil und wurde daher unter die «Bekenner» gezählt.[33]

2.3 Melania die Jüngere (Rom/Palästina, 385–427)

Eine andere extrem reiche Frau war *Melania die Jüngere*[34], die ihren Ehemann mit zwanzig Jahren nach dem Tod zweier Kinder für ein asketisches Leben gewann.[35] Sie gingen zusammen nach Palästina, wo sie in

---

[30] Sozomenos, Kirchengeschichte VIII,9 (Sozomenos, Historia Ecclesiastica [Fontes Christiani, Bd. 73/1–4], Turnhout 2004; hier vierter Teilbd., 985).

[31] Palladios geht es allerdings darum zu rechtfertigen, dass Olympias die von Theophilos, dem dezidierten Gegner des Chrysostomos, verfolgten Mönche aufgenommen hatte.

[32] Vgl. Sozomenos, Kirchengeschichte VIII,27.

[33] Vgl. Vita, Kap. 11 und 16 sowie Palladios, Paradies 56. BekennerInnen sind jene, die in der Verfolgungszeit ein Martyrium überlebten. Zu ihrer Bedeutung vgl. Jensen, Anne: Gottes selbstbewusste Töchter, 232–253.

[34] Auch von ihr existiert eine Lebensbeschreibung: Vie de Sainte Mélanie, hrsg. v. Gorce, Denys, SC 90, 1962; Das Leben Melanias der Jüngeren von Gerontius, Bibliothek der Kirchenväter 5, 1912; The Life of Melanie the Younger, hrsg. v. Clark, Elizabeth A. (Studies in Women and Religion 14), New York/Toronto 1984.

[35] Wir begegnen hier dem Phänomen der «Geistlichen Ehe». Wenn es sich um offiziell verheiratete Paare handelte, galt ihnen höchste kirchliche Anerkennung. Das weit verbreitete Zusammenleben unverheirateter Paare wurde dagegen scharf kritisiert. Vgl. Achelis, Hans: Virgines subintroductae. Ein Beitrag zum 7. Kapitel des 1. Korintherbriefs, Leipzig 1902; Jensen, Anne:

klösterlichen Kommunitäten lebten. Palladios berichtet in knapper Zusammenfassung Folgendes über ihren Umgang mit ihren immensen
Besitzungen:
«Zunächst stiftete sie ihre seidenen Gewänder für die Altäre; das
hatte auch die heilige Olympias getan. Die restlichen Seidenstoffe
zerschnitt sie und liess sie für verschiedene kirchliche Ausstattungen
verwenden. Ihr Gold und Silber vertraute sie aber einem Priester na-
mens Paulus, einem Mönch aus Dalmatien, an und liess folgende Be-
träge übers Meer nach Osten senden: zehntausend Goldstücke nach
Ägypten und in die Thebaïs, weitere zehntausend nach Antiochien
und in die dazugehörigen Bezirke, fünfzehntausend nach Palästina
und zehntausend den Kirchen auf den Inseln und denen, die in der
Verbannung lebten. Sie selber liess in gleicher Weise ihre Hilfe den
Kirchen im Westen zukommen. All das und wahrhaftig sogar das
Vierfache davon entriss sie dank ihrem Glauben dem Rachen des
Löwen Alarich. – Achttausend Sklaven, die in die Freilassung einwil-
ligten, gab sie frei; die übrigen wollten nämlich davon nichts wissen
und zogen es vor, ihrem Bruder zu dienen. Und so überliess sie ihm
alle zum Preis von drei Goldstücken für jeden einzelnen. – Ihre Besitzungen in Spanien, Aquitanien, Taragonien und Gallien verkaufte
sie alle, behielt aber die in Sizilien, Kampanien und Afrika gelegenen
und verwendete sie für den Unterhalt von Klöstern. Dies war also ihr
weiser Umgang mit der Bürde des Reichtums.»[36]

Gottes selbstbewusste Töchter, 70–72.117–123; dies.: Liebe ohne Sexualität?
Frauen als Partnerinnen in der Geistlichen Ehe, in: Schlangenbrut, 13. Jg.,
50/1995, 10–12. Johannes Chrysostomos hat zwei Traktate gegen diese Praxis geschrieben. Vgl. Neureiter, Livia: *synoikeín*. Die beiden Traktate des Johannes Chrysostomus gegen jene Männer und Frauen, die zusammenleben
(Dissertation), Graz 2004. Aus ihrer Studie geht deutlich hervor, dass viele
Frauen in diesen Lebensgemeinschaften sehr begütert waren.
[36] Palladios, Das Paradies (Historia Lausiaca), Kap. 61. Des Palladius Leben
der Heiligen Väter, Bibliothek der Kirchenväter 5, 1912; Laager, Jacques
(Hrsg.): Historia Lausiaca. Die frühen Heiligen in der Wüste, Zürich 1987.

2.4 Die Kappadokierin Makrina (327–380)

Die Klöster von Männern und Frauen waren oft Orte karitativen Engagements. Hier ist besonders *Makrina* zu nennen, die ältere Schwester *Gregors von Nyssa* und *Basilius des Grossen*.[37] Sie verwandelte einen Grossteil ihrer Familie, die ebenfalls der begüterten Oberschicht angehörte, in eine Klostergemeinschaft. Wie Olympias wird auch Makrina mit Thekla verglichen, die ihrer Mutter vor der Geburt in einer Traumvision erscheint.[38]

«Nachdem sie sich nämlich nunmehr aller Voraussetzungen für ein mehr irdisches Leben entledigt hatte, überredete sie die Mutter, das bisher geübte Leben mit der ziemlich prunkhaften Art und der gewohnten Verpflegung durch Dienerinnen aufzugeben, der Gesinnung nach den einfachen Leuten gleich zu werden und ihr Leben in enger Verbindung mit dem der Jungfrauen zu verbringen, nachdem sie aus den vielen Sklavinnen und Leibeigenen, welche sie besass, Schwestern und Genossinnen gemacht hatte.»[39]

Ihr Einfluss auf ihre Brüder ist äusserst eindrucksvoll. Von *Basilius* heisst es:

«Sie nahm nun ihn, der von Wissensdünkel mächtig aufgeblasen war, alle Autoritäten verachtete und in seinem Hochmut sich selbst über erlauchte Machthaber erhaben dünkte, und gewann auch ihn so schnell für das Ideal der Lebensweisheit[40], dass er auf weltliche Ehre

---

[37] Gregor von Nyssa selbst hat seiner Schwester ein doppeltes Denkmal gesetzt: einmal durch ihre Lebensbeschreibung (Vie de Sainte Macrine, hrsg. v. Maraval, Pierre [Sources chrétiennes 178], 1971; Lebensbeschreibung seiner Schwester Makrina, Bibliothek der Kirchenväter 56, 1927) und dann durch den «Dialog mit Makrina über die Seele und die Auferstehung» (Bibliothek der Kirchenväter 56, 1927), in der sie als seine «didaskalos» auftritt. Vgl. Albrecht, Ruth: Das Leben der heiligen Makrina auf dem Hintergrund der Thekla-Traditionen. Studien zu den Ursprüngen des weiblichen Mönchtums im 4. Jahrhundert in Kleinasien (Forschungen zur Kirchen- und Dogmengeschichte 38), Göttingen 1986.

[38] Vita II / Bibliothek der Kirchenväter 338f.

[39] Vita VI / Bibliothek der Kirchenväter 342.

[40] «Philosophie» (Lebensweisheit/Weisheitsliebe) ist in den ersten christlichen Jahrhunderten Synonym für ein asketisches Leben.

verzichtete, den Ruhm der Redekunst verachtete und sich diesem tätigen, die Handarbeit übenden Leben zuwandte, indem er sich durch völlige Besitzlosigkeit von den Hindernissen für das Tugendleben frei machte.»[41]

Von ihrem Bruder *Naukratius* heisst es:

«Nachdem er sich von allem, was auf Erden das menschliche Leben umbraust, freigemacht hatte, verpflegte er eigenhändig einige Greise, die in Armut und Gebrechlichkeit mit ihm lebten, da er es für sein Leben für angemessen erachtete, solche Arbeit zu besorgen.»[42]

Noch wichtiger war ihr Einfluss auf den jüngsten Bruder *Petrus*. Hier heisst es:

«Sie machte dadurch, dass sie dem Kinde alles wurde, Vater, Lehrer, Erzieher, Mutter, Ratgeber zu jeglichem Guten, einen solchen Menschen aus ihm, dass er, bevor er das Kindesalter überschritten, noch als Knabe in der Blüte der Unschuld seines Alters sich für das hohe Ziel der wahren Weisheitsliebe begeisterte und durch eine glückliche Naturanlage sich jegliche Fertigkeit und Art in den Handarbeiten angeeignet hatte, so dass er ohne Anleitung mit allem Fleiss die Geschicklichkeit zu all dem besass, was die meisten erst mit Aufwendung von Zeit und Mühe erlernen. Dieser verachtete also die Beschäftigung mit ausserchristlicher Bildung und hatte in seiner Naturanlage eine tüchtige Lehrmeisterin zu allem Guten; dabei schaute er allzeit auf seine Schwester und wählte sie sich zum Vorbild für jegliches Gute. Dadurch wuchs er zu solchem Muster der Tugend heran, dass er in seinem späteren Leben den Tugendvorzügen des grossen Basilius keineswegs nachzustehen schien. Damals aber ging er der Mutter und Schwester über alles, da er ihnen zu jenem englischen Leben[43] mitverhalf. Er hatte auch einmal, als drückender Getreidemangel entstanden war und viele von allen Seiten auf den Ruf seiner Wohltätigkeit hin zur Einöde, wo sie wohnten, hinströmten, durch

---

[41] Vita VII / Bibliothek der Kirchenväter 342.
[42] Vita VIII / Bibliothek der Kirchenväter 343.
[43] «*Bíos angelikós*»: ebenfalls ein Synonym für ein asketisches Leben. Durch das «nicht mehr heiraten» wird das Leben nach der Auferstehung «wie die Engel im Himmel» vorweggenommen (vgl. Mt 22,23–33par.).

seine umsichtigen Massregeln solchen Überfluss an Nahrungsmitteln zu verschaffen verstanden, dass die Einöde bei der Menge der Besucher einer Stadt glich.»[44]

An Makrinas Sterbebett trauern dann viele junge Mädchen:
«Jene, welche sie Mutter und Ernährerin nannten, liessen ihren Schmerz auflodern. Das waren aber diejenigen, welche sie zur Zeit der Hungersnot von den Wegen aufgehoben, ernährt und erzogen und zu einem reinen und unverdorbenen Leben angeleitet hatte.»[45]

2.5 Die Kaiserin Flacilla († 386)

Als letztes Beispiel für das karitative Engagement von Frauen aus der Oberschicht sei hier noch die Beschreibung der Kaiserin *Flacilla* (bei Theodoret Placilla) angeführt:
«... Die Macht der kaiserlichen Würde verleitete sie nicht zum Hochmut (...). So trug sie zum Beispiel für die körperlich Verstümmelten und an allen Gliedern Beschädigten mannigfaltige Sorge, und sie bediente sich dazu nicht etwa der Hilfe ihrer Dienerschaft oder der Leibwache, sondern sie unterzog sich persönlich der Mühe, suchte die Hütten derselben auf und brachte einem jeden das Notwendige. So durchwanderte sie auch die Fremdenherbergen der Kirchen und pflegte die bettlägerigen Kranken mit eigener Hand, indem sie selbst die Töpfe in die Hand nahm, die Suppe verkostete, die Schüssel herbeibrachte, das Brot brach, den Bissen darreichte, den Becher ausspülte und alles andere tat, was sonst als Sache der Diener und Dienerinnen angesehen wird.»[46]

In diesem Zusammenhang möchte ich es nicht versäumen, auf eine negative Kehrseite dieser Entwicklung hinzuweisen. Ich habe sie auf die Formel «Caritas statt Bildung» gebracht und in meiner Untersuchung der antiken Kirchengeschichten Folgendes dazu ausgeführt:

---

[44] Vita XII / Bibliothek der Kirchenväter 346f.
[45] Vita XXVI / Bibliothek der Kirchenväter 359.
[46] Theodoret, Kirchengeschichte V,19.

«Ein neues Ideal, das Frömmigkeit und Armenfürsorge elitärer Bildung vorzieht? Der Tendenz nach gewiss, und nicht nur für Frauen. Das soziale Engagement gilt wohl zu Recht als ein Ruhmesblatt des Christentums – aber ist die zunehmende Verachtung von Vernunft und Aufklärung deswegen gerechtfertigt? Immer mehr wird in den späteren Jahrhunderten der altchristliche ‹Philosoph›, der Askese und Bildung vereint, verdrängt durch den Mönch, der Bildung der Frömmigkeit unterordnet, wenn nicht gar Bildung durch Frömmigkeit ersetzt (...). Diese Abwertung der Bildung, die wir im Christentum beobachten können, wirkt sich besonders bei der Entwicklung eines neuen Frauenideals aus. Bei Eusebios waren es noch Männer, die durch ihre hingebungsvolle Pflege von Pestkranken in Alexandrien Aufsehen erregten. Solche Aufgaben werden nun immer mehr Frauen zugewiesen, so dass unter der Hand das Dienen von einem *allgemein christlichen Ideal* zu einer *spezifisch weiblichen Tugend umfunktioniert* wird. Es kommt zu einer *extremen Rollenfestschreibung*. Frauen werden schliesslich von Bildung und Lehre ausgeschlossen und auf karitative Tätigkeiten festgelegt. Später wird man den Frauenorden selbst diese verbieten und sie in eine strenge Klausur verbannen. Dies alles deutet sich in den drei untersuchten Kirchengeschichten gewiss erst an: Viele der erwähnten Christinnen waren faktisch hochgebildet – doch gepriesen werden sie, wenn überhaupt, wegen anderer Qualitäten.»[47]

In der christlichen Spätantike waren viele Diakoninnen hochgebildet; ein wichtiger Teil ihrer Funktionen war die Katechese, vorrangig aber nicht ausschliesslich für Frauen. Doch das ist hier nicht unser Thema.

3. Diakonie und Hierarchie

Diakonie und Ökonomie: Reiche Frauen haben immense Summen in karitative Zwecke investiert. Das ist ein Aspekt des Themas. Wir haben bereits gesehen, dass Johannes Chrysostomos Olympias hinsichtlich der Verwendung ihres Geldes in seinem Sinne beeinflussen wollte. Oft wird von der Annahme ausgegangen, dass Frauen, die auf die Ehe verzich-

---

[47] Jensen, Anne: Gottes selbstbewusste Töchter, 130.137.

teten, zugleich auch asketisch leben wollten. In den zahlreichen Traktaten der Kirchenväter über die kirchlichen Jungfrauen findet sich häufig
gleichzeitig der Appell zur Armut. Aber viele Jungfrauen und Witwen,
die ihr Leben in den Dienst der Kirche stellten (also nicht als Asketinnen
in die Wüste zogen oder in eine klösterliche Kommunität), lebten persönlich in einem relativen Wohlstand. Und selbst wenn sie einen beschei-
denen Lebensstil wählten, eines wollten sie nicht unbedingt: das Verfügungsrecht über ihr Vermögen aufgeben. Interessant ist hier das Beispiel
von *Nikarete*, von der Sozomenos Folgendes berichtet:

«Sie gingen freiwillig ins Exil und verliessen die Hauptstadt, neben
vielen anderen tüchtigen Männern und anständigen Frauen auch Ni-
carete, aus angesehener Familie von Honoratioren im bithynischen
Nicomedia stammend, die wegen lebenslanger Jungfrauenschaft und
vorbildlichen Lebens berühmt war. Sie habe ich als die bescheidenste
der frommen Frauen kennengelernt, ausgeglichen in ihrer Haltung,
ihrer Rede und ihrer Lebensweise, bis zum Tode gab sie dem Göttlichen den Vorzug vor dem Menschlichen. Durch Mut und Klugheit
vermochte sie den Misslichkeiten in widrigen Lagen standzuhalten, so
dass sie auch dann nicht klagte, als sie eines grossen ererbten Vermögens auf ungerechte Weise beraubt war, sondern mit dem wenigen
ihr Verbliebenen verstand sie es, durch vorbildliche Sparsamkeit,
obgleich in vorgerücktem Alter, mit ihren Hausgenossen das Notwendige zu haben und anderen reichlich abzugeben. Aus ihrer men-
schenfreundlichen Einstellung voller Liebe zum Guten bereitete sie
auch mancherlei Heilmittel für den Bedarf mitteloser Kranker. Mit
ihnen hat sie oft vielen Bekannten geholfen, die durch ihre Hausärzte
keine Besserung gefunden hatten. Denn mit Gottes Hilfe kam zu
einem guten Ende, was sie in Angriff nahm. Um es mit einem Satz zu
sagen, von den frommen Frauen unserer Zeit kenne ich keine andere,
die es so weit in sittlicher Haltung, Würde und sonstiger Vollkommenheit gebracht hat. Und doch, trotz ihrer Leistung ist sie den meisten unbekannt, denn aus charakterlicher Bescheidenheit und aus phi-
losophischer Einstellung sah sie immer darauf, im Verborgenen zu
bleiben, so dass sie nicht einmal den Rang einer Diakonisse zu er-

reichen strebte und trotz vielfacher Bitten des Johannes sich nie entschliessen mochte, Leiterin kirchlicher Jungfrauen zu werden.»[48]

Es ist zu fragen, ob Nikarete wirklich «aus Bescheidenheit» die Ordination zur Diakonin ablehnte. Es sieht eher so aus, als wollte sie ihre Unabhängigkeit wahren.

In den Quellen ist also eine gewisse Spannung zwischen der kirchlichen Hierarchie und den zölibatär lebenden Frauen zu spüren, denn die Verfügung über grosse Geldmittel bedeutete natürlich auch Einflussnahme. Hier möchte ich nun auf die Polemik gegen die Witwen zurückkommen. In den späteren Traktaten werden dann auch reiche Jungfrauen kritisiert, die sich nicht aus dem öffentlichen Leben zurückziehen wollen.

3.1 Die Polemik gegen Witwen

Schon im neutestamentlichen Schlüsseltext 1 Tim 5,1–16 haben wir eine Ambivalenz: Es gibt nämlich verschiedene Arten von Witwen. Erstens die «wirkliche», die «kirchliche» Witwe, also eine Art Amtsträgerin (sie soll mindestens 60 Jahre alt sein und nur einmal verheiratet). Es gibt dann Witwen, die noch für eine Familie zu sorgen haben, und schliesslich alleinstehende Witwen. Für letztere wird gesagt, dass sie nur beten (sollen). Es gibt Witwen, die Almosen empfangen, und es gibt jüngere Witwen, die durch die Häuser gehen und «Lehrgespräche»[49] führen. Dies wird ihnen verboten. Im ersten Timotheusbrief ist direkt nach den Witwen von den Ältesten die Rede, die «zweifach geehrt» werden sollen – gemeint ist: Sie verdienen für ihren Einsatz einen materiellen Lohn. Die Grundfrage lautet hier folglich: Sind materielle Zuwendungen an Witwen als ein Lohn für ihre Arbeit anzusehen oder als ein Almosen?

Diese Ambivalenz findet sich in zwei Dokumenten des 3. Jh. wieder, in der bereits erwähnten *Didaskalia* und in der *Apostolischen Überlieferung*

---

[48] Sozomenos. Historia Ecclesiastica (Fontes Christiani, Bd. 73/4), 1031f.

[49] Jean-Daniel Kaestli verdanke ich den Hinweis auf die verballhornte Lesart «Sie gehen heimlich durch die Häuser»; d.h.: *lanthánousin* (verbergen) statt *manthánousin* (lernen). Die wörtliche Übersetzung lautet: «Durch die Häuser gehend lernen sie» (Vortrag in Tübingen 1990); *Lernen* ist in der jüdischen Tradition ein terminus technicus für Lehrgespräche über die Heilige Schrift.

von *Hippolyt* (aus Rom)[50]. In der letztgenannten Kirchenordnung haben wir die Ämterreihenfolge Bischof – Presbyter – Diakone – Bekenner – Witwen – Lektoren – Jungfrauen – Subdiakone – Menschen mit Gaben der Heilung.[51] Durch Handauflegung ordiniert werden nur der Bischof, die Presbyter und die Diakone. Eine Diakonin kennt das Dokument nicht.[52] Auffällig ist der Platz der Witwen nach den Bekennern.[53] Von diesen heisst es, dass sie ohne Ordination den gleichen Rang wie Presbyter und Diakone haben. Auffällig ist ferner, dass hier die Witwen nicht zusammen mit den Jungfrauen genannt werden, sondern gesondert unmittelbar nach jenen Amtsträgern, die als höherer Klerus angesehen wurden. In der Apostolischen Überlieferung wird die Witwe wie in 1 Tim verdächtigt, ihre Leidenschaft nicht beherrschen zu können. Betont wird, dass sie nicht ordiniert, sondern nur gewählt werden soll. Ihre einzige Funktion sei das Gebet. «Das ist aber die Sache aller.» Der Verdacht legt sich nahe, dass es früher in Rom wie in manchen anderen Kirchen ordinierte Witwen gab, die diakonale Funktionen hatten. So kennt ein Dokument aus dem 5. Jahrhundert, das «*Testament unseres Herrn Jesus Christus*», vom Volk gewählte und ordinierte Witwen; ihre Helferinnen werden Diakoninnen genannt.[54]

Weit mehr erfahren wir über Witwen und Diakoninnen aus der *Didaskalia*. Allerdings ist bei dem Verfasser die Polemik gegen die Witwen in zwei recht umfangreichen Kapiteln (10 Seiten) überaus entwickelt – dagegen existiert nur ein Kapitel «Über die Anstellung der Diakone und

---

[50] Hippolyt, Apostolische Überlieferung, hrsg. v. Geerlings, Wilhelm, FC 1, Freiburg 1991.

[51] Kap. 2–3 (Bischof); 7–14 (die Übrigen).

[52] In der Frühzeit gibt es im Westen keine Zeugnisse, später scheint sporadisch die östliche Praxis imitiert worden zu sein, die jedoch auf Lokalsynoden bekämpft wurde. Immerhin sind aber auch im Westen einige Zeugnisse über Diakoninnen auf Inschriften erhalten. Vgl. dazu Eisen, Ute: Amtsträgerinnen im frühen Christentum. Epigraphische und literarische Studien (Forschungen zur Kirchen- und Dogmengeschichte 61), Göttingen 1996.

[53] Zu den Bekennern s.o. Anm. 33.

[54] Vgl. Jensen, Anne: Gottes selbstbewusste Töchter, 159f. (dort Quellen- und Literaturangaben).

Diakonissen»[55] (knapp 3 Seiten). Ich möchte hier auf die Polemik nicht
eingehen – an anderer Stelle habe ich sie gegen den Strich gelesen und
dabei Folgendes über die vom Verfasser so schmählich behandelten
Frauen herausgefiltert:

> «Sie haben den christlichen Glauben verkündet, den Glauben an den
> einen Gott und das Reich Christi; sie haben von der Inkarnation und
> der Erlösung gesprochen; sie haben mit den Menschen über die Be-
> kehrung geredet, mit ihnen gefastet und ihnen die Hände aufgelegt;
> sie haben die Exkommunizierten besucht und mit ihnen gebetet; sie
> haben Almosen für die Kirche entgegengenommen und sie haben un-
> ter gewissen Umständen die Taufe gespendet.»[56]

Die Didaskalia hat eine interessante Ämtertheologie: Der Bischof repräsentiert Gott, der Diakon repräsentiert Christus, die Diakonin den
Heiligen Geist. Danach erst werden die Apostel genannt: Sie repräsentie-
ren die Apostel. Und schliesslich die Witwen (und Waisen): Sie repräsen-
tieren den Altar.[57] Diese Aussage wird näher erklärt: 1. Der Altar läuft
nicht herum (d.h. die Witwe soll zu Hause bleiben und beten).[58] Hier
schliesst sich der Kreis zu Hippolyt. 2. Auf dem Altar werden Almosen
deponiert (d.h. die Witwe empfängt nicht etwa ein Salär).[59] Hier allerdings finden sich Widersprüche, wie oft im Text der Didaskalia. Unmittelbar im selben Kapitel heisst es wenig später, dass die Witwen einen
Teil der Gaben erhalten sollen, die Diakone doppelt so viel wie die Witwen und die Presbyter doppelt so viel wie die Diakone. Sind die Gaben
also doch ein Salär? Soweit zu den Witwen. Doch nun möchte ich
abschliessend auf die positive Vision vom Diakonat beim Verfasser der
Didaskalia eingehen.

---

[55] Im Griechischen gibt es die sprachlich verschiedenen Formen «Diakonin»
und «Diakonisse», die aber inhaltlich gleichwertig sind.

[56] Jensen, Anne: Grundsätzliche Überlegungen zur historischen Frauenforschung
anhand von Fallbeispielen aus der Spätantike, in: Jensen, Anne/ Sohn-Kron-
thaler, Michaela (Hrsg.): Formen weiblicher Autorität. Erträge der histo-
risch-theologischen Frauenforschung (Theologische Frauenforschung in
Europa 17), Münster 2005.

[57] Kap. 9.

[58] Kap. 15.

[59] Kap. 9.

3.2 «Auge und Ohr des Bischofs sein»

In der Didaskalia erscheint die Armenfürsorge immer wieder als zentrale Aufgabe des Bischofs (neben der des «milden Richters» in den ersten Kapiteln). Um die verschiedenen Bedürfnisse wahrnehmen zu können, bedarf er dringend der Hilfe der Diakone und der Diakoninnen, wobei letztere allerdings nur in den bereits erwähnten Kapiteln 9 und 16 ausdrücklich behandelt werden. Immer wieder wird die notwendige einmütige Zusammenarbeit zwischen Bischöfen und Diakonen betont.[60]

> «Seid also, ihr Bischöfe und Diakone, Eines Sinnes und hütet das Volk sorgfältig in Einmütigkeit, denn ihr beide müsst Ein Leib sein: Vater und Sohn, denn ihr seid das Bild der Herrschaft. Und der Diakon soll den Bischof alles wissen lassen, wie Christus seinen Vater, wo aber der Diakon (selbst anordnen) kann, da soll er seine Anordnung treffen, und den Rest der übrigen Angelegenheiten soll der Bischof entscheiden. Es soll jedoch der Diakon das Gehör des Bischofs sein, sein Mund, sein Herz und seine Seele, denn indem ihr beiden Eines Sinnes seid, ist infolge eurer Übereinstimmung auch Frieden in der Kirche.»[61]

Ein weiterer Aspekt, der in dieser Beziehung sehr wichtig ist, wird im Kapitel 18 thematisiert: «Dass es nicht recht ist, Almosen von solchen anzunehmen, die tadelnswert sind.» Wir begegnen hier wieder dem Gedanken von den Witwen als dem Altar, allerdings hier in einer sehr positiven Weise.

> «Ihr Bischöfe also und Diakone, seid beständig im Dienste des Altars Christi, wir meinen nämlich die Witwen und Waisen.»[62]

Die Argumentation des Verfassers ist folgende: Wenn das Geld, mit dem Witwen unterhalten werden, aus dubiosen Quellen kommt, ist ihr Gebet

---

[60] Es ist daher völlig unverständlich, dass Georg Schöllgen in «Die Anfänge der Professionalisierung des Klerus und das kirchliche Amt in der syrischen Didaskalia» (Jahrbuch für Antike und Christentum, Ergänzungsbd. 26, Münster 1998) die Diakone und Diakoninnen in seine Untersuchung nicht einbezieht.
[61] Kap. 11.
[62] Kap. 18.

nicht wirksam. Es folgt dann eine ganz ausführliche Angabe darüber, was unter dubiosen Quellen zu verstehen ist.

«Sie (leichtfertige Bischöfe) nehmen nämlich zur Beschaffung des Unterhaltes der Waisen und Witwen von Reichen, die Leute im Gefängnis halten oder ihre Diener schlecht behandeln oder hart auftreten in ihren Städten oder die Armen drücken oder von Verabscheuungswürdigen oder solchen, die ihren Leib schändlich missbrauchen, oder von Übeltätern oder von denen, die hinwegnehmen oder hinzufügen, oder von frevelhaften Verteidigern oder von ungerechten Anklägern oder von parteiischen Rechtsgelehrten oder von denen, die (mit) Farben malen, oder von denen, die Götzenbilder verfertigen, oder von spitzbübischen Gold-, Silber- und Erzarbeitern oder von ungerechten Zöllnern oder von denen, die Gesichte schauen, oder von denen, die das Gewicht ändern, oder von denen, die betrügerisch messen, oder von Schankwirten, die Wasser beimischen, oder von Soldaten, die sich frevelhaft benehmen, oder von Mördern oder von Henkern des Gerichts oder von jeder Obrigkeit des römischen Weltreichs(, bestehend aus solchen), die sich in den Kriegen verunreinigten und unschuldiges Blut vergossen ohne Gericht, oder von denen, die Gerichte umstossen, die um des Diebstahls willen voll Frevel und Hinterlist mit den Heiden verfahren, und allen Armen und von den Götzendienern oder den Unreinen oder von denen, die Zins nehmen und Wucher treiben. Diejenigen also, die mit Hilfe solcher die Witwen unterhalten, werden im Gericht des Herrn schuldig befunden werden.»[63]

---

[63] Interessant ist, dass in einer apokryphen Schrift, den Petrusakten, eine gegenteilige Position vertreten wird. Petrus akzeptiert dort das Geld einer Prostituierten mit dem Argument: «Was diese ihrem sonstigen Lebenswandel nach ist, weiss ich nicht; aber wenn ich dieses Geld empfangen habe, so habe ich es nicht ohne Grund empfangen; sie hat es mir nämlich als eine Schuldnerin Christi dargebracht und gibt es den Dienern Christi. Denn er selbst hat für sie (sc. die Diener) gesorgt.» (30), in: Schneemelcher, Wilhelm (Hrsg.): Neutestamentliche Apokryphen. Bd. 2, Apostolisches, Apokalypsen und Verwandtes, Tübingen 1989, 284.

Im Kapitel 16 wird dann die Zusammenarbeit zwischen Diakonen, Diakoninnen und Bischöfen folgendermassen konkretisiert:

«Darum, o Bischof, stelle dir Arbeiter bei der Almosenpflege an und Helfer, die mit dir zum Leben helfen; die, welche dir von dem ganzen Volke wohlgefallen, wähle aus und stelle (sie) als Diakone an, sowohl einen Mann zur Beschickung der vielen Dinge, die nötig sind, als eine Frau zum Dienst der Frauen. Es gibt nämlich Häuser, wohin du einen Diakon zu den Frauen nicht schicken kannst um der Heiden willen, eine Diakonisse aber wirst du schicken (können), zumal da auch (noch) in vielen anderen Dingen die Stellung einer dienenden Frau nötig ist.»[64]

Danach werden zunächst die liturgischen Funktionen der Diakonin bei der Taufe von Frauen geschildert. Dann wird ihre Aufgabe allgemeiner gefasst:

«Auch du bedarfst des Dienstes der Diakonisse zu vielen Dingen, denn in die Häuser der Heiden, wo gläubige (Frauen) sind, muss die Diakonisse gehen, die Kranken besuchen und sie bedienen mit dem, was sie brauchen; und die, welche anfangen von ihrer Krankheit zu genesen, soll sie waschen.»

Die manifeste Absicht des Verfassers, Diakoninnen nur für Frauenseelsorge einzusetzen, ist problematisch und entsprach nicht unbedingt der gelebten Realität in den Kirchen – das sei hier dahingestellt. Im zweiten Teil dieses Kapitels wird noch einmal das Wesen der Diakonie behandelt: dem Beispiel Christi zu folgen, der sich selbst zu unser aller Diener machte. In anderen Texten des frühen Christentums erscheint das Martyrium als die höchste Form der Christusrepräsentation, denn jene Männer und Frauen, die ihr Leben opferten, werden gleichsam zum «alter Christus», weil sich in ihnen das Mysterium von Tod und Auferstehung wiederholte.[65] In der Didaskalia dagegen wird zweifelsohne *die Dia-*

---

64 Kap. 16.

65 In der Didaskalia erscheint der Märtyrer dagegen nicht als Amtsträger, sondern wie die Witwe als Almosenempfänger, dem gedient wird, wie man Christus zu dienen hat (Kap. 19). Zur besonderen Autorität der Märtyrer, an der auch Frauen partizipierten, vgl. Jensen, Anne: Gottes selbstbewusste Töchter, 232–252 (Martyrium und Christusrepräsentation).

konie als höchste Form der Christusrepräsentation angesehen – aber sie ist nicht nur Sache der Diakone und Diakoninnen, sondern ebenso die des Bischofs wie der ganzen Gemeinde.

Gott oder Mammon

Besitzethos und Diakonie im frühen Christentum

Matthias Konradt

Besitzethos und Diakonie haben zweifelsohne eine gewichtige Schnittmenge. Ebenso deutlich ist freilich, dass es sich zunächst einmal um zwei unterschiedliche Themenbereiche handelt. Einsatz von Geld ist nur ein Aspekt diakonischen Handelns, denn es geht bei der Diakonie viel umfassender um eine Kultur des menschlichen Miteinanders, in der eine bestimmte Sicht des Menschen, seiner Würde und seiner Sozialität, vorausgesetzt ist. Umgekehrt ist der Aspekt der diakonischen Verwendung von Besitz nur ein – allerdings bedeutsames – Unterthema der ethischen Kardinalfrage nach der Stellung zum Besitz und dem Umgang damit. Neutestamentliche Besitzethik reflektiert z.b. auch über die mit Besitz verbundenen Gefahren, etwa die, dass das Streben nach Besitz zur Lebensmitte wird und das Selbstverständnis wie die soziale Orientierung bestimmt.

Letzteres deutet bereits darauf hin, dass die Reflexion über besitzethische Traditionen des Ur- bzw. Frühchristentums unmittelbar in das Zentrum von Wertedebatten führt, die auch für den heutigen ethischen Diskurs von Gewicht sind. In dem Jesuswort, dem der Titel meines Beitrags entnommen ist, ist die Werteentscheidung zu einer klaren, binär strukturierten Alternative verdichtet: Gott oder Mammon: «Kein Knecht kann zwei Herren dienen; entweder er wird den einen hassen und den andern lieben, oder er wird an dem einen hängen und den andern verachten. Ihr könnt nicht Gott dienen und dem Mammon.»

Dieses Logion findet sich fast gleichlautend im Lukas- und im Matthäusevangelium (Lk 16,13; Mt 6,24). Es steht in beiden Evangelien nicht isoliert, sondern ist in – allerdings unterschiedliche – Passagen eingebunden, die besitzethische Aspekte von grundlegender Bedeutung vorbringen. In beiden Fällen ist die Besitzethik eng mit dem diakonischen Aspekt der Hilfe für Bedürftige verzahnt. Die Perspektiven des MtEv und des LkEv zur Besitzethik und Diakonie gilt es im Folgenden zu analysieren. Da die Thematik im LkEv breiteren Raum einnimmt als im MtEv, steht die Untersuchung des LkEv im Vordergrund. Und da das

LkEv mit der Apostelgeschichte (Apg) ein Doppelwerk desselben Verfassers bildet, ist der Befund der Apg hier miteinzubeziehen. Von grossem Gewicht ist die Thematisierung der Stellung zum Besitz und der Hilfe für Bedürftige sodann im – in der Theologie ansonsten eher stiefmütterlich behandelten – Jakobusbrief. Ihn hier zu verhandeln, bietet sich näherhin auch deshalb an, weil Jak 4,4 in die Rezeptionsgeschichte des oben zitierten Jesuswortes gehört.

Fragt man vorab, welche Rolle die Auseinandersetzung mit neutestamentlichen Aussagen einnehmen kann und welche nicht, so ist zunächst festzuhalten, dass das Neue Testament kein Rezeptbuch bietet, wie sich diakonisches Handeln von Kirchen unter den heutigen gesellschaftlichen und ökonomischen Rahmenbedingungen im konkreten Fall organisieren soll. Wohl aber kommt dieser Auseinandersetzung grundlegende Relevanz zu, wenn es um die Erörterung von Grundeinstellungen, Lebenshaltungen, Werten geht, die diakonischem Handeln zugrunde liegen. Es geht, kurz gesagt, um die Erörterung des Fundaments diakonischer Kultur im christlichen Glauben.

1. Besitzethik und Diakonie im lukanischen Doppelwerk

1.1 Überblickt man die Aussagen des lukanischen Doppelwerks zur Besitzethik, ergibt sich ein derart buntes und komplexes Bild, dass nicht selten Zweifel geäussert wurden, dass sich die einzelnen Aussagen zu einem stimmigen Gesamtbild zusammenfügen liessen. Ein kurzer Überblick mag dies illustrieren.

Verschiedentlich finden sich im LkEv Aussagen über die (eschatologische) Umkehrung des Ergehens der Menschen, so z.B. im Magnificat der Maria (Lk 1,46–55) und in der Feldpredigt, dem lukanischen Pendant zur Bergpredigt des Matthäus (Mt 5–7), nämlich in den einleitenden Seligpreisungen und Weherufen: Mit dem Kommen Jesu ist verbunden, dass die Niedrigen erhöht und die Hungrigen mit Gütern gefüllt werden (Lk 1,52f); die Armen sind selig, denn sie werden in das Reich Gottes eingehen (6,20). Die Reichen dagegen lässt Gott leer ausgehen (1,53), und Jesus schleudert ihnen ein «Wehe» entgegen, denn sie haben – durch ihr schönes Leben auf Erden – ihren Trost schon gehabt (6,24). Mit der Ansage der mit dem Kommen Jesu verbundenen Umkehrung der Verhältnisse korrespondiert Jesu programmatische Selbstaussage in seiner «Predigt» in Nazaret, in der er das Prophetenwort aus Jes 61,1f als in ihm

erfüllt ausgibt: «Der Geist des Herrn ist auf mir, weil er mich gesalbt hat,
zu verkündigen das Evangelium den Armen; er hat mich gesandt, zu pre-
digen den Gefangenen, dass sie frei sein sollen, und den Blinden, dass sie
sehen sollen, und den Zerschlagenen, dass sie frei und ledig sein sollen,
zu verkündigen das Gnadenjahr des Herrn» (Lk 4,18f)[1]. Das Gleichnis
vom reichen Mann und armen Lazarus (Lk 16,19–31) liest sich wie eine
Illustration solcher Aussagen, speziell Lk 6,20.24: Nach dem Tod muss
der Reiche in der Hölle Qualen leiden, der arme Lazarus hingegen, der
sich zu Lebzeiten gern mit dem gesättigt hätte, was vom Tisch des Reichen fiel, findet sich beim himmlischen Festmahl (vgl. Lk 13,28f) in Abrahams Schoss, also auf einem Ehrenplatz, wieder. Davon, dass Lazarus
fromm war, verlautet hier im Übrigen zumindest expressis verbis nichts[2].
Er wird nach dem Tod sozusagen entschädigt, weil es ihm auf Erden
«dreckig» ging.

Für die Reichen scheint das Heil dagegen schwer erreichbar zu sein,
jedenfalls «ist es leichter, dass ein Kamel durch ein Nadelöhr gehe, als
dass ein Reicher in das Reich Gottes komme» (Lk 18,25). Sogleich im
Anschluss an dieses harte Wort lässt der lukanische Jesus freilich verlau-
ten, dass «für Gott möglich ist, was für Menschen unmöglich ist» (18,27),
und in 19,1–10 schildert Lukas den Fall eines reichen Oberzöllners, der
umkehrt, die Hälfte seines Vermögens den Armen gibt, (mit dem Rest?)
diejenigen, die von ihm übervorteilt wurden, vierfach entschädigen will
und dem Jesus das Heil zusagt (19,8–10). Können Reiche nach Lukas
also doch gerettet werden, nämlich aufgrund radikaler Umkehr, die sich
an einer grosszügigen Weggabe von Besitz zugunsten der Armen erweist?

Die diakonische Verwendung des halben Besitzes lässt im Kontext
des LkEv an die «Standespredigt» Johannes des Täufers zurückdenken,
der den zu ihm gekommenen Menschen auf ihre Frage, was sie denn
konkret tun sollen, antwortet: «Wer zwei Hemden hat, der gebe dem, der
keines hat; und wer zu essen hat, tue ebenso» (Lk 3,11). Von einem
totalen Besitzverzicht ist nicht die Rede. Genau den fordert Jesus aber –
unmittelbar vor der Begegnung mit Zachäus – von dem reichen Oberen

---

1   Vgl. in diesem Zusammenhang ferner die Antwort auf die Täuferfrage in Lk
     7,22f.
2   Das geht auch nicht aus seinem Namen hervor, der «Gott hilft» bedeutet.

in 18,18–23: «Verkaufe alles, was du hast, und gib's den Armen, so wirst du einen Schatz im Himmel haben, und komm und folge mir nach!» (18,22). Die Jünger haben diesen totalen Besitzverzicht geleistet; sie liessen, wie Lukas betont, *alles* zurück (Lk 5,11; 5,28, vgl. auch 18,28) und folgten Jesus nach. Davon, dass sie ihren Besitz *für die Armen* verkauft hätten, steht hier im Übrigen nichts. Sollen die Jesusanhänger nun ganz auf Besitz verzichten oder ihn «nur» grosszügig zur Unterstützung der Armen verwenden? Wie passt Jesu Haltung gegenüber Zachäus (19,1–10) mit seinem Dialog mit dem reichen Oberen in 18,18ff zusammen? Ferner: Neben den genannten Jüngern gibt es nach 8,2f im Gefolge Jesu auch Frauen, die Jesus und den Jüngern mit ihrer Habe dienten (hier steht im Griechischen übrigens das Wort, von dem sich das Wort «Diakonie» herleitet). Gibt es also von vornherein verschiedene Nachfolgemodelle?

Vielfältig ist der Befund auch in der Apostelgeschichte des Lukas: In Apg 2,44f; 4,32–35 hebt Lukas die im Folgenden noch näher zu charakterisierende Gütergemeinschaft der Urgemeinde hervor. Ab Apg 6 aber ist von diesem Gemeinschaftsmodell keine Rede mehr. Apg 6 weiss von einem Konflikt über die Witwenversorgung in der Urgemeinde zu berichten, und Wohltätigkeit äussert sich in Form von Almosen unbestimmter Höhe (Apg 9,36; 10,2.31; 20,35) oder auch gemeindeübergreifend in einer Kollekte (Apg 11,29f; 24,17), und Lukas wird nicht müde, immer wieder darauf hinzuweisen, dass sich begüterte Menschen dem christlichen Glauben anschlossen (Apg 16,14f; 17,4.12 und öfter). Von *totalem* Besitzverzicht verlautet kein Wort mehr.

Bei diesem ersten Überblick über den disparaten Befund ist freilich nicht stehen zu bleiben, sondern es gilt nun zu fragen, inwiefern diese Aussagen sich in ein Gesamtkonzept des Evangelisten integrieren lassen. Dabei sind zugleich die einzelnen Aspekte der lukanischen Sicht des Besitzes näher zu charakterisieren. Wieso bzw. inwiefern sieht Lukas eine strenge Alternative zwischen Gott und Mammon?

1.2 Die Aussagen über die eschatologische Umkehr der Verhältnisse, wie sie etwa im Magnificat laut werden, sind zuweilen als vom Evangelisten bloss mitgeschlepptes Gut betrachtet worden, an dem er kein eigenes Interesse hat. Bei näherem Hinsehen zeigt sich freilich, dass dem Magnificat – zumal in seiner kompositorischen Stellung zu Beginn des Evan-

geliums – eine zentrale Funktion in der besitzethischen Konzeption des
Evangelisten zukommt.

Durch den Lobgesang der Maria erfährt das Kommen des Messias
Jesus eine erste theologische Deutung[3]. Den Aussagen über die Umkehrung der Verhältnisse in V.51–53 gehen dabei Aussagen über das spezielle Handeln Gottes an Maria (V.48f) voraus: Gott hat die Niedrigkeit
seiner Magd Maria angesehen. Mit der mit dem Kommen Jesu ansetzen-
den Erhöhung der Niedrigen korrespondiert also die Niedrigkeit seiner
eigenen Geburt. In der Geburtsgeschichte in 2,1–20 stellt Lukas Jesu
Geburt durch 2,1f in welthistorische Zusammenhänge ein und verweist
damit auf die universale Bedeutung des Geschehens. Zugleich lenkt er –
ganz im Gefälle von 1,48f – die Aufmerksamkeit darauf, dass der davi-
disch-königliche Messias nicht in Glanz und Glorie weltlicher Herrscher
zur Welt kommt, sondern in einem armseligen Stall als Sohn einer Armen[4]. Jesus verkörpert damit selber die Umkehrung der Verhältnisse, die
er bringt.

Für die Adressaten signalisiert dies eine grundlegende Inversion der
Werteskala: Übliche Statusfaktoren wie Teilhabe an Macht und Besitz
müssen in diesem Licht als wertlos, als genichtet erscheinen, ja mehr
noch: Reichtum erscheint als zukunftsgefährdend («die Reichen lässt
Gott leer ausgehen», 1,53), während die Armen im Zuge der ausgleichen-
den Gerechtigkeit Gottes erhöht werden. Worauf es ankommt, das ist,
die Welt entgegen den üblichen Denk- und Orientierungsmustern in der
im Magnificat vorgebrachten Perspektive Gottes neu sehen zu lernen.

Mit der im Magnificat angestimmten Rede von der eschatologischen
Umkehrung der Verhältnisse ist nun im LkEv im Blick auf die Besitz-
thematik das entscheidende Vorzeichen gesetzt: Anders als im gesellschaftlich eingespielten Wertesystem bedeutet Reichtum alles andere als
einen Vorteil; Gottes Augenmerk gilt vielmehr besonders den Armen,
die in diesem Leben noch nicht zu ihrem Recht gekommen sind. Für die

---

3 Vgl. Petracca, Vincenzo: Gott oder das Geld. Die Besitzethik des Lukas
   (Texte und Arbeiten zum neutestamentlichen Zeitalter 39), Tübingen/Basel
   2003, 23–39.
4 Vgl. ebd., 39.

Armen bedeutet dies Trost[5]. Die Begüterten aber sind damit darauf verwiesen, ein distanzierteres Verhältnis zum Besitz einzunehmen, statt ihren Lebensentwurf zentral an ihrem Besitz und der damit verbundenen gesellschaftlichen Stellung festzumachen. Dem Motiv der eschatologischen Umkehrung der Verhältnisse im Magnificat kommt damit im Gesamtaufbau die Funktion zu, die Bereitschaft zur diakonischen Verwendung von Besitz zugunsten der Armen vorzubereiten; es bildet, anders gesagt, einen wesentlichen Faktor der Plausibilitätsbasis der Forderung nach grosszügigen Almosen. Kurzum: «Das Magnificat ist die doxologische Grundlegung der lk Armenparaklese und Reichenmahnung.»[6]

Die Auflösung üblicher gesellschaftlicher hierarchischer Orientierungsmuster sei noch kurz an einem weiteren zentralen lukanischen Text illustriert. Lukas fügt im Rahmen des letzten Mahls Jesu mit seinen Jüngern (Lk 22,14ff) in 22,24–27 eine kurze «testamentarische» Anweisung Jesu an seine Jünger ein, die durch deren Streit, wer von ihnen als der Grösste gelten solle, veranlasst ist (vgl. Mk 10,35–45). Jesus reagiert auf diesen Rangstreit damit, dass er die von den Jüngern erwartete Existenzorientierung mit der sonst üblichen kontrastiert: «Die Könige herrschen über ihre Völker, und ihre Machthaber lassen sich Wohltäter nennen. Ihr aber nicht so! Sondern der Grösste unter euch soll sein wie der Jüngste, und der Vornehmste wie ein Diener (griechisch *diakonos* = Diakon)» (Lk 22,25f). Jesus begründet dies sodann mit seinem eigenen Vorbild: «Denn wer ist grösser: der zu Tisch sitzt oder der dient? Ist's nicht der, der zu Tisch sitzt? Ich aber bin unter euch wie ein Diener» (Lk 22,27). Obwohl Jesus der Herr ist, übernimmt er beim Mahl die Rolle des Diakons, also

---

[5] Dieses Moment ist im Gesamtkontext des LkEv gegen ein mögliches Missverständnis deutlich abgesichert. Lukas zieht aus der Heilsprärogative der Armen nicht den – zynischen – Schluss, dass man die Armen arm bleiben und sterben lassen sollte, damit diese sicher in das Himmelreich eingehen (Lk 6,20). Es geht hier auch nicht, wie im Folgenden noch deutlicher hervortreten wird, um «billige Jenseitsvertröstung» (ebenso Petracca, Vincenzo: Gott oder das Geld, 320), sondern um einen bereits *hic et nunc* die Perspektive auf die Armen verändernden und speziell auch die Mahnung an die Begüterten unterbauenden Verweis darauf, dass Gott die Armen zu ihrem Recht kommen lässt.

[6] Petracca, Vincenzo: Gott oder das Geld, 295 (im Original kursiv).

dessen, der bei Tisch aufwartet bzw. – im Lichte der vorangehenden Abendmahlsworte umfassender bestimmt – der sich selbst erniedrigt und sein Leben im Dienst an anderen einsetzt. Diese Proexistenz Jesu sollen die Jünger insofern nachahmen, als sie nicht nach dem üblichen «Oben» streben, sondern sich als Diener, als Diakone, bewähren. So wie Jesus selber die Umkehrung der Verhältnisse verkörpert, so ist er auch Vorbild diakonischer Lebenspraxis.

1.3 Der «Entwertung» des Reichtums angesichts der eschatologischen Inversion der Verhältnisse steht ein zweites, verwandtes Motiv zur Seite, das sich exemplarisch anhand von Lk 12,33 illustrieren lässt: «Verkauft, was ihr habt, und gebt Almosen. Macht euch Geldbeutel, die nicht veralten, einen Schatz, der niemals abnimmt, im Himmel, wo kein Dieb hinkommt, und den keine Motten fressen.» Dem irdischen Besitz, der durch Vergänglichkeit gekennzeichnet ist, steht hier ein himmlischer Schatz gegenüber.

Die Mahnung in Lk 12,33 steht am Ende des ersten längeren um besitzethische Fragen kreisenden Abschnitts im LkEv (12,13–34). Dieser wird damit eröffnet, dass jemand an Jesus mit der Bitte um Vermittlung in einem Erbstreit herantritt. Jesus antwortet mit einer Mahnung vor der Habgier und charakterisiert damit das Anliegen seines Gegenübers als solche. Die Basis dieser Wertung gibt die nachfolgende Begründung zu erkennen: Der Bittsteller begehrt mehr zu besitzen, als er zum Leben braucht.[7] Solch eine Lebensorientierung aber ist sinnlos, da das Leben auch dann, wenn jemand im Überfluss lebt, seinen Bestand nicht im Besitz hat (Lk 12,15), d.h. der Mensch vermag sein Leben durch Besitz nicht zu sichern.[8]

---

[7] Vgl. Bovon, François: Das Evangelium nach Lukas. 2. Teilbd.: Lk 9,51–14,35 (Evangelisch-Katholischer Kommentar zum Neuen Testament III/2), Zürich u.a. 1996, 281.

[8] Zu diesem Verständnis des im Griechischen überladen wirkenden Satzes in Lk 12,15 s. Schneider, Gerhard: Das Evangelium nach Lukas. Kapitel 11–24 (Ökumenischer Taschenbuchkommentar zum Neuen Testament III/2), 2. Aufl., Gütersloh/Würzburg 1984, 280.282; Bovon, François: Das Evangelium nach Lukas, 281.

Diese Einsicht wird durch das nachfolgende Gleichnis vom reichen Kornbauern (Lk 12,16–21) illustriert. Er sieht sich mit dem glücklichen Fall einer äusserst reichhaltigen Ernte konfrontiert und fragt sich darob: «Was soll ich tun?» Er entschliesst sich, grössere Scheunen zu bauen, um den Ertrag für längere Zeit bevorraten zu können, und blickt in einem Monolog erfreut in die Zukunft: «Liebe Seele, du hast einen grossen Vorrat für viele Jahre; habe nun Ruhe, iss, trink und habe guten Mut!» (Lk 12,19). In seiner monologischen Existenz[9] aber hat er nicht bedacht, dass er letztlich nicht selbst über sein Leben verfügt und es durch seine Reichtümer nicht sichern kann. So fährt Jesus in dem Gleichnis fort: «Aber Gott sprach zu ihm: Du Narr! Diese Nacht wird man deine Seele von dir fordern; und wem wird dann gehören, was du angehäuft hast? So geht es dem, der sich Schätze sammelt und ist nicht reich bei Gott» (Lk 12,20f).

Der Wert irdischer Besitztümer ist also begrenzt. Lukas stellt es als töricht dar, sie als Garanten der Existenzsicherung zu betrachten. Viel wichtiger als die Anhäufung irdischer Besitztümer ist es, bei Gott reich zu sein (V.21). Wie das geht, sagt Lk 12,33[10]: durch Almosen, also durch die Verwendung von Besitz für die Armen.

Mittels dieses Kontextbezugs von V.21 zu V.33 wird zugleich deutlicher, was genau der reiche Kornbauer – abgesehen davon, dass er in seinem eigenmächtigen Lebensentwurf den Tod nicht im Blick hatte – falsch gemacht hat: Er hat nur auf sich selbst gesehen, auf sein durch seine Vorräte ermöglichtes, sorgenfreies Genussleben; er wird als ein egoistischer Hedonist geschildert, der bei seinen Überlegungen, was er mit der reichen Ernte anfangen soll, weder Gott und seinen Willen noch die Not von Mitmenschen im Blick hat. Das literarische Mittel zur Darstellung dieser selbstbezogenen Existenzweise ist sein fortdauernder Monolog: Er fragt nicht nach Gott, sondern führt Selbstgespräche. Hätte er seine Frage «was soll ich machen?» (V.17) im Licht des Willens Gottes bedacht, hätte er im Sinne der Weisung Jesu in V.33 handeln müssen: «Macht euch Geldbeutel, die nicht veralten, einen Schatz im Himmel, der

---

[9] Vgl. Petracca, Vincenzo: Gott oder das Geld, 114f.
[10] Dem «Reichsein bei Gott» in V.21 korrespondiert in V.33 der «Schatz im Himmel».

nicht abnimmt!» Für Lukas ist dies zugleich ein Gebot der Klugheit –
erwachsen aus der Einsicht, dass Besitz das Leben nicht zu sichern vermag.[11] Oder anders: Besitz gaukelt eine trügerische Sicherheit vor. Wer
ein Tor ist wie der reiche Kornbauer[12], lässt sich vom Besitz blenden;
wer klug ist, vertraut sein Leben Gott an (vgl. Lk 12,22–32).

1.4 Die besitzethischen Motive in Lk 12,13–34 werden in Lk 16, einem
für die hier verfolgte Fragestellung zentralen Kapitel, weiter konturiert.
Dem Verhalten des Kornbauern steht hier das Verhalten des Reichen im
Gleichnis vom reichen Mann und armen Lazarus in Lk 16,19–31 zur
Seite. Zugleich illustriert das Gleichnis, wie oben angedeutet, die im
Magnificat programmatisch vorgebrachte Umkehrung der Verhältnisse.
Der reiche Mann, der sein Leben schwelgerisch im Luxus verbracht hat,
findet sich nach dem Tod Qualen leidend in der Hölle wieder; Lazarus,
der vor der Tür des Reichen liegend vergeblich sich von dem zu sättigen
begehrte, was vom Tisch des Reichen herabfiel, und dessen diesseitige
Qual eindrücklich dadurch beschrieben wird, dass Hunde an seinen Ge-
schwüren leckten, findet sich postmortal in Abrahams Schoss wieder.
Nun ist der Reiche draussen. Die Szenerien sind von geradezu über-
scharf gezeichneten Kontrasten bestimmt. Warum dem Reichen sein
elendiges postmortales Schicksal zuteil wurde, geht aus dem Dialog zwischen ihm und Abraham hervor. Dabei geht es nun nicht bloss darum,
dass er sein Gutes bereits in seinem Leben empfangen hat (Lk 16,25).
Vielmehr tritt durch den zweiten Dialoggang in V.27–31 noch ein weiteres Moment hinzu. Der Reiche begehrt nun, dass wenigstens seine
Brüder gewarnt werden, und dazu soll Lazarus zu ihnen gesandt werden.
Abraham aber verweist auf Mose und die Propheten und wehrt den weiteren Einspruch des Reichen ab: «Hören sie Mose und die Propheten

---

11 Lk 12,33 ist im Kontext nicht nur – über das Motiv des «Reichseins bei
    Gott» bzw. des Schatzes im Himmel – mit Lk 12,21 verknüpft, sondern zu-
    gleich über die gemeinsame Verwendung von *hyparchonta* (= Hab und Gut,
    Besitz) mit Lk 12,15. «Diese semantische Verklammerung fasst die Botschaft
    an die lk Leser zusammen: ‹Das Leben hängt nicht von eurem Besitz ab,
    daher verkauft euren Besitz und gebt Almosen!›» (Petracca, Vincenzo: Gott
    oder das Geld, 138).
12 Siehe die entsprechende Anrede des Kornbauern in Lk 12,20.

nicht, so werden sie sich auch nicht überzeugen lassen, wenn jemand von den Toten auferstünde» (V.31).

Impliziert ist darin, dass ein Hören auf Mose und die Propheten, d.h. die Befolgung des von ihnen artikulierten Willens Gottes[13], ein grundlegend anderes Verhalten zeitigen würde. Angespielt ist hier auf die Sozialgesetzgebung in der Tora, den fünf Büchern Mose[14], und die entsprechenden sozialen Forderungen der Propheten[15]. So mahnt z.B. 5 Mose 15,7f: «Wenn einer deiner Brüder arm ist in irgendeiner Stadt in deinem Lande, das der Herr, dein Gott, dir geben wird, so sollst du dein Herz nicht verhärten und deine Hand nicht zuhalten gegenüber deinem armen Bruder, sondern sollst sie ihm auftun und ihm leihen, soviel er Mangel hat.» Im Frühjudentum ist aus diesem Gebot und anderen das vorbehaltlose Geben von Almosen, die barmherzige Hilfeleistung an Armen, als zentrale Forderung Gottes abgeleitet worden.[16] Der reiche Mann in Lk 16,19–31 hat gegen diese Forderung in grober Weise verstossen. Näherer Grund seines Ergehens ist also, dass er in seinem egoistischen Hedonismus – wie der Kornbauer – nur um sich selbst kreise («er kleidete sich in Purpur und kostbares Leinen und lebte alle Tage herrlich und in

---

[13] Der Rekurs auf Mose und die Propheten in Lk 16,29.31 ist im Kontext durch den Verweis auf die – auch in der neuen Zeit der Predigt des Evangeliums vom Reich Gottes (16,16) – bleibende Gültigkeit der Tora vorbereitet.

[14] Siehe 2 Mose 22,20–26; 23,(6–)9; 3 Mose 19,9f.13f; 25,10.13.23–28.35–38; 5 Mose 14,28f; 15,7–11; 23,20f; 24,6.12f.14f.17f.19–22.

[15] Siehe Jesaja 1,10–17.21–23; 3,14f; 3,16–4,1; 5,8–24; 10,1–4; Jeremia 5,26–28; 7,5f; Ezechiel 16,49; 22,7.12f.25–29; Amos 2,6–8; 3,9–11; 4,1–3; 5,11f; 8,4–6; Micha 2,1–10; 3,2f; 6,9–16.

[16] Siehe z.B. Jesus Sirach 4,4; 7,32; 17,22; 29,8–13; 35,4; 40,17; Tobit 1,17; 4,7–11.16; 12,8f; Testament Issachar 3,8; 7,5f; Testament Sebulon 5,1; 6,4f; 7,1–8,3 (deutsche Übersetzung von TestIss und TestSeb in: Becker, Jürgen: Die Testamente der Zwölf Patriarchen [Jüdische Schriften aus hellenistisch-römischer Zeit III/1], Gütersloh 1980); Pseudo-Phokylides 22–30 (deutsche Übersetzung von PsPhok in: Walter, Niklaus: Pseudepigraphische jüdisch-hellenistische Dichtung: Pseudo-Phokylides, Pseudo-Orpheus, Gefälschte Verse auf Namen griechischer Dichter [Jüdische Schriften aus hellenistisch-römischer Zeit IV/3], Gütersloh 1983, 135–278: 182–216); slavischer Henoch 9,1; 42,8f; 44,4; 50,5; 51,1f; 63,1 (zum slavischen Henoch s.u. Anm. 74).

Freuden» [16,19]) und seine Güter nicht sozialkaritativ nutzte – und dies, obwohl ein Bettelarmer direkt vor seiner Tür lag.

Dieses grundlegende Moment, dass der Reiche nach Gottes Willen Bedürftige an seinen Gütern hätte teilhaben lassen müssen, gewinnt nun durch einen weiteren Aspekt an Profil, der aus dem dem Gleichnis in Lk 16,19–31 vorangehenden Kontext hervorgeht. Die besitzethischen Fragen gewidmete Komposition in Lk 16 wird in 16,1–8(a) durch das Gleichnis vom ungerechten Verwalter eingeleitet, das in 16,8b–13 eine paränetische Anwendung erfährt[17]. Als der Verwalter mit der Kündigung konfrontiert ist, weil er den Besitz seines Herrn verschleudert hat, nutzt er gerissen die ihm verbleibende Zeit, um sich durch signifikante Reduktionen der Schulden von Schuldnern seines Herrn Freunde zu machen, von denen er nach seiner Entlassung Aufnahme und Unterstützung erwarten darf. Dass dieses Verhalten kriminell ist, wird nicht verschwiegen – der Verwalter wird in V.8a als «ungerecht» bezeichnet. Darauf liegt aber nicht der Ton, sondern im Vordergrund steht die Klugheit seines Verhaltens: Sein von ihm geprellter Herr lobt ihn, weil er klug gehandelt hat. «Klug handeln» in V.8a nimmt die Frage in V.3 «Was soll ich tun?» auf.[18] Diese Klugheit sollen sich nun die Christen in ihrem Umgang mit Besitz zu Eigen machen. Auch sie sollen sich – anders als der törichte Kornbauer (vgl. Lk 12,20) – mit Hilfe des Mammons Freunde machen, damit sie am Ende von Gott aufgenommen werden. Lk 16,10–12 macht nun deutlich, dass den Christen wie dem Verwalter die Güter anvertraut sind. Was hier zutage tritt, ist besitzethisch von fundamentaler Relevanz: *Besitz wird nicht isoliert als das dem einzelnen Menschen Gehörende betrachtet, sondern relational gesehen, nämlich als von Gott den einzelnen Menschen anvertrautes Gut*[19], *mit dem sie im Sinne ihres Herrn umzugehen haben*[20]. Der Zusammen-

---

17 Zur Gliederung vgl. Petracca, Vincenzo: Gott oder das Geld, 163.

18 Vgl. ebd., 165. – Dies ist im Griechischen deutlicher, als dies aus deutschen Übersetzungen hervorgeht, denn im Griechischen steht in beiden Sätzen dasselbe Verb (*poiein*), das oben einmal mit «handeln», einmal mit «tun» wiedergegeben ist.

19 Dieser Gedanke ist alttestamentlich-jüdisches Erbe. Exemplarisch verwiesen sei auf das frühjüdische Lehrgedicht Pseudo-Phokylides (s.o. Anm. 16), hier 28f: «Bist du reich, dann strecke deine Hand den Armen hin; an dem, *was Gott dir gab*, gewähre Bedürftigen Anteil».

hang mit dem Nachfolgenden ist evident: Was im Sinne des Herrn ist, geht aus Gesetz und Propheten grundlegend hervor. Die Güter des Lebens sind Menschen also von Gott gewährt, damit sie so eingesetzt werden, dass Not behoben wird. Kurz gesagt: Geld ist für Lukas Menschen dazu anvertraut, dass sie es zu diakonischen Zwecken einsetzen.

Der Gedanke, dass Menschen über die Güter des Lebens nicht eigenmächtig zu verfügen haben, sondern diese als von Gott gewährtes Gut anzusehen sind, mit dem der Mensch dem Willen Gottes gemäss umzugehen hat, ist keine Sondermeinung des Lukas, sondern im biblischen Traditionsraum verbreitet. Er lässt sich ausziehen zu einer weiter ausgreifenden Konzeption: Nach der Charismenlehre des Paulus im ersten Korintherbrief (1 Kor 12,4–11) gehen die verschiedenen Gaben, mit denen Christen ausgestattet sind, so vielfältig sie auch sind, auf den einen Geist zurück, und sie sind den Christen nicht zur Selbstdarstellung, zum persönlichen Prestigegewinn gegeben, sondern dazu, zum Nutzen aller eingesetzt zu werden (1 Kor 12,7). Die Affinität zur Auffassung des Besitzes als anvertrauten Gutes ist evident. Diese Charismenlehre lässt sich ohne weiteres schöpfungstheologisch im Blick auf die individuelle «natürliche» Ausstattung eines jeden Menschen transformieren. Dann gilt: Auch das, womit Menschen ihren Erwerb bestreiten können, ihre Begabungen etc., sind ihnen von Gott gegeben. Und das, was sie aufgrund der ihnen gegebenen Möglichkeiten leisten und erreichen können, ist nicht nur zum eigenen Nutzen einzusetzen, sondern auch zum Nutzen anderer. Kurzum: Es geht hier letztlich um das menschliche *Selbstverständnis* im umfassenden Sinn, das man mit einem weiteren Passus aus dem 1 Kor auf den Punkt bringen kann: «Was hast du, was du nicht empfangen hast?» (1 Kor 4,7). Im Gegenüber zu einer isolierten Sicht des Menschen ist im biblischen Sinne die grundlegende dankbare Abhängigkeit des Menschen von Gott zur Geltung zu bringen, die einen rein selbstbezogenen Existenzentwurf als eine «unmögliche Möglichkeit» erscheinen lässt.

---

[20] Vgl. Petracca, Vincenzo: Gott oder das Geld, 169. – Dagegen wird dieser grundlegende Aspekt in der monographischen Untersuchung von Kiyoshi Mineshige zur lukanischen Besitzethik (Besitzverzicht und Almosen bei Lukas. Wesen und Forderung des lukanischen Vermögensethos [Wissenschaftliche Untersuchungen zum Neuen Testament II/163], Tübingen 2003) mit keinem Wort angesprochen.

Zurück zur Besitzethik im engeren Sinn und zu Lk 16: Im Zentrum der Komposition in Lk 16 steht das eingangs angeführte Logion: «Kein Knecht kann zwei Herren dienen; entweder er wird den einen hassen und den andern lieben, oder er wird an dem einen hängen und den andern verachten. Ihr könnt nicht Gott dienen und dem Mammon» (Lk 16,13). Die Knechtsmetapher fügt sich dem eben zur Abhängigkeit des Menschen von Gott Gesagten nahtlos ein. Ob ein Mensch Gott dient, zeigt sich für Lukas zentral daran, wie er mit dem Besitz, den Gott als sein Herr ihm anvertraut hat, umgeht. Der Umgang mit Besitz erscheint damit als Schibboleth für die gesamte Ausrichtung eines Menschen, als *das* «Mittel der Bewährung» des Menschen.[21] Die Pointe des Wortes in Lk 16,13 besteht näherhin darin, dass der Mammon, der Besitz, das Hab und Gut, statt Mittel zum Leben und zur Bewährung zu sein, selbst zum Herrn aufsteigt, dass das, was ein Mensch besitzt, selbst von ihm «Besitz ergreift»[22] und zum Götzen avanciert, dem der Mensch in all seinem Streben dient. Hinter dieser Warnung vor dem Mammondienst steht die Beobachtung, dass von Besitz und Geld ein eigener Reiz ausgehen kann[23], sich im Umgang mit Besitz und Geld eine eigentümliche, götzendienerische Züge annehmende Dynamik entwickeln kann, in der das, was zum Leben – und zwar zum Leben *aller* – dienen soll, sukzessiv zum eigentlichen Inhalt und Ziel des Lebens wird, so dass der Mensch vom Mammon geradezu beherrscht oder gefangen genommen wird: Der Besitz, von dem er sich Freiheit und ein sorgloses Leben verspricht (vgl. Lk 12,19), hat ihn in Wirklichkeit «versklavt».

Die Rede vom Mammondienst korrespondiert sachlich der Inkriminierung der Habgier (vgl. Lk 12,15) als eines Kardinallasters[24], das auch anderorts, früh-

---

21 Petracca, Vincenzo: Gott oder das Geld, 166.

22 Vgl. ebd., 172 (Hervorhebung im Original).

23 Notierenswert ist in diesem Zusammenhang Philo, *Über Joseph* 144: «Du hast Überfluss, lass andere daran teilhaben, denn die Schönheit des Reichtums ruht nicht im Geldbeutel, sondern in der Hilfeleistung für Bedürftige».

24 Die Warnung vor Habgier ist in antiker Ethik – etwas überspitzt gesagt – geradezu omnipräsent (für eine Auswahl von Belegen s. Konradt, Matthias: Christliche Existenz nach dem Jakobusbrief. Eine Studie zu seiner soteriologischen und ethischen Konzeption [Studien zur Umwelt des Neuen Testaments 22], Göttingen 1998, 151, Anm. 331). Erwähnung verdient insbeson-

jüdisch wie frühchristlich, mit dem Götzendienst in Verbindung gebracht wurde[25]. Dabei wurden die sozial destruktiven Folgen der Habgier in der Antike mit grosser Sensibilität wahrgenommen, wie bereits eine kleine Auswahl exemplarischer Texte zu illustrieren vermag: Habgier «lässt nicht zu, dass jemand sich seines Nächsten erbarmt»[26]. Sie erzeugt «tausend Übel für die sterblichen Menschen, Krieg und Hunger ohne Ende»[27]. Um des Goldes willen «gibt es Streit und Raub und Mord, werden Kinder den Eltern feind und Geschwister ihren Anverwandten»[28], ja das Streben nach Vermögen wird als Ursache aller Kriege namhaft gemacht[29]. Wenn schliesslich im ersten Timotheusbrief die Geldgier gar als «Wurzel aller Übel» bezeichnet wird (6,10), so ist darin ein in der Antike verbreitetes Diktum rezipiert, das sich in paganer Moralphilosophie ebenso beheimatet findet wie in jüdischer (Tora-)Unterweisung[30].

Lukas bezeichnet den Mammon in 16,9.11 näherhin als «Mammon der Ungerechtigkeit»[31]. Es ist nicht ohne weiteres klar, was genau damit ge-

---

dere, dass frühjüdisch der Wille Gottes in der Mahnung zur Meidung von Unzucht und Habgier zusammengefasst werden konnte (s. dazu Reinmuth, Eckart: Geist und Gesetz. Studien zu Voraussetzungen und Inhalt der paulinischen Paränese [Theologische Arbeiten 44], Berlin 1985, 22–41) und diese Zusammenfassung des göttlichen Willens auch im Neuen Testament rezipiert ist (s. Kol 3,5; Eph [4,19]; 5,3.5; 2 Petr 2,14 sowie auch 1 Thess 4,3–6).

25 Testament Juda 19,1 (zu den Testamenten der 12 Patriarchen s.o. Anm. 16); Kol 3,5; Eph 5,5; Polykarp, Phil 11,2.

26 Testament Juda 18,3.

27 Sibyllinische Orakel III 235f (deutsche Übersetzung in: Merkel, Helmut: Sibyllinen [Jüdische Schriften aus hellenistisch-römischer Zeit V/8], Gütersloh 1998, 1089).

28 Pseudo-Phokylides 46f (zu PsPhok s.o. Anm. 16).

29 So Plutarch, *Moralia* 108 A.B. Siehe auch PsLukian, *Cynicus* 15 und im jüdischen Bereich den Religionsphilosophen Philo von Alexandrien (*Über die Nachkommen Kains* 116f; *Über den Dekalog* 151–153).

30 Vgl. pagan exemplarisch Diogenes Laertius VI 50, nach dem der kynische Wanderprediger Bion den Reichtum als Ursprungsort aller Übel verstand. Nach einem jüdischen Lehrgedicht ist die Geldgier «Mutter aller Schlechtigkeit» (Pseudo-Phokylides 42).

31 Die Wendung hat eine Parallele in einer frühjüdischen Schrift, im äthiopischen Henochbuch (Uhlig, Siegbert: Das Äthiopische Henochbuch [Jüdische Schriften aus hellenistisch-römischer Zeit V/6], Gütersloh 1984): «Un-

meint ist. Ist der Mammon an sich ungerecht, etwas grundsätzlich Böses?
Oder weist das Attribut den Mammon als etwas zu dieser (ungerechten)
Welt Gehöriges aus?[32] Oder ist Mammon nicht an sich ungerecht, sondern wird er dies erst unter bestimmten Bedingungen? Von Lk 16,1–8
her[33] an seinen unrechten Erwerb – ein in biblischer Tradition breit the-
matisiertes ethisches Problemfeld – zu denken[34], passt nicht gut dazu,
dass Lk 16,9 eine Mahnung an die Jünger (vgl. Lk 16,1) bzw. – auf die
Kommunikationsebene des Evangelisten bezogen – an die Christen ist,
denn hier soll schwerlich unterstellt werden, dass sie etwaiges Vermögen
ungerecht erworben haben. Von Lk 16,19–31 her könnte man an die un-
soziale, egoistische Verwendung des Mammons denken, die diesen ungerecht macht. Aber dies passt ebenfalls nicht zum Zusammenhang der
Wendung in Lk 16,9.11, denn wenn man sich mit dem Mammon Freunde (bei den Bedürftigen) macht, also Besitz diakonisch verwendet, ist der
Mammon nach dem infrage stehenden Verständnis ja noch nicht ungerecht. Aber auch dass der Mammon an sich schlecht ist, will vom
Kontext her nicht recht einleuchten, denn die Mahnung in Lk 16,9 zeigt
ja, dass es auch einen guten Gebrauch des Mammons gibt, ja Lk 16,10–
12 lässt, wie ausgeführt, deutlich werden, dass Mammon an sich ein von
Gott anvertrautes Gut ist. Als solches ist er nicht an sich ungerecht.
Problematisch ist, wenn der Mammon zum eigentlichen Lebensziel wird,
wenn man ihm dient oder, in Anspielung an Lk 12,34 formuliert, wenn
man sein Herz daran hängt[35].

Eine präzise Bestimmung der Wendung «Mammon der Ungerechtigkeit» ist also schwierig. Lukas hat sich vermutlich durch die in Lk 16,8

---

sere Seele ist satt vom Mammon der Ungerechtigkeit, aber es wird nicht
verhindern, dass wir in die Flamme der Höllenpein hinabfahren» (63,10).

[32] Vgl. zu diesen Optionen zuletzt Mineshige, Kiyoshi: Besitzverzicht und Almosen bei Lukas, 151.

[33] Der Verwalter heisst in 16,8 «Verwalter der Ungerechtigkeit» = «ungerechter
Verwalter».

[34] So Bovon, François: Das Evangelium nach Lukas. 3. Teilbd.: Lk 15,1–19,27
(Evangelisch-Katholischer Kommentar zum Neuen Testament III/3),
Düsseldorf u.a. 2001, 80. Siehe auch Petracca, Vincenzo: Gott oder das
Geld, 169.

[35] Vgl. dazu Luthers Auslegung des ersten Gebots im grossen Katechismus!

unmittelbar vorangehende Rede vom «Verwalter der Ungerechtigkeit» zur Beifügung des Attributs inspirieren lassen. In der Wendung liegt in jedem Fall etwas Abwertendes, was gut zur anderorts im LkEv zu beobachtenden «Entwertung» irdischen Reichtums passt. Möglich ist schliesslich, dass Lukas auf die im Besitz liegende Gefahr anspielen will[36], wie sie in Lk 16,13 pointiert hervortritt. Kontextuell zu paraphrasieren wäre dann: Nutzt den Mammon zur Hilfe für die Bedürftigen, statt euch von ihm zur Ungerechtigkeit verführen zu lassen, indem ihr ihm als seine Sklaven dient!

1.5 Ein positives Gegenbeispiel zu den egoistisch-hedonistischen Lebensentwürfen des Kornbauern in Lk 12,15–21 und des reichen Mannes in Lk 16,19–31 ist das Verhalten des barmherzigen Samariters in Lk 10,30–37. Die Beispielerzählung ist eingebunden in ein Gespräch Jesu mit einem Gesetzeslehrer, der Jesus eingangs mit der Frage konfrontiert, was er tun müsse, um das ewige Leben zu ererben[37]. Jesus verweist ihn in einer Gegenfrage auf die Tora[38]: «Was steht im Gesetz geschrieben?», worauf der Gesetzeslehrer – nicht Jesus (!) – das Doppelgebot der Liebe anführt: Man soll Gott lieben und seinen Nächsten wie sich selbst (vgl. 5 Mose 6,5 und 3 Mose 19,18). Den Nächsten wie sich selbst zu lieben hat dabei nach biblischem Verständnis wenig mit dem Gefühl der Zuneigung zu tun – dieses lässt sich auch schlecht gebieten. Es geht vielmehr darum, dass man sich das Leben und Wohlergehen des anderen so angelegen sein lassen soll, wie man, was hier als selbstverständlich vorausgesetzt wird, am eigenen Wohlergehen interessiert ist. Kurz gesagt: Man soll dem Nächsten alles Gute zukommen lassen, wie man es für sich selbst tut.[39]

---

[36] Vgl. Petracca, Vincenzo: Gott oder das Geld, 169.

[37] Diese Frage kehrt in dem Gespräch des reichen Oberen mit Jesus (Lk 18,18–23) wieder (18,18).

[38] Auch dieser Verweis auf die Tora begegnet erneut in Lk 18,18–23 (s. 18,19).

[39] Vgl. Th. Söding, Das Liebesgebot bei Paulus. Die Mahnung zur Agape im Rahmen der paulinischen Ethik (Neutestamentliche Abhandlungen. Neue Folge 26), Münster 1995, 52f; F. Crüsemann, Die Tora. Theologie und Sozialgeschichte des alttestamentlichen Gesetzes, München 1992, 377.

Jesus bestätigt dem Gesetzeskundigen seine Antwort. Handelt er danach, wird er das ewige Leben erben. Damit könnte der Dialog zu Ende sein, doch sucht nun der Gesetzeslehrer sich für seine Frage, auf die er ja im Grunde selbst die Antwort wusste, zu rechtfertigen, indem er das Nächstenliebegebot theoretisch zu problematisieren versucht, nämlich indem er die Frage aufwirft, wer denn sein Nächster sei. Gefragt ist damit, mit anderen Worten, nach der Reichweite des Gebotes: Wem gegenüber gilt es? Und damit auch: Wie weit muss die Liebe gehen? Grenzt man ein, wer der Nächste ist, gilt das Gebot nicht allgemein, man muss es nicht gegenüber jedem und jeder zur Richtschnur des Handelns machen.

Blickt man auf das Ende der Beispielerzählung vom barmherzigen Samariter, mit der Jesus der Frage des Gesetzeslehrers begegnet, so findet diese keine direkte Antwort. Jesus antwortet nämlich nicht mit einer Definition des Nächsten, etwa dass der Nächste prinzipiell jeden Menschen meint, sondern die Pointe liegt bekanntlich darin, dass die Ausgangsfrage umgedreht wird. Gefragt ist nun, wer von den dreien, die auf ihrem Weg mit der Notsituation des unter die Räuber Gefallenen konfrontiert waren, sich diesem als Nächster erwiesen hat. Statt in einem statisch-definitorischen Denken zu reflektieren, wer der Nächste ist, geht es darum, anderen zum Nächsten zu werden, d.h. den Bedürftigen nahe zu kommen[40]. Damit ist indirekt auch eine Antwort auf die Frage, wer der Nächste sei, gegeben, nämlich insofern, dass die Frage hinfällig ist, da es keine Rolle spielt, wer der Notleidende ist, was faktisch auf eine universale Definition hinausläuft. Aber es geht eben noch um mehr, als einer etwaigen partikularen Definition des Nächsten eine universale entgegenzusetzen, denn durch die Umkehrung der Ausgangsfrage soll die theoretische Definitionsfrage «wer ist mein Nächster?» als sophistische Ausflucht vor dem unbedingten Anspruch des Gebotes entlarvt und damit grundsätzlich ausgehebelt werden. Der Blick wird vom Handlungsobjekt auf das Handlungssubjekt gelenkt, an das der unbedingte Anspruch ergeht, dem jeweils Notleidenden zum Nächsten zu werden.

---

[40] Vgl. Theißen, Gerd: Universales Hilfsethos im Neuen Testament? Mt 25,31–46 und Lk 10,25–37 und das christliche Verständnis des Helfens, in: Glaube und Lernen 15, 2000, 22–37: 34f.36.

Beachtung verdient nun, dass die Hilfeleistung des Samariters nicht darin aufgeht, dass er den Überfallenen an Ort und Stelle versorgt und ihn im nächsten Ort beherbergt. Vielmehr gibt er darüber hinaus dem Wirt zwei Denare – dies entspricht ungefähr zwei Tageslöhnen (vgl. Mt 20,1–15) – und verspricht ihm, bei seiner Rückkehr auch etwaige weitere Kosten zu erstatten. Die lukanische Erzählung weist also ausdrücklich darauf hin, dass der Samariter auch finanzielle Mittel einsetzt. Er bietet damit ein Beispiel, wie man in rechter Weise mit dem von Gott anvertrauten Mammon umgehen soll: indem man ihn nicht rein selbstbezogen benutzt, sondern ohne Zögern für andere gebraucht, wenn Hilfe nötig ist.

Diesem Aspekt in Lk 10,25–37 korrespondieren die spezifisch lukanischen Akzente in der Komposition zum aus der Logienquelle (kurz mit Q bezeichnet) übernommenen Feindesliebegebot (vgl. Mt 5,43–48) in Lk 6,27–35. So mahnt Lk 6,30 in doppelter Weise zum freiwilligen Besitzverzicht: Dem Bittenden ist (in seiner Not) zu geben, aber auch dem, der «sich selbst bedient», ist dieses zu überlassen, d.h. man soll das Entwendete nicht (vor Gericht) zurückfordern. In Lk 6,30a hat Lukas näherhin die in der Logienquelle vorgefundene Mahnung «dem, der dich bittet, gib» (vgl. Mt 5,42a) ergänzt zu: «*jedem*, der dich bittet, gib» (Lk 6,30a); Lukas betont also, dass es sich beim Almosengeben um eine prinzipielle, gegenüber *allen* geltende ethische Forderung handelt. Eine Verschärfung der besitzethischen Forderung gegenüber der Q-Vorlage liegt sodann in Lk 6,34 vor. In der Logienquelle, die Lukas und Matthäus benutzten, war offenbar die Mahnung enthalten, sich von dem, der etwas borgen will, nicht abzuwenden (so Mt 5,42b). Lukas verschärft dies in 6,34 dahingehend, dass auch und gerade dann zu leihen ist, wenn keine Aussicht besteht, das Darlehen zurückgezahlt zu bekommen.

Bietet Lk 6,27–35, eingeleitet mit der Verschärfung des Nächstenliebegebots zum Feindesliebegebot und damit thematisch insgesamt unter dem Vorzeichen der Interpretation der Liebesforderung stehend, eine Reihe von Mahnungen, die gegenüber geläufigen Handlungsorientierungen Ungewöhnliches formulieren, so fällt darin also ein besonderer Akzent auf Mahnungen, die die Stellung zum Besitz betreffen und in deren Befolgung sich die Orientierung am Liebesgebot konkretisiert: Es gilt, nicht am Besitz zu hängen, sondern davon jedem, der um Hilfe bittet, abzugeben und auch unsichere Darlehen zu gewähren.[41]

Festzuhalten ist: Zur Praxis des Liebesgebots gehört für Lukas zentral die sozialkaritative Verwendung von Besitz. Entsprechend lässt sich im Blick auf den reichen Mann von Lk 16,19–31 folgern: Seine Missachtung von Gesetz und Propheten (s. 16,29.31) besteht zentral darin, dass er das Hauptgebot der Nächstenliebe nicht befolgt hat.

1.6 Lukas wendet sich mit seinen Mahnungen in 6,27–35 im Besonderen gegen das in der antiken Welt verbreitete Reziprozitätsprinzip: Man soll bei dem, was man tut, nicht darauf achten, ob man erwarten darf, dass das Gegenüber einem die Wohltaten in gleicher Weise vergelten wird. Lukas fordert vielmehr betont Hilfe dort, wo keine Gegenleistung zu erwarten ist. Diese Durchbrechung des Reziprozitätsprinzips, des *do ut des*, kehrt in Lk 14,12–14 wieder: Zu einem Festmahl soll man nicht Freunde, Brüder, Verwandte oder reiche Nachbarn einladen – in der Erwartung, dass man selbst wieder eingeladen wird. Vielmehr soll man Arme, Verkrüppelte, Lahme und Blinde einladen, die nicht in der Lage sind, dies dem Einladenden zu vergelten. Zur Kritik steht hier ein konditioniertes, nämlich unter der Bedingung der Gegenseitigkeit stehendes und damit auf prinzipiell symmetrische Beziehungen beschränktes Wohlverhalten; solches bringen nach Lk 6,32–34 auch «Sünder» zustande. Von den Gerechten ist mehr und anderes zu erwarten, nämlich ein nicht auf eine Gegenleistung zielendes und insofern «selbstloses» Handeln zugunsten Bedürftiger.

Lukas weiss dazu freilich zu motivieren, indem er auf eine «Gegenleistung» höherer Form verweist. Wer sich den Armen zuwendet, dem wird nach Lk 14,12 «vergolten werden bei der Auferstehung der Gerechten». Dem korrespondiert in Lk 6,35 die Rede vom «grossen Lohn» für die, die ihre Feinde lieben und leihen, wo keine realistische Hoffnung auf Rückzahlung besteht. In Lk 12,33 wird die Mahnung zum Besitzverzicht und Almosengeben, wie gesehen, damit unterbaut, dass man sich auf diese Weise einen Schatz im Himmel erwirbt. Und schliesslich steht dieses Motiv auch hinter Lk 16,9: Man soll sich Freunde mit dem ungerechten

---

[41] Vgl. Petracca, Vincenzo: Gott oder das Geld, 93.

Mammon machen, damit man von Gott in die «ewigen Hütten» aufgenommen wird. Man kann daraus folgern, dass die karitative Verwendung des Besitzes so selbstlos gar nicht ist, sondern lediglich einer höheren utilitaristischen Ratio folgt[42] – nach dem Motto: Wer sein Geld diakonisch verwendet, rechnet klüger. Freilich ist dieser Aspekt nicht zu verabsolutieren, sondern, zieht man das Voranstehende hinzu, zum einen lediglich *ein* Handlungsmotiv neben anderen[43] – es sei exemplarisch nur an das Motiv der Nachahmung Jesu als Diakon (Lk 22,24–27) erinnert –, und zum anderen liegt der Ton zunächst einmal darauf, die *immanente* Reziprozitätslogik auf die Inblicknahme der Wirklichkeit Gottes hin zu durchbrechen.

1.7 Bezieht man nun die Apostelgeschichte mit ein, so ist zuallererst kurz auf die Schilderung der Gütergemeinschaft der Urgemeinde in Apg 2,44f; 4,32–35 einzugehen. Gütergemeinschaft war eine in der antiken Welt seit Platon verbreitete Sozialutopie.[44] Umstritten ist, inwiefern die lukanische Darstellung Anhalt an der historischen Wirklichkeit hat. Dazu ist zunächst die genaue Form der Gütergemeinschaft in der lukanischen Darstellung in den Blick zu nehmen. Dass den Gemeindegliedern «alles gemeinsam» war, nimmt einen Topos hellenistischer *Freund*schaftsethik auf («Besitz der Freunde ist gemeinsam»[45]) und wendet ihn auf die Gemeinschaft der *Glaubenden* an. Anders als bei der pythagoreischen Gütergemeinschaft in der Darstellung des Jamblichos[46] ist dabei in der Apos-

---

[42] Zur These eines utilitaristischen Ansatzes bei Lukas s. ebd., 131.144.173f. 178 u.ö.

[43] Deshalb ist es auch problematisch, von Utilitar*ismus* zu sprechen, denn der eigene Vorteil erscheint nicht als *der* Grund bzw. *das* Ziel der Handlung schlechthin.

[44] Vgl. dazu Klauck, Hans-Josef: Gütergemeinschaft in der klassischen Antike, in Qumran und im Neuen Testament, in: ders.: Gemeinde – Amt – Sakrament. Neutestamentliche Perspektiven, Würzburg 1989, 69–100; Petracca, Vincenzo: Gott oder das Geld, 261–271.

[45] Siehe exemplarisch Aristoteles, *Nikomachische Ethik* 1159b, frühjüdisch Philo, *Über Abraham* 235.

[46] Siehe Jamblichos, *De vita Pythagorica* 167f: «Ursprung der Gerechtigkeit ist nun Gemeinschaft, gleiches Recht und eine Verbundenheit, in der alle ganz

telgeschichte bei näherem Hinsehen nicht davon die Rede, dass es keinen Privatbesitz mehr gab. In Apg 4,32 geht der Notiz, dass den Glaubenden alles gemeinsam war, voraus, dass keiner von seinen Gütern *sagte*, dass sie sein wären. Dies weist deutlich darauf hin, dass es nach wie vor sehr wohl Privatbesitz gab, dieser aber der Gemeinschaft zur Verfügung gestellt wurde.[47] Die «Gütergemeinschaft» bestand demnach in einer gemeinsamen Nutzung von Privatbesitz. Dazu passt, dass es in der summarischen Darstellung des Lebens der Urgemeinde in Apg 2,42–47 direkt im Anschluss an die Erwähnung der Gütergemeinschaft in Apg 2,44f heisst, dass sie täglich einmütig beieinander im Tempel waren und hier und dort *in den Häusern* das Brot brachen (2,46). Letzteres weist darauf hin, dass es Christen gab, die über ein Haus verfügten und dieses der Gemeinde für ihr Gemeinschaftsleben zur Verfügung stellten.[48]

Diesem Befund fügt sich ein weiteres Indiz ein: Die in Apg 2,45 wie in 4,34f gewählten griechischen Tempora verweisen nicht auf ein einmaliges Geschehen, sondern auf ein wiederholtes (iterative Imperfekte), besagen also nicht, dass begütertere Gemeindeglieder mit einem Mal all ihre Güter und Habe verkauften und den Erlös der Gemeinde zur Ver-

---

wie ein einziger Leib und eine einzige Seele dasselbe empfinden und mein und dein gleich bezeichnen, wie auch Platon, der es von den Pythagoreern erfahren hat, bezeugt. Dies hat nun Pythagoras am besten von allen Menschen ins Werk gesetzt, indem er aus der Wesensart seiner Jünger das Privateigentum völlig verbannte und dafür den Sinn für das Gemeinsame verstärkte. Er ging dabei bis zu den geringfügigsten Besitztümern, da sie Zwietracht und Verwirrung stiften könnten. Gemeinsam gehörte allen alles ohne Unterschied, privat besass keiner etwas.» (Übersetzung nach: Jamblich: Pythagoras. Legende – Lehre – Lebensgestaltung, eingel., übers. und mit interpr. Essays vers. v. Michael von Albrecht u.a. [Schriften der späteren Antike zu ethischen und religiösen Fragen 4], Darmstadt 2002, 145).

[47] Vgl. exemplarisch Degenhardt, Johannes Joachim: Die ersten Christen und der irdische Besitz, in: ders. (Hrsg.): Die Freude an Gott – unsre Kraft (Festschrift für Otto Bernhard Knoch), Stuttgart 1991, 150–156: 151.

[48] Eine Bestätigung findet dies in Apg 12,12: Nach seiner wundersamen Befreiung aus dem Gefängnis ging Petrus «zum *Haus* Marias, der Mutter des Johannes mit dem Beinamen Markus, wo viele beieinander waren und beteten». Vgl. Schenke, Ludger: Die Urgemeinde. Geschichtliche und theologische Entwicklung, Stuttgart 1990, 91.

fügung stellten, sondern dass sie je und je einen Acker oder ein Haus verkauften und den erzielten Betrag der Gemeinde überliessen. Konkrete Anlässe solcher Aktionen waren jeweils aufgekommene Notlagen von Gemeindegliedern (Apg 2,45; 4,35).

Dieser auf die Behebung einzelner Notlagen zielende Besitzverzicht geschah zudem auf freiwilliger Basis[49], wie aus der Geschichte von Hananias und Saphira hervorgeht (Apg 5,1–11), die einen Acker verkauften, aber die Gemeinde über den erzielten Erlös täuschten. Petrus nämlich tadelt Hananias unter anderem mit den Worten: «Hättest du den Acker nicht behalten können, als du ihn hattest? Und konntest du nicht auch, als er verkauft war, noch tun, was du wolltest?» (Apg 5,4). Es bestand demnach keinerlei Zwang zur Veräusserung.

Der Fokus liegt mithin nicht auf *einem* bestimmten besitzethischen Modell, sondern darauf, dass die konkrete Not in der Gemeinde behoben wurde. Das entscheidende Moment ist, dass es niemanden gab, der Not litt (Apg 4,34a). Mit dieser Formulierung spielt Lukas an auf das in 5 Mose 15,4 vorgebrachte Ideal («es sollte überhaupt kein Armer unter euch sein»), das er als in der Urgemeinde realisiert präsentiert. Zieht man zusammen, so propagiert Lukas nicht die grundsätzliche Aufhebung von Privatbesitz oder das Prinzip der genau gleichen Verteilung der Güter, sondern es geht ihm in der Tradition der alttestamentlichen Sozialgesetzgebung von 5 Mose 15 um die Behebung konkreter materieller Not durch – freiwilligen – Besitzverzicht auf Seiten der Bessergestellten.[50]

Es ist schwerlich zu verneinen, dass Lukas hier eine idealisierte Darstellung bietet. Schon in Apg 6,1–6 wird eine Spannung zwischen verschiedenen Kreisen der Urgemeinde deutlich, in der es um die Witwenversorgung geht. Auf der anderen Seite besagt die Aufnahme des genannten Topos der hellenistischen Freundschaftsethik keineswegs zwingend, dass es sich um eine reine literarische Fiktion handelt. Lukas dürfte vielmehr Notizen darüber, «wie in der Urgemeinde das soziale Gefälle

---

[49] Vgl. exemplarisch Luz, Ulrich: Die Kirche und ihr Geld im Neuen Testament, in: Lienemann, Wolfgang (Hrsg.): Die Finanzen der Kirche. Studien zu Struktur, Geschichte und Legitimation kirchlicher Ökonomie (Forschungen und Berichte der Evangelischen Studiengemeinschaft 43), München 1989, 525–554: 540.553f.

[50] Ebenso Petracca, Vincenzo: Gott oder das Geld, 275.

durch tätige Liebe vor allem der Besitzenden ausgeglichen wurde»[51], ver-
allgemeinert und durch die Aufnahme des besagten Topos hellenistisch
koloriert haben. Auch Apg 6,1–6 belegt ja, dass es in der Urgemeinde
eine Armenversorgung gegeben hat. Mit einem Wort: Die Summarien in
Apg 2 und 4 dürften historisch als Idealisierungen eines solidarischen
Gemeinschaftslebens anzusehen sein, das es tatsächlich gegeben hat.[52]

Im weiteren Verlauf der Apostelgeschichte, d.h. im Blick auf die
weiteren in ihr geschilderten Gemeindebildungen wird das Motiv der
Gütergemeinschaft nicht mehr erwähnt. Wohl aber ist, wie eingangs
angedeutet, wiederholt von Almosen die Rede[53], wobei auch gemeindeübergreifend – Diakonie hat schon im frühen Christentum eine «ökumenische» Dimension – Hilfe geleistet wurde[54]. Das muss freilich nicht
heissen, dass Lukas die Gemeinschaftsform der Urgemeinde als für seine
Gegenwart bedeutungslos ansah. Sie erscheint vielmehr als Idealvorstel-
lung, der es sich anzunähern gilt.[55] Dabei verdient Beachtung, dass die
Darstellung des Gemeinschaftslebens der Urgemeinde mit ihrer gemeinsamen Nutzung von Besitz in Apg 2,42–47 direkt an die Schilderung der

---

51 Schenke, Ludger: Die Urgemeinde, 91.
52 Eine erwägenswerte alternative historische Rekonstruktion hat Gerd Thei-
    ßen vorgelegt (Urchristlicher Liebeskommunismus. Zum ‹Sitz im Leben› des
    Topos *hápanta koiná* in Apg 2,44 und 4,32, in: Fornberg, Tord/Hellholm,
    David [Hrsg.]: Texts and Contexts. Biblical Texts in Their Textual and Situa-
    tional Contexts [Festschrift für Lars Hartman], Oslo u.a. 1995, 689–712). Er
    führt den Freundschaftstopos nicht auf Lukas selbst, sondern auf von ihm
    rezipierte Tradition zurück (698–703), deren Ausgangspunkt «eine Reform-
    idee der Jerusalemer Urgemeinde selbst», genauer: der «Hellenisten» gewesen
    sein könnte (707, vgl. 709). Als konkreter Entstehungskontext der Idee einer
    «Gütergemeinschaft» kommt nach Theißen der in Apg 6,1ff bezeugte Kon-
    flikt um die Witwenversorgung in Frage, den die «Hellenisten» durch den
    Topos «allen Gläubigen ist alles gemeinsam» zu lösen suchten (707).
53 Apg 9,36; 10,2.31; 20,35.
54 So im Falle der Kollekte der antiochenischen Gemeinde für die unter einer
    grossen Hungersnot leidenden Judäer in Apg 11,29f.
55 Ebenso Petracca, Vincenzo: Gott oder das Geld, 275 mit Verweis auf den
    analogen Befund bei der von Lukas rezipierten platonischen Sozialutopie.
    Nach Theißen, Gerd: Urchristlicher Liebeskommunismus, 696 vollzieht Lu-
    kas in der Apg «in narrativer Weise den Weg vom Ideal zur Realität».

Geistausgiessung zu Pfingsten anschliesst. Die christliche (Güter-)Gemeinschaft erscheint so als eine Folge des Wirkens des Geistes.[56] Apg 2,44f schildert gewissermassen den «geistvollen» Umgang mit Besitz.

Zu beachten ist schliesslich, dass Lukas nicht allein die sozialkaritative Nutzung *vorhandenen* Besitzes anvisiert. Mit Paulus' Rede an die Ältesten von Ephesus (Apg 20,17–38) gerät vielmehr auch die Erwirtschaftung der dann sozialkaritativ einzusetzenden Güter in den Blick. Mit Verweis auf sein eigenes Beispiel führt Paulus hier aus, dass man arbeiten und sich der Schwachen annehmen muss (Apg 20,34–35a). Dies ist das Vorzeichen, das vor der in Apg 20,35b rezipierten, in der Antike weit verbreiteten und hier unter die Autorität Jesu gestellten Maxime «geben ist seliger als nehmen»[57] steht. Der spezifische Akzent ihrer Verwendung in Apg 20,35 besteht damit darin, dass sie hier nicht auf die Wohltätigkeit von Wohlhabenden bezogen ist, sondern an die «kleinen Leute» adressiert ist, die das, was sie (noch) Ärmeren zur Verfügung stellen, zunächst einmal mit ihren eigenen Händen erarbeiten müssen. Diakonisch helfen zu können, erscheint also als Ziel der Arbeit. G. Theißen spricht hier treffend von einer «‹Demokratisierung› aristokratischer Wohltätermentalität, die mit einem arbeitsasketischen Appell zum Bedarfsausgleich verbunden ist».[58]

1.8 Überblickt man nun den im Vorangehenden skizzierten Gesamtbefund im lukanischen Doppelwerk, kann man in der Vielfalt der Aussagen durchaus einen inneren Zusammenhang entdecken.

– Entgegen einer «privatisierten» Sicht von Besitz wird dieser als von Gott anvertrautes Gut verstanden, über dessen Verwendung der Mensch Gott rechenschaftspflichtig ist (Lk 16,1–12). Oder anders: Hab und Gut sind nicht anzusehen als das, was jemand für sich besitzt, sondern als das, was jemandem zur rechten Verwendung von

---

[56] Vgl. Petracca, Vincenzo: Gott oder das Geld, 254f.

[57] Belege bei Theißen, Gerd: «Geben ist seliger als nehmen» (Apg 20,35). Zur Demokratisierung antiker Wohltätermentalität im Urchristentum, in: Boluminski, Andrea (Hrsg.): Kirche, Recht und Wissenschaft (Festschrift für Albert Stein), Neuwied 1994, 197–215: 200–202.

[58] Theißen, Gerd: «Geben ist seliger als nehmen» (Apg 20,35), 214.

Gott gegeben wurde. Zentrales Kriterium der rechten Verwendung ist die Befolgung des im sozialkaritativen Sinne verstandenen Hauptgebots der Nächstenliebe (Lk 10,25–37), in dem im Übrigen, wie ausgeführt, die Sorge um das eigene Wohlergehen als selbstverständlich vorausgesetzt ist; worauf es ankommt, ist, das Ergehen der anderen ebenso ernst zu nehmen und zur eigenen Sache zu machen. Der Ansatz, dass Besitz von Gott anvertrautes Gut darstellt, ist also auf der Basis der Gebote Gottes durch das Moment der Sozialpflichtigkeit des Besitzes profiliert. Damit korrespondiert im gemeindlichen Zusammenhang der Gütergemeinschaft der Grundsatz der Unterordnung des Privateigentums unter die sozialkaritativen Belange der Gemeinde.[59]

Im Blick auf die Wahrnehmung Not leidender Menschen ist in diesem Zusammenhang festzuhalten: In ihnen tritt der Anspruch des Nächstenliebegebots entgegen, in dem es darum geht, eben den Notleidenden zum Nächsten zu werden.

– Diesem besitzethischen Ansatz steht ein zweiter Aspekt zur Seite, nämlich eine doppelte «Entwertung» des Besitzes: zum einen durch den Verweis auf die eschatologische Umkehrung der Verhältnisse, wie sie im Magnificat (Lk 1,46–55) – kompositorisch gleich zu Beginn des LkEv – grundgelegt ist und zum Beispiel im Gegenüber von Seligpreisungen und Weherufen in Lk 6,20–26 erneut zutage tritt, und damit auf die Inversion der gesellschaftlich eingespielten Werteskala und üblicher Denkmuster; zum anderen durch die Gegenüberstellung von vergänglichen irdischen und unvergänglichen himmlischen Gütern (Lk 12,33). Letzteres ist des Weiteren dadurch konturiert, dass Besitz nicht einmal das irdische Leben wirklich zu sichern vermag, da Gott Herr über Leben und Tod ist und den – dem Nächstenliebegebot widersprechenden – eigenmächtigen und egoistisch-hedonistischen Missbrauch der Güter bestraft (Lk 12,16–21). Diese «Entwertung» des Besitzes impliziert eine radikale Kritik an der Vergötzung des Besitzes, wie sie im Mammondienst zutage tritt. Dieser ist dadurch gekennzeichnet, dass das Streben nach Besitz und die Akkumulation von Gütern zum zentralen Inhalt des Lebens wird, um

---

[59] Vgl. Luz, Ulrich: Die Kirche und ihr Geld im Neuen Testament, 540.

dieses, an den vor der Tür liegenden Nöten anderer vorbeisehend, in vollen Zügen geniessen zu können (Lk 16,19–31, vgl. Lk 12,16–21). Im Blick auf die Wahrnehmung Not leidender Menschen ist in diesem Zusammenhang festzuhalten: Die im Christusgeschehen sich vollziehende eschatologische Umkehrung der Verhältnisse ist Ausdruck der besonderen Fürsorge Gottes für die Armen. Diakonischer Einsatz erweist sich in diesem Lichte betrachtet als menschliche Entsprechung zu Gottes Fürsorge und, zieht man Lk 22,24–27 hinzu, als Nachahmung des Diakons Jesus.

Das Grundprinzip, nicht dem Mammon, sondern Gott zu dienen, kann sich in unterschiedlichen sozialen Konstellationen auf unterschiedliche Art und Weise konkretisieren: als totaler Besitzverzicht in der – historisch einmaligen – Situation der Nachfolge des irdischen Jesus, in der Gestalt der Gütergemeinschaft der Urgemeinde oder auch in Form grosszügiger Freigebigkeit. In der mittellosen Wanderexistenz der Jünger findet zugleich die zu Beginn des LkEv mit der eschatologischen Umkehrung der Verhältnisse proklamierte Inversion der Werteskala einen plastischen Ausdruck. Diese Inversion bildet, wie ausgeführt, aber auch eine wesentliche Basis für die Motivierung der Forderung nach Almosen, nach Verwendung des Besitzes zugunsten der Armen. Die Besitzlosigkeit der Jünger ist – im kommunikativen Gesamtzusammenhang des Evangeliums betrachtet – der an die Adressaten ergehenden Mahnung zur materiellen Unterstützung der Armen als eine Art Zeichenhandlung[60] zugeordnet, die auf die von den üblichen Denkmustern abweichende Perspektive Gottes hinweist.

Dass es in Erfüllung des Nächstenliebegebots und in Entsprechung zur Sorge Gottes für die Armen zu solchem Besitzverzicht kommt, ist für Lukas Wesensmerkmal des Christseins. Er geht dabei näherhin offenbar von einer eher grosszügigen Freigebigkeit aus. Präzise Vorschriften über die Höhe von Almosen macht er aber nicht. Die genaue Art der

---

[60] Siehe dazu Böttrich, Christfried: Ideal oder Zeichen? Besitzverzicht bei Lukas am Beispiel der ‹Ausrüstungsregel›, in: New Testament Studies 49, 2003, 372–392. Siehe auch Luz, Ulrich: Die Kirche und ihr Geld im Neuen Testament, 535.

Umsetzung seiner besitzethischen und diakonischen Leitlinien ist dem
«mündigen Christen» überlassen.

1.9 Lukas ist «Evangelist der Armen»[61], «Evangelist der Reichen»[62] und
schliesslich «Evangelist der Gemeinde»[63] genannt worden, und zwar einer durch soziale Heterogenität und Konflikte geprägten Gemeinde[64].
Letzteres vermag die beiden vorangehenden Thesen zu integrieren und
trifft den Befund am besten. Lukas' zentrales Anliegen ist die tatkräftige
Unterstützung der Armen durch die Begüterten, denn nach Gottes
Willen «soll kein Armer unter euch sein» (5 Mose 15,4).

2. Besitzethik und Diakonie im Matthäusevangelium

2.1 Rein quantitativ betrachtet spielt die Besitzethik bei Matthäus bei
weitem nicht die ihr im lukanischen Doppelwerk zukommende Rolle.
Dies hat wesentlich mit unterschiedlichen Konstellationen in der Adres-
satenschaft zu tun. Die matthäische Gemeinde sah sich mit anderen
Problemen konfrontiert als denen, die im lukanischen Gemeindekreis
von vordringlicher Relevanz waren.[65] Gleichwohl zeigt sich an den Stel-

61 Siehe Degenhardt, Hans-Joachim: Lukas. Evangelist der Armen, Stuttgart
   1965.
62 Schottroff, Luise/Stegemann, Wolfgang: Jesus von Nazareth – Hoffnung
   der Armen, 3. Aufl., Stuttgart u.a. 1990, 150.
63 Horn, Friedrich Wilhelm: Glaube und Handeln in der Theologie des Lukas
   (Göttinger theologische Arbeiten 26), 2. Aufl., Göttingen 1986, 243.
64 Vgl. ebd., 243: «Der Evangelist spricht in die Situation beginnender Pluri-
   formität innerhalb der Gemeinde, der Diskrepanz zwischen reichen und
   bedürftigen Christen, der Selbstüberheblichkeit, Selbstrechtfertigung und
   Verachtung anderer. Ein Teil der Christen seiner Gemeinde sind bereits den
   von ihm genannten weltlichen Versuchungen erlegen und vom Glauben ab-
   gefallen».
65 Im MtEv erscheint als aus der Situation der Adressatengemeinde erwach-
   senes Hauptanliegen der Neuerzählung der Jesusgeschichte, die Gemeinde
   der Christgläubigen als *die* legitime Sachwalterin des theologischen Erbes
   Israels zu positionieren – im Gegenüber zu dem analogen Anspruch, den im

len, an denen im MtEv besitzethische Fragen begegnen, die hohe Bedeutung, die auch Matthäus dem rechten Umgang mit Besitz zuschreibt. Und auch bei Matthäus gilt die diakonische Zuwendung zu Notleidenden als *Wesens*merkmal christlicher Existenz.

2.2 Die hohe Relevanz des rechten Umgangs mit Besitz in der matthäischen Ethik geht in aller Deutlichkeit aus Mt 6,19–24 hervor. Matthäus hat hier eine Reihe von Jesusworten aus der Logienquelle zu einer kleinen besitzethischen Komposition verbunden und in die sog. Bergpredigt (Mt 5–7) eingestellt. Schon die Positionierung innerhalb der Bergpredigt verweist auf die Bedeutung, die der Thematik zukommt.

Die Einheit wird durch das Logion eröffnet, das Lukas in von ihm redigierter Form in Lk 12,33f, also am Ende seiner ersten grossen besitzethischen Fragen gewidmeten Einheit (Lk 12,13–34), bietet. Statt irdische Schätze zu sammeln, die vergänglich sind und Diebe anlocken, gilt es, einen Schatz im Himmel zu sammeln. Anders als Lukas sagt Matthäus nicht ausdrücklich, dass dies konkret die Gabe von Almosen an Bedürftige meint, doch geht dies zum einen aus dem Gegenüber zu V.19 hervor, zum anderen kann man auf analoge Aussagen in der jüdischen Umwelt verweisen[66]. V.19f wirft also als Alternative auf: Streben nach

---

jüdischen Umfeld der Gemeinde die von der pharisäischen Gruppierung dominierte Synagoge erhob.

[66] Anzuführen ist an erster Stelle Tobit 4,8–11: «Hast du viel, so gib reichlich von dem, was du besitzt; hast du wenig, dann zögere nicht, auch mit dem Wenigen Gutes zu tun. Auf diese Weise wirst du dir einen kostbaren Schatz für die Zeit der Not ansammeln. Denn Gutes zu tun rettet vor dem Tod und bewahrt vor dem Weg in die Finsternis. Wer aus Barmherzigkeit hilft, der bringt dem Höchsten eine Gabe dar, die ihm gefällt.» Ferner z.B. slavischer Henoch (zum slHen s.u. Anm. 74) 50,5f: «Jeder von euch büsse sein Gold und Silber um des Bruders willen ein, damit er einen vollen Schatz in jenem Äon empfange. Die Waise und die Witwe und den Fremdling betrübt nicht, damit der Zorn Gottes nicht über euch komme.» Frühchristlich 1 Tim 6,17–19: «Den Reichen in dieser Welt gebiete, dass sie nicht stolz seien, auch nicht hoffen auf den unsicheren Reichtum, sondern auf Gott, der uns alles reichlich darbietet, es zu geniessen; dass sie Gutes tun, reich werden an guten Werken, gerne geben, behilflich seien, sich selbst einen Schatz sammeln als guten Grund für die Zukunft, damit sie das wahre Leben ergreifen».

Besitz, Anhäufen von Besitztümern auf der einen Seite und Wohltätigkeit und damit «Reichsein» bei Gott auf der anderen.

Deutet bereits V.21 («Denn wo dein Schatz ist, da ist auch dein Herz.») an, dass es dabei um die Ausrichtung des Menschen im Ganzen geht – das Herz ist das Personenzentrum – , so wird ebendies durch die Einstellung des Logions vom Auge als Licht des Leibes in V.22f dezidiert unterstrichen[67]. Vom Auge ist hier im metaphorischen Sinne die Rede. Es geht um den Blick eines Menschen als Ausweis seines Charakters. Das einfältige, lautere Auge steht für die Aufrichtigkeit, Integrität und Güte eines Menschen, die sich in Freigebigkeit niederschlagen[68], das böse Auge hingegen für «Bosheit, Geiz, Neid»[69]. Durch die Einstellung dieses Logions in den Zusammenhang der besitzethischen Mahnungen von 6,19–21 und 6,24 verweist Matthäus darauf, dass sich am Umgang mit dem Besitz die moralische Qualität eines Menschen entscheidet und zeigt. «Im menschlichen Handeln mit dem Geld steht das Menschsein total auf dem Spiel, es geht hier um Licht und Finsternis, um Ganzheit und Vollkommenheit»[70].

Die kleine Komposition gipfelt in 6,24 darin, dass die Alternative, vor die der Mensch gestellt ist, nämlich nach V.19f die Alternative «Streben nach Besitz vs. Freigebigkeit», als Entscheidung zwischen Gottesdienst und Mammondienst präsentiert wird. Einen «dritten Weg» zwischen beiden gibt es hier nicht.

2.3 Wie Lukas versteht auch Matthäus die sozialkaritative Nutzung von Geld/Besitz als aus dem Hauptgebot der Nächstenliebe folgende Forderung, wie die matthäische Version der Begegnung Jesu mit dem reichen

---

[67] Lukas bietet das Logion in einem anderen Zusammenhang (s. Lk 11,34–36). Die matthäische Komposition ist offenkundig sekundär, d.h. erst Matthäus hat das Logion mit dem Wort vom Schätzesammeln zum einen und dem Logion vom Mammondienst zum anderen verbunden.

[68] Vgl. exemplarisch Buch der Sprüche 22,9: «Wer ein gütiges Auge hat, wird gesegnet, weil er den Armen von seinem Brot gibt».

[69] Vgl. Luz, Ulrich: Das Evangelium nach Matthäus. 1. Teilbd.: Mt 1–7 (Evangelisch-Katholischer Kommentar zum Neuen Testament I/1), 5., völlig neu bearbeitete Aufl., Düsseldorf u.a. 2002, 466.

[70] Ebd., 468.

Jüngling (Mt 19,16–22) zeigt. Weist Jesus auf die Frage des Jünglings nach den Bedingungen des Zugangs zum ewigen Leben zunächst allgemein auf das Halten der Gebote hin (Mt 19,16f), so konkretisiert er dies auf die Nachfrage des Jünglings durch die Zitation von Dekaloggeboten und des – vom Evangelisten redaktionell angefügten – Nächstenliebegebotes[71], das hier offenbar als oberste Summe der für sich bereits Obersätze der Tora darstellenden Dekaloggebote zu verstehen ist. Der Jüngling meint, diese Bedingung erfüllt zu haben, und fragt, was noch fehle. Darauf erwidert Jesus, er solle seinen Besitz verkaufen und den Erlös den Armen geben und ihm nachfolgen. Dies ist zuweilen so gedeutet worden, dass hier eine Zweistufenethik anvisiert sei, in der das Halten der Gebote nur die erste Stufe bildet. Zur Vollkommenheit gehöre mehr, nämlich der totale Besitzverzicht und das Eintreten in die Nachfolge Jesu. Dagegen spricht aber, dass Jesus das Weggehen des Jünglings nicht damit quittiert, dass ihm höhere soteriologische Weihen versagt bleiben. Vielmehr geht es in V.23 grundsätzlich um den Zutritt zum Reich Gottes und damit nach wie vor um den Zugang zum ewigen Leben, also um die Ausgangsfrage von V.16. Zu folgern ist daher, dass der reiche Jüngling die Bedingung des Haltens der Gebote nicht erfüllt hat.

Ist das richtig, dann ist Jesu Aufforderung zum Verkauf der Habe zugunsten der Armen als – radikalisierende – Auslegung der zuvor angeführten Gebote, näherhin des Liebesgebots, zu verstehen. Anders gesagt: Eine *vollkommene* Erfüllung des Liebesgebotes bedeutete für den reichen Jüngling in seiner spezifischen Situation, dass er seinen Besitz den Armen zur Verfügung stellt, wie es zur vollkommenen Erfüllung des Liebesgebots nach 5,43–48 gehört, auch dem Feind mit Liebe zu begegnen – auch in 5,43–48 steht der Vollkommenheitsgedanke im Kontext einer radikalisierenden Auslegung des Liebesgebotes.

Aus Mt 19,16–22 ergibt sich so wenig wie aus der lukanischen Parallele (Lk 18,18–23), dass der Evangelist von Christen *generell* totalen Besitzverzicht fordert. Die Forderung an den reichen Jüngling ist, wie angeführt, eine situationsspezifische Konkretion des Nächstenliebegebots; die Situation der Gemeinde ist aber nicht die der Wanderexistenz der ersten

---

[71] Dieses fehlt in der Vorlage Mk 10,17–22.

Jünger. Gleichwohl gibt der Text für die matthäische Gemeinde aber die Richtung vor: Zur Erfüllung des Nächstenliebegebots gehört die Sorge für die Notleidenden mit den zur Verfügung stehenden finanziellen Mitteln. Ebendiese Forderung tritt auch in 6,19–24 zutage. Eindrücklich untermauert wird sie durch 25,31–46.

2.4 Mt 25,31–46 ist – mit seiner wiederholten Nennung von Werken der Barmherzigkeit – ein Grundtext der Diakonie.[72] *Das* Kriterium für die endgerichtliche Beurteilung besteht darin, wie man sich gegenüber den Bedürftigen und Notleidenden verhalten hat, ob die Hungernden gespeist, die Dürstenden mit Wasser versorgt, die Fremden aufgenommen, die Nackten bekleidet und die Kranken sowie die Gefangenen besucht wurden. In V.44 wird das Verhalten den verschiedenen Gruppen von Notleidenden gegenüber kurz und bündig als «dienen» (griechisch:

---

72 Vgl. exemplarisch den Rekurs auf Mt 25,31–46 (neben Lk 10,25–37 und Joh 13,1–17) als biblischen Schlüsseltext zur Diakonie bei Kohler, Marc Edouard: Diakonie (Neukirchener Arbeitsbücher), 2. Aufl., Neukirchen-Vluyn 1995, 111–117. – Die der Inanspruchnahme des Textes im diakonischen Kontext zugrunde liegende «universale Deutung» ist freilich in der neueren Exegese verbreitet zugunsten einer partikular-exklusiven Interpretation bestritten worden. Nach einer Vielzahl von Auslegern sind nämlich mit den «geringsten Brüdern» nicht alle Notleidenden, sondern Christen gemeint; und die, die zum Endgericht vor dem Thron des Menschensohnes versammelt werden, sind die Nichtchristen, die «heidnische» Welt. Statt ein universales Hilfsethos zu propagieren, atme der Text einen geradezu sektiererischen Geist: Die nichtchristliche Welt wird im Endgericht danach beurteilt werden, wie sie sich den Christen gegenüber verhalten hat. Dass diese Deutung theologisch «unsympathisch» sein mag, setzt sie nicht ins Unrecht. Ich halte sie aber exegetisch für nicht einleuchtend. Eine überzeugende Auseinandersetzung mit der partikular-exklusiven Deutung findet sich in Niemand, Christoph: Matthäus 25,31–46 – universal oder exklusiv? Rekonstruktion der ursprünglichen Textintention im Spannungsfeld moderner Wertaxiome, in: Perroni, Marinella/Salmann, Elmar (Hrsg.): Patrimonium Fidei. Traditionsgeschichtliches Verstehen am Ende? (Festschrift für Magnus Löhrer und Pius-Ramon Tragan [Studia Anselmiana 124]), Rom 1997, 287–326, bes. 293–298. Den folgenden Ausführungen liegt der universalistische Deutungstyp zugrunde.

diakonein) bezeichnet, d.h. im Text geht es nicht nur der Sache nach um diakonisches Handeln, sondern er bezeichnet dieses auch so. Die Konkretionen sind dabei exemplarisch, nicht erschöpfend gemeint; sie lassen sich je nach gesellschaftlichen Rahmenbedingungen reformulieren.

Die Pointe des Textes liegt dabei darin, dass Jesus als der Menschensohnrichter von sich selbst sagt, *er* sei hungrig, durstig, ein Fremder, nackt, krank und gefangen gewesen, und entsprechend von einem Verhalten der Gerechten bzw. Verurteilten *ihm* gegenüber spricht. Bei beiden Gruppen führt dies zu einer erstaunten Rückfrage, *wann* dies denn geschehen sein soll. Die Auflösung dieses Rätsels in V.40 bzw. V.45 trägt den Ton: Was sie einem seiner geringsten Brüder getan oder nicht getan haben, haben sie ihm selbst getan oder nicht getan. Die Diakonie an den Bedürftigen wird als Dienst *an Christus* verstanden, und entsprechend berührt die Missachtung der Bedürftigen das Dienstverhältnis gegenüber Christus[73].

Diese «Pointe» variiert einen Gedanken, der auch anderorts im biblischen Traditionsraum begegnet. Einige Textbeispiele mögen dies illustrieren:

- Buch der Sprüche 14,31: «Wer den Geringen bedrückt, schmäht dessen Schöpfer, ihn ehrt, wer Erbarmen hat mit dem Bedürftigen.»
- Buch der Sprüche 19,17: «Wer sich des Armen erbarmt, der leiht dem Herrn, und der wird ihm vergelten, was er Gutes getan hat.»
- slavischer Henoch[74] 44,1f: «Der Herr hat den Menschen mit seinen eigenen Händen gemacht zur Ähnlichkeit seines Angesichtes. Klein und gross hat der Herr ihn geschaffen. Und wer das Angesicht eines Menschen schmäht, schmäht das Angesicht eines Königs und ver-

---

[73] Vgl. Brandenburger, Egon: Taten der Barmherzigkeit als Dienst gegenüber dem königlichen Herrn (Mt 25,31–46), in: Schäfer, Gerhard Karl/Strohm, Theodor (Hrsg.): Diakonie – biblische Grundlagen und Orientierungen. Ein Arbeitsbuch zur theologischen Verständigung über den diakonischen Auftrag (Veröffentlichungen des Diakoniewissenschaftlichen Instituts 2), 2. Aufl., Heidelberg 1994, 297–326: 313.

[74] Eine frühjüdische Schrift aus dem 1. Jh. n. Chr. Deutsche Übersetzung in Böttrich, Christfried: Das slavische Henochbuch (Jüdische Schriften aus hellenistisch-römischer Zeit V/7), Gütersloh 1996.

abscheut das Angesicht des Herrn. Wer das Angesicht eines Menschen verachtet, verachtet das Angesicht des Herrn.»

Der Gedanke, dass die Verachtung eines Menschen Verachtung Gottes bedeutet, ist in slavischer Henoch 44,1f mit der anthropologischen Vorstellung vom Menschen als Ebenbild Gottes aus 1 Mose 1,26f verbunden. Weil der Mensch Ebenbild Gottes ist, gilt das, was einem Menschen angetan wird, als Gott angetan. In Mt 25 ist diese anthropologisch-schöpfungstheologisch orientierte Argumentation zu einer christologisch ausgerichteten Analogie transformiert: Das, was dem Bedürftigen getan wird oder versagt bleibt, *gilt* als gleichzeitig dem Menschensohnrichter Jesus getan oder nicht getan. Es ist hier schwerlich von einer (mystischen) Identifikation Jesu mit den Bedürftigen die Rede, wohl aber von einer engen Solidargemeinschaft[75]. Dabei ist zu beachten, dass Jesus in 25,34 als König bezeichnet wird. Der König und die Niedrigsten werden hier also in Beziehung zueinander gesetzt.[76] «Der Messiaskönig Jesus steht in derartiger Solidarität zu den Geringsten, dass er gewissermassen in ihrer Not selbst zum Dienst ruft.»[77] Was diesen getan wird, gilt zugleich als jenem getan. Eine statusbezogene Verhaltensdifferenzierung ist damit ad absurdum geführt.[78]

Aus dem erzählerischen Motiv, dass die Gerechten sich unwissend zeigen, dass sie Jesus selber gedient haben, ist zuweilen die «Reinheit» ihrer Motivation abgeleitet worden. Sie tun das Gute um seiner selbst willen; ihre Hilfe für die Bedürftigen ist nicht durch Nebenzwecke «kontaminiert», d.h. sie schielen nicht auf himmlischen Lohn und haben tatsächlich die Bedürftigen im Blick, also diese nicht bloss insofern, als sie mit ihrem Tun Christus dienen. Überzeugend ist das nicht. Das Un-

---

[75] Vgl. Brandenburger, Egon: Taten der Barmherzigkeit als Dienst gegenüber dem königlichen Herrn (Mt 25,31–46), 315; Niemand, Christoph: Matthäus 25,31–46 – universal oder exklusiv?, 315f.

[76] Im biblischen Kontext ist dabei mitzuhören, dass die Wahrung des Rechts der Armen im AT zu den hervorragenden Aufgaben des Königs gehört (vgl. Ps 72). Vgl. Niemand, Christoph: Matthäus 25,31–46 – universal oder exklusiv?, 314.

[77] Brandenburger, Egon: Taten der Barmherzigkeit als Dienst gegenüber dem königlichen Herrn (Mt 25,31–46), 315.

[78] Vgl. Theißen, Gerd: Universales Hilfsethos im Neuen Testament?, 31.

wissenheitsmotiv ist ein literarisches Mittel, um die Pointe in V.40.45 zu untermauern[79], und die «erzählte Welt» ist nicht mit der Kommunikationsebene des Evangelisten zu verwechseln. Den Adressaten wird durch den Text ja gerade eingeschärft, dass die von ihnen geforderten Werke der Barmherzigkeit «*Dienst*» an Christus sind.

Die Absicht des Textes ist eine paränetische, d.h. die Adressaten werden zur Barmherzigkeit gemahnt. Der Verweis auf die Solidarität Christi, des Königs, mit den Notleidenden macht dabei deutlich, dass es bei der «Diakonie» nicht um ein Adiaphoron des Christseins geht, das auch fehlen könnte, sondern hier entscheidet sich, ob ein Mensch Christus tatsächlich «dient» oder nicht. Die Entsprechung zu 6,19–24, wo der rechte Gottesdienst am Umgang mit Besitz festgemacht wird, liegt auf der Hand, und dies deutet wiederum auf die eingangs angemerkte gewichtige Schnittmenge zwischen Besitzethik und Diakonie hin. Nicht nur für Lukas, sondern auch für Matthäus erweist sich Christsein ganz wesentlich im diakonischen Umgang mit Besitz.

3. Besitzethik und Diakonie im Jakobusbrief

3.1 Nach den beiden Grossevangelien sei drittens aus dem Bereich der neutestamentlichen Briefliteratur noch der Jakobusbrief herangezogen. Der Jakobusbrief ist ein «Korrekturschreiben»80: Sein Ziel ist, ethische Missstände in seinem Adressatenkreis zu beheben bzw. – in Anlehnung an seine eigenen Worte (vgl. 5,19f) formuliert – von der Wahrheit Abgeirrte wieder auf den rechten Weg zu bringen. Charakteristisch für Jakobus ist näherhin der Vorwurf der Gespaltenheit, des Hin- und Hergerissenseins zwischen Gott und «Welt» (Jak 1,5–8; 4,1–10). Die Adressaten führen sozusagen eine Art Doppelleben: Ihr Glaube an Gott geht

---

[79] In diesem Sinne z.B. auch Luz, Ulrich: Das Evangelium nach Matthäus. 3. Teilbd.: Mt 18–25 (Evangelisch-Katholischer Kommentar zum Neuen Testament I/3), Zürich u.a. 1997, 536.

[80] Siehe zu dieser Bezeichnung Popkes, Wiard: Adressaten, Situation und Form des Jakobusbriefes (Stuttgarter Bibelstudien 125/126), Stuttgart 1986, bes. 209.

mit «weltlichen» Verhaltensweisen einher, die mit dem Glauben nicht kompatibel sind.

Als zentrales Problemfeld nimmt Jakobus dabei eine falsche Haltung zum Besitz wahr.[81] Der Reichtum erscheint ihm als *die* Gefahrenquelle für die Integrität der Glaubenden. Konkreter: Es geht ihm um die Problematik des egoistischen Umgangs mit und Strebens nach materiellen Gütern im Zusammenhang eines an irdischer «Herrlichkeit» orientierten Wertesystems und des damit korrespondierenden Geltungsstrebens. Mit dieser besitzethischen Fehlorientierung korrespondiert dabei eine Vernachlässigung des diakonischen Engagements.

3.2 Ich setze zur Illustration der voranstehenden Skizze der jakobeischen Konzeption bei Jak 4,1–4 ein: Jakobus nimmt hier die Zwistigkeiten, die soziale Disharmonie unter den Adressaten in den Blick und fragt nach deren Ursache, die er selber in den «Lüsten» in ihren Gliedern findet, die zu Felde ziehen, um das Begehrte zu erlangen. Worauf sich diese Lüste richten, sagt er nicht ausdrücklich, doch kann man dies erschliessen. Zum einen verlangt der Argumentationsduktus, dass das Begehrte nach V.2f auch Gegenstand des Gebets sein können muss. Zum andern muss das Begehrte bzw. Erbetene etwas sein können, das man «in den Lüsten» verschwenden kann. Dies müssen materielle Güter sein. Kurzum: Jakobus kritisiert in 4,1f «die leidenschaftliche Gier nach Besitz und Lust»[82].

Das Entstehen der Kämpfe und Kriege aus den Lüsten (V.1) wird in V.2f mittels einer klimaktischen Reihe entfaltet, die aus drei Gliedern besteht. Der Grund für das Fortschreiten zur nächsten Stufe besteht jeweils darin, dass mit dem Vorangehenden das Ziel nicht erreicht wurde. Also:

Ihr begehrt – und habt nicht.
Ihr tötet und eifert – und vermögt es nicht zu erlangen.
Ihr kämpft und bekriegt.

---

81 Ausführlicher dazu Konradt, Matthias: Christliche Existenz nach dem Jakobusbrief, 123–165.

82 Schrage, Wolfgang: Der Jakobusbrief, in: Balz, Horst/Schrage, Wolfgang: Die «Katholischen» Briefe. Die Briefe des Jakobus, Petrus, Johannes und Judas (Das Neue Testament Deutsch 10), 14. Aufl. (4. Aufl. dieser neuen Fassung), Göttingen 1993, 5–59: 45.

Dass das erstrebte Ziel nicht erreicht wird, wie Jakobus mit «ihr habt nicht» feststellt, kann objektiv meinen, dass das Begehrte tatsächlich versagt bleibt, oder aber, was wahrscheinlicher ist, subjektiv gemeint sein bzw. aus psychologischer Perspektive gesprochen sein: Die Befriedigung eines Begehrens setzt sogleich neue Begehrlichkeit frei; es kommt also insofern nie zu einem bleibenden Besitz[83]. Dem Begehrenden ist das Erreichte nie das Begehrte.

Steht am Anfang das blosse Begehren nach Besitz und damit verbundenem Sozialprestige, so wächst sich diese Disposition in den nächsten Entwicklungsstufen zu einem handfesten, gemeinschaftszerstörerischen Verhalten aus. «Töten» ist dabei in einem weitgefassten Sinn zu verstehen. Wie bei den «Kriegen und Kämpfen» in V.1 handelt es sich um eine zugespitzte Formulierung, und zwar hier für ein Verhalten, das den anderen wirtschaftlich in seiner Existenzgrundlage trifft, das sozusagen in der Gier nach Reichtum «über Leichen geht». Dass eine solche Verwendungsweise möglich ist, geht aus frühjüdischen Schriften hervor. So heisst es in Jesus Sirach 34,21f: «Brot der Bittenden ist der Lebensunterhalt der Armen; wer ihn raubt, ist ein Blutmensch. Der tötet den Nächsten, der ihm die Nahrung stiehlt, und der vergiesst Blut, der dem Lohnarbeiter seinen Lohn raubt.» Noch schärfer formuliert slavischer Henoch 10,5: Wer, obgleich er dazu in der Lage ist, den Hungrigen nicht sättigt, der «tötet ihn durch Hunger». Nicht erst faktische Beraubung des Armen, sondern schon unterlassene Hilfeleistung wird als töten erfasst. Auf Jak 4,2 angewandt kann man näherhin an Gerichtsprozesse denken, in denen die Reichen ihre finanziellen Interessen durchsetzen (vgl. Jak 2,6), an Ausbeutung der Armen (vgl. 5,4) oder auch schlicht eben an unterlassene Hilfeleistung (vgl. 2,15f).

Sind in der Regel die sozial Schwächeren Opfer des «Tötens» im dargelegten Sinn, so blickt die Rede vom Eifern bzw. von der Eifersucht eher auf Bessergestellte. Es geht um Sozialneid und das damit verbundene, dem anderen missgünstig gestimmte Eifern nach eigenem Sozialprestige, die das materielle Begehren kennzeichnen. Im Hintergrund steht dabei, und das ist heute ja nicht viel anders, dass Sozialprestige nach dem

---

[83] Vgl. Mußner, Franz: Der Jakobusbrief (Herders theologischer Kommentar zum Neuen Testament XIII/1), 5. Aufl., Freiburg/Basel/Wien 1987, 178.

«weltlichen» Werte- und Normensystem eben wesentlich vom Besitzstand abhängt. Die «Kämpfe und Kriege» sind letzter Ausdruck dieser
gemeinschaftszerstörerischen Disposition. Ziehen die Lüste im Streben
nach Reichtum zu Felde, gibt es Krieg. Jak 4,1–3 reiht sich damit ein in
die oben angesprochene Tradition der Inkriminierung der Habgier als
Quelle aller Kriege in antiker Ethik.

In V.2d.3 wird dem selbstsüchtigen Begehren das empfangende
Beten entgegengesetzt, das Gott als den Geber aller Gaben, auch der
materiellen Güter, weiss. V.3 präzisiert: Die Adressaten beten zwar, aber
schlecht, in übler Gesinnung. Sie empfangen nichts, weil sie sich durch
die Intention ihres Bittens («um in euren Lüsten Verschwendung zu treiben») ethisch disqualifizieren. Der eigene Lebensgenuss wird skrupellos
oder auch nur mitweltvergessen der Hilfe für Bedürftige vorgeordnet.
Die missgünstige Einstellung zum Mitmenschen geht – sozusagen nach
innen – mit selbstsüchtigem Egoismus einher[84].

Die in V.1–3 geschilderte verfehlte Existenzorientierung wird in V.4
in einen theologischen Interpretationsrahmen eingestellt: Der auf sich
selbst bezogene Mensch verschliesst und verfehlt sich nicht nur dem
Mitmenschen gegenüber, sondern damit(!) auch Gott gegenüber. Die
Adressaten meinten offenbar, dass ihre «weltliche» Orientierung im Streben nach materiellen Gütern mit ihrem Glauben an Gott vereinbar wäre.
Jakobus sieht darin hingegen eine Gespaltenheit, eine miteinander unver-
einbare doppelte Loyalität. Jakobus fordert hier dasselbe strenge Ent-
weder-Oder, das auch das Jesuswort über Gott und den Mammon kennzeichnet. Eben dieses Wort steht in Jak 4,4 im Hintergrund, d.h. Jak 4,4
gehört zur Rezeptionsgeschichte des in Mt 6,24; Lk 16,13 aufgenom-
menen Logions. «Mammon» ist dabei durch die «Welt» ersetzt, weil der
Mammondienst als *das* Kennzeichen dieser Welt wahrgenommen wird.[85]

---

[84] Im Zusammenhang der Umkehrforderung in V.7–10 nimmt die Rede vom
     Lachen und von der Freude (V.9b) auf den ausgelassenen Lebensgenuss der
     «Hedonisten» Bezug.

[85] Traditionsgeschichtlich instruktiv ist in diesem Zusammenhang die Aufnah-
     me des genannten Herrenwortes in 2 Klem 6: «1 Der Herr sagt aber: Kein
     Knecht kann zwei Herren dienen. Wenn wir sowohl Gott dienen wollen als
     auch dem *Mammon*, ist das schädlich für uns. 2 Denn was ist der Nutzen,
     wenn einer die ganze *Welt* gewinnt, die Seele aber Schaden nimmt? 3 Es sind

Worauf es Jakobus in 4,1–3 ankommt, ist, die sozial destruktiven Folgen
des Mammondienstes herauszustellen. Die Armen werden missachtet,
die anderen werden eifersuchtsvoll als Konkurrenten um das am materiellen Besitz festgemachte Sozialprestige wahrgenommen und behandelt.
Zieht man weitere Texte des Jakobusbriefes hinzu, lässt sich diese Lebensorientierung nach verschiedenen Seiten hin näher problematisieren.

3.3 Zunächst zur Missachtung der Armen: Sie bedeutet für Jakobus eine
gravierende Missachtung des im Nächstenliebegebot (s. Jak 2,8) zen-
trierten Willens Gottes. Jakobus definiert in 1,26f, worin der wahre Gottesdienst besteht, nämlich darin, für Witwen und Waisen, die hier in
alttestamentlicher Tradition für die Bedürftigen überhaupt stehen, zu
sorgen und sich von der «Welt» (im eben dargelegten Sinne) unbefleckt
zu halten. Wie eine solche «Befleckung» durch die «Welt» aussehen kann,
illustriert Jak 2,1–13. Jakobus mahnt die Adressaten, dass der Glaube an
die Herrlichkeit unseres Herrn Jesus Christus nicht mit einem parteiischen Verhalten, d.h. nicht mit einer Bevorzugung von Reichen verträg-
lich ist (Jak 2,1), und illustriert dies in Jak 2,2–4 durch ein überspitztes
Beispiel: Ein Goldfinger und ein Armer kommen, vermutlich als interes-
sierte Sympathisanten, in die Gemeindeversammlung; der Reiche wird
ehrenvoll behandelt – schliesslich könnte er für die Reputation und die
finanzielle Ausstattung der Gemeinde nützlich sein – , der Arme hingegen mehr als schändlich. Jak 2,1–4 führt gewissermassen an die Wurzel
der Fehlorientierung im Bereich der Reichtumsthematik: Es geht um die
unterschiedliche Wertigkeit, die Menschen in der «Welt» je nach ihrem

---

aber dieser Äon und der kommende zwei *Feinde*. 4 Dieser empfiehlt
Ehebruch, Schändung, Geldgier, Betrug, jener aber kehrt sich von diesen
Dingen ab. 5 Wir können also nicht beider *Freunde* sein; wir müssen vielmehr
unter Abkehr von diesem jenem gemäss leben» (Übersetzung nach: Didache
[Apostellehre], Barnabasbrief, Zweiter Klemensbrief, Schrift an Diognet,
eingel., hrsg., übertr. und erl. v. Klaus Wengst [Schriften des Urchristentums
2], Darmstadt 1984, 245). Gut zu sehen ist hier, dass in der Interpretation
des in V.1 angeführten Jesuswortes genau das Wortfeld von Jak 4,4
begegnet. Die Rede vom «Mammon» wird in der Rede von der «Welt»
aufgenommen, der Gegensatz zwischen Gott und «Welt» durch die Rede
von «Freundschaft» und «Feindschaft» bezeichnet.

Kontostand zugesprochen wird und die dann das Verhalten anderer gegenüber bestimmt.

Jakobus kritisiert diese «Parteiischkeit» scharf aus mehreren Gründen:

1. Solch ein Verhalten steht im Gegensatz zur besonderen Wertschätzung der Armen bei Gott, denn Gott hat gerade die in den Augen der Welt Armen zu Reichen durch den Glauben erwählt (Jak 2,5). Jesu Seligpreisung der Armen (Lk 6,20) findet sich hier zu einer Erwählungsaussage transformiert. Der Unterschied besteht darin, dass nicht Armut an sich schon das Eingehen ins Reich Gottes begründet; Jakobus setzt vielmehr Glauben voraus. Gleichwohl spiegelt sich hier wie schon in 1,27 die Option Gottes für die Armen.

   Dem stehen die Aussagen zur eschatologischen Umkehrung in Jak 1,9–11 zur Seite: Der niedrige/demütige Bruder darf sich seiner Höhe rühmen, der Reiche aber, der hier nicht als Bruder/Christ erscheint, seiner Niedrigkeit. Letzteres ist ironisch zu verstehen. Ausgeblickt wird hier auf die eschatologische Erniedrigung des Reichen, der in seinem ganzen Wandel dahinwelken wird, wie das schöne Aussehen der Blume unter der sengenden Hitze der Sonne vergeht (Jak 1,10f). In 2,6f führt Jakobus ferner die negativen Erfahrungen an, die die Adressaten mit den Reichen gemacht haben: Diese sind es, die sie unterdrücken, d.h. wirtschaftlich auspressen, und – im Zusammenhang mit dieser wirtschaftlichen Unterdrückung – vor die Gerichte zerren, ja ferner für Christus und die Christen nur Spottreden übrig haben.

2. Das Ansehen der Person, die Bevorzugung des Reichen und verächtliche Behandlung des Armen, widerspricht dem Nächstenliebegebot, wie Jakobus in 2,8–11 ausführt. In 2,13 wird das vom Nächstenliebegebot geforderte Verhalten mit dem Stichwort der Barmherzigkeit aufgenommen. Im Blick auf die diakonische Reflexion verdient dabei Beachtung, was die von Gott geforderte barmherzige Nächstenliebe hier umfasst. Barmherzigkeit geht hier nämlich nicht in Almosen auf, sondern meint umfassend das rechte Verhalten gegenüber sozial Schwachen, und dieses beginnt mit deren Wertschätzung. Es beginnt damit, wie man dem Bedürftigen gegenübertritt, wie würdevoll man ihn behandelt. Für einen Christenmenschen soll dabei leitend sein, dass Gott gerade die Armen erwählt hat. Negativ gewendet: Almosen *von oben herab* wäre nicht das, was Jakobus von einem Christenmenschen erwartet. Die Einstellung zum Armen spielt mit eine Rolle.

3. Ein dritter Grund, warum die ungleiche Behandlung von Reichen und Armen unchristlich ist, ergibt sich aus der Mahnung in Jak 2,1 selbst. Jakobus kennzeichnet hier den Glauben als Glauben an die Herrlichkeit unseres Herrn Jesus Christus, d.h. an die Herrlichkeit, die dem erhöhten Herrn zukommt. Glaube an diese Herrlichkeit impliziert zugleich das vertrauende Hoffen, selbst Teilhabe an der himmlischen Herrlichkeit zu erhalten (vgl. Phil 3,20f; 1 Thess 2,13f). Insofern geht es also auch um das eschatologische Heil, auf dessen Empfang die Christen ausblicken. Ein Argument gegen das Ansehen der Person ist in dieser Näherbestimmung deshalb enthalten, weil damit die Bewunderung des Reichen in seiner Pracht, in seinem leuchtenden Gewand (Jak 2,2f), untergraben wird, als völlig belanglos aufgewiesen wird. D.h.: Dass Jakobus gerade hier die *Herrlichkeit* des erhöhten Herrn als Glaubensgegenstand anspricht, erklärt sich aus dem Gegenüber zum Ansehen der Person, das Orientierung an – wenn man so will – «menschlicher Herrlichkeit» bedeutet. Die Herrlichkeit Jesu Christi ist selbstredend die einzig wahre, eben himmlische, der gegenüber alles Irdische als wertlos erscheint. Das Ansehen der Person wird hier also mit einem christologisch fundierten Argument abgewehrt: Beachten von «weltlichen» Statusdifferenzen missachtet, dass allein dem erhöhten Herrn eine Ehrenstellung zukommt. Weil Glaube an die Herrlichkeit Jesu Christi die Hoffnung auf den eigenen Empfang der Herrlichkeit einschliesst, bedeutet Ansehen der Person zugleich Missachtung des von Gott verheissenen Heils, womit sich der betreffende Christ faktisch selbst von diesem ausschliesst.

Festzuhalten ist: In Jak 2,1–13 wird die Orientierung am «weltlichen» Wertesystem, das durch die Bevorzugung von Reichen gekennzeichnet ist, als mit dem christlichen Glauben unvereinbar herausgearbeitet. Solches Ansehen der Person verstösst gegen das Nächstenliebegebot, missachtet ferner, dass aller irdische Glanz gegenüber der einzig wahren himmlischen Herrlichkeit des auferstandenen Herrn, auf die Christen in ihrer Heilshoffnung selbst ausblicken, als nicht erstrebenswert dasteht, und widerspricht schliesslich der besonderen Fürsorge Gottes für die Armen. Folgten die Christen dagegen dem Nächstenliebegebot, würden sie – in Entsprechung zur Fürsorge Gottes – einen barmherzigen Umgang mit den Armen zeigen, der nicht allein in Almosen besteht, sondern bei einem würdevollen Umgang mit ihnen beginnt.

3.4 Die Bedeutung, die Jakobus der Sorge für die Armen beimisst, wird in 2,15f erneut deutlich. Jakobus wirft in 2,14 das Problem auf, dass Christen sich im Blick auf ihren Heilsstand auf ihren Glauben verlassen, aber keine Werke haben, die für Jakobus zum Glauben notwendig dazugehören. Solch ein defizitärer Glaube wird ihnen, so Jakobus, nichts nützen. Um diese Nutzlosigkeit zu illustrieren, greift er wieder zu einem Beispiel, das – wie in Jak 2,2f – in den Bereich des Gottesdienstes führt, nun offenbar an dessen Ende, wie die Formel «geht hin in Frieden» (V.16) vermuten lässt[86]. V.15 schildert eine typische Notsituation: Ein christlicher Bruder oder eine christliche Schwester haben nichts anzuziehen und nichts zu essen. Die Gemeinde hilft ihnen aber nicht aus, sondern spendet zum Abschied nur warme Worte, denen kein ihnen entsprechendes Handeln folgt: «Geht hin in Frieden, wärmt und sättigt euch.» Aber womit denn? Die Worte sind also ohne ein ihnen entsprechendes Tun nutzlos, ebenso wie der Glaube ohne Werke im Blick auf das eschatologische Heil nichts nützt. Der drastische Vergleich macht dabei deutlich, wie selbstverständlich Werke für Christen sein müssten, und erhellt somit die Absurdität der Situation in V.14. Bei den Worten «wärmt und sättigt euch» erwartet man, dass sie eine entsprechende Hilfeleistung begleiten.

Hat die Schilderung des absurden Verhaltens der Gemeinde in V.15f im Kontext die Funktion, die Situation eines Glaubens ohne Werke (der Barmherzigkeit) als etwas Widersinniges darzustellen, so wirft das Beispiel, fragt man von der gebotenen Karikatur aus nach der darin vorausgesetzten «Normalsituation», zugleich Licht auf die eigentlich zu erwartende diakonische Praxis der Gemeinde. Denn danach sollte die gottesdienstliche Zusammenkunft ein Ort sein, an dem die Armen in der Gemeinde versorgt werden. Über Organisatorisches sagt Jakobus leider nichts – er muss dies auch nicht, denn wenn es eine organisierte Form der Hilfeleistung gab, war sie den Adressaten bekannt. Es ist jedenfalls «mindestens denkbar», dass Jakobus «ein geordnetes Spendenwesen vor-

---

86 Vgl. Burchard, Christoph: Gemeinde in der strohernen Epistel. Mutmaßungen über Jakobus, in: Lührmann, Dieter/Strecker, Georg (Hrsg.): Kirche (Festschrift für Günther Bornkamm), Tübingen 1980, 315–328: 325.

aussetzt»[87], möglicherweise verbunden mit der sonntäglichen Feier. Einen Hinweis darauf könnte der Plural in V.16 geben: «*Ihr* gebt ihnen aber nicht, was sie zum Leben brauchen.» Angeredet sind nicht bloss die Einzelnen, sondern die Gemeinde als Ganze. Zu beachten ist ferner, dass die in V.15 geschilderte Notsituation offenbar als eine chronische gedacht ist. Die gemeindlich organisierte Armenfürsorge könnte dann für solche Fälle sein, die die Möglichkeiten des Einzelnen übersteigen.[88] Leider kann man hier nur (begründet) mutmassen. Sicher bezeugt ist eine Gemeindekasse für die letzten Jahrzehnte des 1. Jh. n. Chr. nirgends; Indizien gibt es verschiedene[89].

Unabhängig von solch einer organisatorischen Frage bleibt festzuhalten: Achtungsvoller Umgang mit Armen, das Pflegen der Gemein-

---

[87] Burchard, Christoph: Der Jakobusbrief, Handbuch zum Neuen Testament 15/1, Tübingen 2000, 116.

[88] Vgl. Burchard, Christoph: Gemeinde in der strohernen Epistel, 325.

[89] Ein solches Indiz dürfte die Didache (Ende 1. Jh. n. Chr., Text in: Wengst, Klaus (Hrsg.): Didache [Apostellehre]…, 1–100) in 15,1 bieten, wo es heisst: «Wählt euch nun Bischöfe und Diakone, würdig des Herrn, sanftmütige Männer, nicht geldgierig, aufrichtig und bewährt!» Die Warnung, nicht geldgierige Menschen als Bischöfe oder Diakone einzusetzen, versteht sich gut, wenn diesen die Verwaltung der Gemeindegelder oblag. Wengst (ebd., 42) vermutet näherhin, «dass die Bischöfe das Geld einnahmen und verwalteten und die Diakone es im Vollzug der sozialen Gemeindedienste ausgaben und verbrauchten». Fragen kann man ferner, ob die von Lukas für die Urgemeinde beschriebene Praxis, dass Gemeindeglieder den durch Verkäufe erzielten Geldbetrag «den Aposteln zu Füssen legten» (Apg 4,35), analog zur Gemeindekasse gebildet ist, die Lukas aus seiner eigenen Gegenwart (Ende des 1. Jh. n. Chr.) kennt. Martin Leutzsch hält die Existenz einer Gemeindekasse für die Zeit des *Hirten des Hermas* (eine zu den «Apostolischen Vätern» gerechnete Schrift, die in den ersten Jahrzehnten des 2. Jh. n. Chr. in Rom entstanden ist) für wahrscheinlich und denkt daran, dass «das Gemeindevermögen …, von Sonderzuwendungen abgesehen, wohl vor allem durch die sonntägliche Kollekte, zustande[kam]» (Die Wahrnehmung sozialer Wirklichkeit im «Hirten des Hermas» [Forschungen zur Religion und Literatur des Alten und Neuen Testaments 150], Göttingen 1989, 136). Einen *eindeutigen* Beleg für eine Gemeindekasse gibt es aber auch im Hirten des Hermas nicht.

schaft mit ihnen und sozialkaritative Nutzung von Besitz sind für Jakobus unabdingbare Lebensäusserungen des christlichen Glaubens. Den ganzen Besitz zu veräussern, fordert er nicht. Aber für Christen, die (finanziell) dazu in der Lage sind, sollte es in Jakobus' Augen selbstverständlich sein, dem jeweiligen Notstand Bedürftiger abzuhelfen. Hedonistisches, egozentrisches Streben nach Besitz, das Anhäufen grösserer Besitztümer und das Hofieren von Reichen, all dies ist in Jakobus' Sicht mit dem Christenstand nicht vereinbar.

3.5 Diese Position wird im Jakobusbrief durch eine radikale Kritik an den Reichen untermauert. Auf Jak 2,6f ist eben schon hingewiesen worden. Ausführlicher wird Jakobus in Jak 4,13–5,6, wo er eine scharfe Disqualifizierung der Reichen vorträgt. Dabei werden nacheinander zwei Gruppen von Reichen in den Blick genommen, zuerst in Jak 4,13–18 Händler, näherhin Grosshändler, nicht Kleinkrämer, denn die planen nicht «auf ein Jahr und sicheren Gewinn»[90]. Es handelt sich, kurz gesagt, um Leute, die besser gestellt sind als der gesellschaftliche Durchschnitt, nach Geld streben, dazu weit vorausschauend planen und sich dabei überdies sehr sicher sind. All das ist für Jakobus schlicht gottlos.[91] Jakobus setzt mit seiner Kritik bereits da an, dass die Kaufleute ihr Leben mit ihrer eigenmächtigen Gewinnplanerei dem Mammon verschreiben, also bei ihrer inneren Disposition. Für einen an frühjüdischer und frühchristlicher ethischer Unterweisung geschulten Verstand wie den des Autors des Jakobusbriefes ist die Rede der Kaufleute in Jak 4,13 Ausdruck des Hauptlasters der Habgier.

Mit V.14f entlarvt Jakobus die hochtrabenden Worte der Händler theologisch-anthropologisch: Der Mensch weiss nichtmals, was am nächsten Tag mit ihm sein wird. V.15, die sog. «conditio Iacobea», nennt den grundlegenden Vorbehalt, der bei allem menschlichen Planen zu machen ist: «Wenn der Herr will ...» Die Kaufleute hingegen rühmen sich selbstherrlich in ihren Prahlereien.

---

90 Burchard, Christoph: Gemeinde in der strohernen Epistel, 327.
91 Händler standen übrigens in der Antike nach dem Zeugnis mehrerer Autoren nicht in einem guten Ruf. Jesus Sirach 26,29 konstatiert: «Kaum ist es möglich, dass sich ein Kaufmann freihält von Schuld, auch wird ein Händler nicht gerecht dastehen können wegen seiner Verfehlungen.»

Zu dem schlechten Rühmen von V.16 stellt V.17 noch einen zweiten Vorwurf: Wer in der Lage ist, Gutes zu tun, wer also über die finanziellen Mittel verfügt, die Bedürftigen zu unterstützen, und er tut es nicht, dem ist es Sünde. Nicht nur das Tun des Bösen, auch die Unterlassung des Guten ist Sünde. Zur hybriden Selbstüberhebung gegenüber Gott gesellt sich also sozialethisch die Unterlassung von Barmherzigkeitstaten.

Jak 5,1 lässt dann die Gerichtsansage folgen: «Wohlauf nun, ihr Reichen, weint und heult über das Elend, das über euch kommt.» Im Kontext betrachtet erscheint die Aufforderung, über das kommende Elend zu weinen und zu heulen, als bissige Antithese zum jetzigen Rühmen. Ähnlich wie Lukas verweist auch Jakobus auf den Kontrast zwischen jetziger Situation und zukünftigem Ergehen.

In 5,2–6 schliesst Jakobus noch vier Anklagepunkte an, die die ethische Disqualifikation explizieren, die für Jakobus in der Anrede als Reiche steckt, wobei nunmehr nicht mehr das gottlose Treiben von Händlern im Blick ist, sondern das Verhalten von Grossgrundbesitzern.

- Der erste Anklagepunkt steht in V.2.3a: «Euer Reichtum ist verfault, und eure Kleider sind von Motten zerfressen. Euer Gold und Silber ist verrostet, und ihr Rost wird gegen euch Zeugnis geben und euer Fleisch fressen wie Feuer.» Es geht, ebenfalls wie bei Lukas, um die sozialkaritative Nicht-Nutzung von Reichtum. Statt damit Gutes zu tun, haben die Reichen ihre Güter gehortet, ja lieber verfaulen lassen. V.3b.c leitet die eschatologische Konsequenz direkt aus der Anklage ab: Im Gericht wird der Rost des gehorteten Goldes und Silbers selbst zum Anklagezeugnis wider sie.
- Der zweite Anklagepunkt folgt in V.3d.4: «Ihr habt Schätze gesammelt in den letzten Tagen. Siehe, der Lohn der Arbeiter, die euer Land abgeerntet haben, den ihr ihnen vorenthalten habt, der schreit, und die Rufe der Schnitter sind vor die Ohren des Herrn Zebaoth gekommen.» Der Besitz wird also nicht nur nicht für die Bedürftigen verwendet, er wurde auch noch unrechtmässig erworben. Die Güterakkumulation, das Schätzsammeln also, basiert auf Ausbeutung.
- Der dritte Anklagepunkt in V.5 verweist auf das üppige Luxusleben, das die Reichen auf Erden geführt haben: «Ihr habt geschlemmt auf Erden und geprasst, ihr habt eure Herzen gemästet – am Schlachttag.» Jakobus lenkt damit insofern zum ersten Anklagepunkt zurück, als es wiederum um falschen Umgang mit dem Besitz geht. Er wird in selbstsüchtiger Weise verwendet.

– Schliesslich der vierte Anklagepunkt in Jak 5,6: «Ihr habt den Gerechten verurteilt und getötet. Widersteht er (= Gott) euch nicht?» Jakobus führt nun in den Bereich der Rechtsbeugung. Der Gerechte wurde verurteilt. Dass er getötet wurde, dürfte im erweiterten Sinn von
   Jak 4,2 zu verstehen sein. Es geht um Gerichtsprozesse, die den gerechten Armen sozioökonomisch auspressen (vgl. Jak 2,6). Gott aber
   wird diese Reichen zur Rechenschaft ziehen (vgl. Jak 4,6).

Jakobus redet polemischer, aggressiver über die Reichen als Lukas, was
auf unterschiedliche soziale Erfahrungen und Lebenskontexte der Autoren schliessen lässt. «Reiche» sind bei Jakobus nicht nur reich, sondern
frevelhaft, womit er einen Sprachgebrauch aufnimmt, den es auch in der
frühjüdischen Apokalyptik gegeben hat. Umgekehrt heisst das: Begüterte
Menschen, die sich sozialkaritativ einsetzen, heissen bei ihm nicht «Reiche», wobei gleichwohl daran zu erinnern ist, dass Jakobus sich in seiner
Erfahrungswelt schwerlich Christen mit riesigem Besitz vorstellen kann.
    Entscheidend für das Verständnis von Jak 4,13–5,6 ist nun die Frage
nach der Funktion des Passus im Brief. Diese erschliesst sich, wenn man
auf Jak 4,1ff zurückgeht. Dort kritisiert Jakobus, wie gesehen, das hedo-
nistische Streben von Christen nach Besitz. Es herrschen Selbstsucht
und Eifersucht – statt Gemeinschaftssinn und Zufriedenheit mit den
Gütern des Lebens, die Gott hat zukommen lassen. Was Jakobus in
4,13–5,6 betreibt, ist, dass er den in 4,1ff anvisierten Adressaten ihre
«Vorbilder» radikal in Frage stellt. Die Gemeindeglieder zeigen nämlich
eine ganz ähnliche Existenzorientierung wie diese Reichen. Auch sie sind
habsüchtig und wollen die Güter in ihren Lüsten für sich verschwenden.
Auch den Gemeindegliedern hat Jakobus den Vorwurf gemacht, zu «töten», also das Recht der Armen mit Füssen zu treten. Jakobus zeichnet
also in 4,13–5,6 ein facettenreiches, polemisches Bild der Leute, die den
Adressaten in ihrer «weltlichen» Existenzorientierung faktisch als Orien-
tierungsfiguren dienen. Durch die Aufdeckung der wahren Lebens-
situation der Reichen auf anthropologischer (Jak 4,14f) und zumal auf es-
chatologischer Ebene (Jak 5,1[ff]) sucht Jakobus diese als Lebensideal zu
destruieren. Kurz gesagt: Jakobus zieht alle Register traditioneller Rei-
chenschelte, um die Adressaten von ihrem Mammondienst abzubringen,
mit dem sie sich von dem wahren Lebensweg abgewendet haben. Positiv
gewendet: Wozu Jakobus die Adressaten zurückrufen will, ist der un-
geteilte Glaube, die ganzheitliche Orientierung auf Gott hin, der wahre

Gottesdienst. Und dieser besteht zentral in der diakonischen Zuwendung zu den Armen.

4. Zusammenfassung

Der Befund liesse sich durch die Hinzuziehung weiterer neutestamentlicher Schriften noch ergänzen. Fundamentale Aspekte zu Besitzethik und Diakonie und ihrem Verhältnis zueinander im frühen Christentum dürften freilich auf der Basis der behandelten Texte bereits eingefangen sein. Grundlegend gilt: Die Akkumulation von Geld und Besitz ist nicht Zweck des Lebens; Geld und Besitz sind nicht Wert an sich, sondern ausschliesslich Mittel zum Leben, und zwar – nach Gottes Willen – zum Leben aller. Aus letzterem ergibt sich, dass die diakonische Verwendung von Besitz als besitzethische Leitperspektive hervortritt. Es geht besitzethisch, anders gesagt, um ein Ethos des Besitzverzichtes zugunsten Bedürftiger.[92] Dies wird dadurch profiliert, dass – entgegen einem privatisierenden Verständnis des Eigentums – Besitz als eine Gabe Gottes, als von Gott den Menschen anvertraut betrachtet wird.

Von Bedeutung ist sodann: Besitzverzicht zugunsten Bedürftiger geschieht auf freiwilliger Basis, ist damit aber nicht ins Belieben gestellt, sondern er erscheint als eine *wesen*tliche *nota*, ein unabdingbares Kennzeichen des Christseins; er ist mithin eine Frage rechten Gottesdienstes. Da Christsein frühchristlich konstitutiv als in eine christliche Gemeinschaft eingebunden gedacht wird, gilt das Gesagte auch für die Gemeinde: Diakonie ist eine Wesensbestimmung von Gemeinde, eine *nota ecclesiae*. Dies ist, wie die Existenz von Kirche überhaupt, christologisch fundiert: Der Kirche ist die Proexistenz Christi, d.h. das Dasein Christi für andere, als ihr Lebensprinzip eingestiftet.

Hat christliche Diakonie ihren grundlegenden Bezugspunkt in dem diakonischen Wirken Jesu (vgl. Lk 22,27) und seiner Solidarität mit den Geringsten (vgl. Mt 25,40.45), so weiss sie sich damit zugleich der – bereits die alttestamentliche Sozialgesetzgebung und die prophetische Sozialkritik prägenden – «Option Gottes für die Armen» verpflichtet.

---

[92] Vgl. Luz, Ulrich: Die Kirche und ihr Geld im Neuen Testament, 554 (im Blick auf Lukas).

Sich diese Perspektive zu Eigen zu machen, impliziert zugleich eine
Orientierung an einem eingespielten Denkmustern entgegenstehenden,
nämlich das übliche «Oben» und «Unten» unterlaufenden Wertesystem,
womit wiederum im Kontext der Besitzethik relevante Grundfragen auf-
geworfen werden. Die Wertigkeit eines Menschen korreliert nach christli-
chem Verständnis nicht mit seinem Besitzstand. Gilt Gottes besonderes
Augenmerk vielmehr den «Geringen», begegnet in ihnen der Anspruch
des *Königs* der Welt (Mt 25,31–46), so hat dies konkrete Konsequenzen
für die Art und Weise, wie Christen den «Geringen» begegnen. Jakobus
bringt dies in Jak 2,1–13 konzentriert zum Ausdruck: Barmherzigkeit als
Grundforderung Gottes beginnt mit einem würdevollen Umgang mit
den «in den Augen der Welt» (Jak 2,5) Armen.

Dem steht zur Seite, dass die übliche Wertschätzung des Besitzes
untergraben wird. Verweist Lukas auf die eschatologische Umkehrung
der Verhältnisse und relativiert er den Wert irdischen Besitzes durch den
Verweis auf die unvergänglichen himmlischen Güter, so stellt Jakobus
ganz ähnlich der irdischen «Herrlichkeit» des Reichen die diese als un-
bedeutend erscheinen lassende himmlische Herrlichkeit entgegen, mit
der der auferstandene Herr umkleidet ist und die die Christen selbst zu
empfangen hoffen. Solche Relativierungen irdischen Besitzes unterbauen
die Mahnung zum Besitzverzicht bzw. die Warnung vor dem Mammondienst, vor der Gefahr, die mit dem Besitz verbunden ist.

Dass Hilfeleistung das Erwirtschaften der zu verteilenden Güter (durch
Arbeit) voraussetzt, gerät in Apg 20,35 in den Blick (s. auch Eph 4,28;
Didache 4,5–8[93]). Insgesamt steht die Frage nach der «nachhaltigen»
Sicherstellung der finanziellen bzw. materiellen Ressourcen für diakonisches Handeln aber nicht im Vordergrund. Dieser Befund steht im
Zusammenhang mit dem im frühen Christentum anzutreffenden Sta-
dium diakonischer Praxis ohne komplexe Institutionalisierungen. Die Situation hat sich hier grundlegend verändert – bis dahin, dass die zweifelsohne notwendige Professionalisierung der Diakonie zuweilen nur noch
schwer sichtbar werden lässt, inwiefern die Gemeinde noch Subjekt der
Diakonie ist (was m.E. ekklesiologisch ein schwerwiegendes Problem

---

[93] Zur Didache s.o. Anm. 89.

darstellt![94]. Institutionalisierte professionelle Diakonie kommt in ihrer Organisation ohne ökonomischen Sachverstand im Dienste einer effektiven Verwendung der ihr zur Verfügung stehenden Gelder nicht aus. Um so wichtiger aber wird in diesem Kontext, dass sich die Diakonie ihrer Wertefundamente vergewissert, auf denen sie basiert, denen sie verpflichtet ist und die in ihrer Praxis erkennbar sein müssen, wenn sie denn *christliche* Diakonie sein will und nicht ein Dienstleistungsanbieter wie andere auch, der allein Kriterien der Rentabilität folgt. Dem Geld ist nicht zu dienen, sondern dieses hat dienende Funktion; zu dienen ist nicht dem Mammon, sondern Gott; zu dienen ist Christus und damit den «Geringsten». Angesichts des zunehmenden Zugriffs eines ökonomistischen Denkens auf die Einstellungen von Menschen und damit auf ihre zwischenmenschlichen Interaktionsformen kommt christlicher Verkündigung – in Wort und Tat – mit ihrem konstitutiven Bezug auf das biblische Zeugnis die wichtige Rolle zu, die tragenden Werte diakonischer Kultur durch die fortgesetzte Kommunikation der biblischen Botschaft und durch das Tatzeugnis der diakonischen Praxis lebendig zu halten.

---

[94] Vgl. dazu Ruschke, Werner M.: Einer trage des anderen Last. Plädoyer für eine diakonische Theologie und Praxis, Bielefeld 1997, 13–24.

Diakonie gerichtet gegen den Geist der Zeit

Der Beitrag der Kommunitäten

Doris Kellerhals

1. Diakonie *gerichtet gegen* den Geist der Zeit – einleitende Gedanken

Es gibt eine Diakonie – die nicht nur Ja sagt, überall einspringt und sich den äusseren Gegebenheiten anpasst. Es gibt eine Diakonie, die begründet Nein sagt, die dem Geist der Zeit existentiell widerspricht und eine Gegenkultur aufbaut.

Der Ursprung einer Diakonie, die sich gegen den Geist der Zeit stellt, findet sich im Evangelium: Jesus sagt zu denen, die ihm nachfolgen (Mt 20,25ff):

Ihr wisst, dass die Herrscher ihre Völker niederhalten und die Mächtigen ihnen Gewalt antun. So soll es nicht unter euch sein; sondern wer unter euch gross sein will, der sei euer Diener und wer unter euch der Erste sein will, der sei euer Knecht, so wie der Menschensohn nicht gekommen ist, dass er sich dienen lasse, sondern dass er diene und gebe sein Leben zu einer Erlösung für viele.

Auch Jünger sind bestimmt vom Geist der Zeit. Das weiss Jesus und er holt sie dort ab: «Ihr wisst, dass die Herrscher ihre Völker niederhalten und die Mächtigen ihnen Gewalt antun.» Das ist der unüberhörbare und geläufige Umgangston: Wer in der Hierarchie oben steht, der übt Einfluss durch Knechtschaft und Gewaltherrschaft aus.

Jesus stellt dem nun sein herausforderndes Anti-Programm entgegen: «Unter euch soll es nicht so sein, sondern wer unter euch gross sein will, der sei euer Diener...» Und an anderer Stelle übernimmt Jesus den Dienst der Fusswaschung an seinen Jüngern und konfrontiert sie mit der Aufforderung: «Ein Vorbild habe ich euch gegeben, damit auch ihr tut, wie ich euch getan habe» (Joh 13,15).

Jesus, der Ur-Diakonos, fordert seine Jünger eminent heraus mit der radikalen Erwartung: «Ihr sollt tun, *wie* ich euch getan habe!»

Diakonie hat immer mit diesem Urbild, mit dem Jesus-Dienst und der entsprechenden Jesus-Erwartung zu tun. Mit dem Leben Jesu und seinen Jüngerinnen und Jüngern, die sich in seinen Fussstapfen bewegen, kommen neue Werte in die Zeit. Eine neue Wirklichkeit – Reich Gottes – gewinnt Raum. Es gibt konkrete Ausdrucksformen dieser Wirklichkeit, die allerdings quer liegen zu den Ausdrucksformen jener Zeit – Reich der Welt.

Eine Reduktion von Diakonie auf ein Amt in der Kirche, auf die kirchliche Dienstleistung, auf soziale Fürsorge, greift zu kurz, denn Diakonie ist grundsätzlich eine christusgemässe und somit den Christen entsprechende Lebens- und Handlungsweise.

2. *Diakonie* gerichtet gegen den Geist der Zeit – die Basis der Diakonie

Der Bratislava-Erklärung der Konferenz Europäischer Kirchen vom Oktober 1994 zum Thema «Auf dem Weg zu einer Vision von Diakonie in Europa» entnehme ich die folgenden zentralen Gedanken, welche uns die Spur für das weitere Nachdenken legen:

«Diakonie wirkt auf eine Erneuerung der Menschenwürde in der Gemeinschaft mit andern hin, die der Ebenbildlichkeit Gottes entspricht. Sie setzt voraus, dass Diakonie eine geistliche Grundlage hat, die in Gottes Handeln und Christi Dienst verwurzelt ist. Sie hat ihr Zentrum in der ganzen Kirche, im Gottesdienst, in der Verkündigung wie in der Teilhabe an der Eucharistie. Diakonie setzt unsere Verpflichtung gegenüber dem Evangelium Jesu Christi, dem Reich Gottes in der Kraft des Heiligen Geistes, in Handeln um. Sie hat ihre Basis in Ortsgemeinden, klösterlichen Gemeinschaften und diakonischen Schwestern- und Bruderschaften...»

Das Diakonieverständnis der Bratislava-Erklärung hat eine eminent theologische Einbettung.

1. Diakonie wirkt auf eine Erneuerung der Menschenwürde in der Gemeinschaft mit andern hin, die der Ebenbildlichkeit Gottes entspricht.
Ziel der Diakonie ist die Erneuerung der Menschenwürde. Die Menschenwürde in der Gemeinschaft – Gesellschaft und Kirche – ist immer in Gefahr. In der Gemeinschaft, dort wo die Menschenwürde zutiefst

gefährdet ist, dort ist auch der Ort ihrer eigentlichen Geburt und Neu-
werdung: Denn, so Martin Buber: «Der Mensch wird am Du zum Ich.»[1]
Grundsätzlich steht am Anfang allen Lebens das Du – das grosse Du
Gottes – das Wir unserer Eltern! Das Ich, obwohl die 1. Person Sing. ist
eigentlich nicht *erste* Person.

Diakonie wirkt als Lebensäusserung *von* der Gemeinschaft *in* der Gemeinschaft *für* die Gemeinschaft und hat dort den einzelnen Menschen
in seiner Ebenbildlichkeit Gottes im Auge. Sie steht also quer in der
Landschaft extremer Individualisierung.

*2. Diakonie hat eine geistliche Grundlage, die in Gottes Handeln und Christi
Dienst verwurzelt ist!*
Diakonische Grundlagen sind geistlich. Das muss nicht grundsätzlich
weltlichen Ordnungen widersprechen. Aber die Werteorientierung aller
Diakonie ist biblisch: Gottes Handeln und der Dienst Christi sind die
Basis. Das heisst, immer und überall wo Diakonie geschieht, da gibt es
diese stille Präsenz des heiligen Gottes, dieses Einkalkulieren des Un-
kalkulierbaren.

*3. Sie hat ihr Zentrum in der ganzen Kirche, im Gottesdienst, in der Verkündigung
wie in der Teilhabe an der Eucharistie. Diakonie setzt unsere Verpflichtung
gegenüber dem Evangelium Jesu Christi, dem Reich Gottes in der Kraft des Heiligen Geistes, in Handeln um.*
Die geistliche Grundlage drückt sich darin aus, dass die prägende Mitte
aller Diakonie kirchlich ist. Und kirchlich heisst, dass da die konstituie-
renden Elemente von Christi Gegenwart in Wort und Mahl auch für die
Diakonie grundlegend sind.

Empfangenes Wort und Mahl bleiben aber nicht in der persönlichen
Frömmigkeit stecken, sondern sie werden Fleisch und Blut im diakonischen Handeln aus der Kraft des Heiligen Geistes.

---

[1] In Anlehnung an die philosophisch-psychologischen Gedanken über den
Menschen von Martin Buber.

4. Diakonie hat ihre Basis in Ortsgemeinden, klösterlichen Gemeinschaften und diakonischen Schwestern- und Bruderschaften.

Die Basis der Diakonie sind Ortsgemeinden, klösterliche Gemeinschaften, Kommunitäten. Dort ist die Diakonie sozusagen wesensmässig daheim und sie kann ohne diese grundlegende Beheimatung eigentlich nicht ihr gemäss existieren.

Ausgangspunkt für diese Überlegung ist, dass *koinonia, leiturgia, diakonia, martyria* als *notae ecclesiae* unlösbar miteinander verbunden sind.

Bruderschaften, Kirche und Kommunität müssen nun wesensmässig in ihrer ekklesiologischen Dimension gemeinsam betrachtet werden. Kommunität ist ihrem innersten Wesen nach Kirche und Kirche trägt kommunitäre Züge. Es gibt nicht nur die parochiale Struktur von Kirche, auch weitere Orte kirchlicher Wirklichkeit sind eine Realität. «Wir müssen uns frei machen von der traditionellen Begrenztheit, die eine einzige Gemeindeform, etwa diejenige der heutigen Ortsgemeinde, für die normale oder sogar einzig mögliche hält und daneben höchstens noch ‹kirchliche Werke›, z.b. in der Form der sogenannten Anstalten der inneren Mission anerkennt. Wer die Begriffe Kirche und Gemeinde von vornherein auf eine einzige Form kirchlicher Gemeinschaftsbildung und eine einzige soziologische Vorstellung festlegt, der wird freilich nicht feststellen können, was Orden und Kommunitäten sind und bedeuten.»[2]

Schwesterngemeinschaften, Kommunitäten, Ordensgemeinschaften, Bruderschaften sind dazu berufen, prägnante Zeichen kirchlichen Lebens im ursprünglichen und ganzheitlichen Sinn zu setzen: denn «die Kirche ist als Bruderschaft gestiftet»[3].

Und so tragen Kommunitäten in ihrer radikalen Form dazu bei, das Wesen von Kirche deutlich zu machen und die biblischen Werte von Glaube, Hoffnung und Liebe zu konkretisieren. Sie haben im Laufe der Geschichte als Stachel im Fleisch der Kirche zu deren Erneuerung beigetragen.

---

[2] Wendland, Heinz Dietrich: Bruderschaften in Kirche und Welt, in: Präger, Lydia (Hrsg.), Frei für Gott und die Menschen, Stuttgart 1964, 13–31, zitiert in: Halkenhäuser, Johannes: Kirche und Kommunität, Geschichte und Auftrag der kommunitären Bewegung in den Kirchen der Reformation, 2. Aufl., Paderborn 1985, 346.

[3] Stählin, Wilhelm: Bruderschaft, Kassel 1940, 19.

Denn – so Pannenberg: «Nicht aus einer Reform der Sakraments-verwaltung, nicht aus der Reform der Ämter, sondern aus der Wiedergeburt konkreter Gemeinschaft wird die Kirche ihre gegenwärtige Krise überwinden.»[4]

Und zu dieser Form von Kirche als konkrete Gemeinschaft gehört die Diakonie mit ihren Antikörpern zum jeweiligen Geist der Zeit.

Spezifische *Merkmale und radikale Zeichen des Ordenlebens* aller Zeiten sind die drei evangelischen Räte (Ratschläge des Evangeliums), welche nach Hans Urs von Balthasar schon seit dem 4. Jahrhundert eindeutig aus-formuliert sind.[5] Sie bedeuten als Mittel der *vita communis* eine besondere Herausforderung für Kommunitäten in der evangelischen Kirche und wurden stets in Frage gestellt. Doch: «Armut, Ehelosigkeit und Ge-horsam sind nicht die Wege zu grösserem Verdienst, sondern Wege zu freierem Dienst für den Herrn. Sie sind Mittel der *vita communis*, der christlichen Gemeinschaft. Sie sind eine andere Art der Berufung als die der meisten Glieder der Gemeinde Jesu. In diesem Sinn haben sie ihre biblischen Wurzeln. [...]»[6]

Gerade diese unübersehbaren Zeichen kommunitären Lebens liegen quer zum Zeitgeist: Der Gehorsam – quer zum dominierenden Macht-anspruch. Die Keuschheit – quer zur Sexualisierung und funktionellen Reduktion menschlichen Lebens. Die Armut – quer zum Konsumzwang und zur Sucht nach Gewinnmaximierung – eine Spur von Solidarität mit den Armen.

Weitere Merkmale kommunitären Lebens stehen heute gegen den Geist der Zeit. Wir suchen deshalb in einem nächsten Schritt den facet-tenreichen Geist der Zeit etwas zu beleuchten.

---

4   Pannenberg, Wolfhart: Christentum in einer säkularisierten Welt, Freiburg 1988, 343.

5   Von Balthasar, Hans Urs: Jesus nachfolgen – arm, ehelos, gehorsam, Frei-burg 1982, 14.

6   Hoch, Fritz: Die evangelischen Räte (Arbeitshilfen des Kaiserswerther Ver-bandes deutscher Diakonissenmutterhäuser 4), Breklum 1964, 60.

3. Diakonie gerichtet gegen *den Geist der Zeit* – die Postmoderne und ihre Herausforderungen

Der Geist der Zeit hat zahlreiche Gesichter – unfassbar und doch wahrnehmbar. Versuchen wir ein paar Aspekte der sogenannten «Postmoderne» aufzuzeichnen, um dann die kommunitäre Lebensform damit zu konfrontieren.

Die Postmoderne «beginnt dort, wo das Ganze aufhört»[7]. Damit ist sie wohl ihrem Wesen nach am schärfsten umschrieben, denn in ihr sind *die Welt* und *der Mensch* als Ganzheit nicht mehr verstehbar.

Der Soziologe Ulrich Beck spricht im Zusammenhang mit der Postmoderne von einer «reflexiven Modernisierung» mit einer paradoxen Sozialstruktur des eigenen und des globalen Lebens.[8] Diese Paradoxie drückt sich aus in einer extremen Polarisierung und Gegenläufigkeit gesellschaftlicher Entwicklungen: «Globalisierung tritt in Gegensatz zu nationaler Identitätsbewahrung, völlige Ungebundenheit steigert die Lebensangst.»[9] Aber auch stets umfassender werdende *Individualisierung* einerseits und *Globalisierung* andererseits, persönliche Suche nach dem identischen Leben und Zuweisung von Anforderung durch Organisationen, also ein hohes Mass an *Fremdbestimmung*, kennzeichnen die Postmoderne. Dann lassen einerseits die *weitreichende Säkularisierung* und andererseits die *Fundamentalisierung der Religionen* die Extreme der Lebenswelt erahnen. Hinzu kommen eine *umfassende und unbeeinflussbar rasante Technisierung* und eine weitgehende *Ökonomisierung* aller Arbeitsbereiche und Dienstleistungen in unseren Breitengraden. In diesen Extremen steckt für uns Menschen ein hohes Konflikt- und damit Risikopotential. Diese Gesellschaft wird so für uns nach Ulrich Beck zur «*Risikogesellschaft*»[10].

Die Welt, in der wir leben, umfasst ein enorm breites Spektrum an Wirklichkeiten, die wir mit unserem Denken nicht mehr kontrollieren und vor allem auch mit unserem Empfinden kaum mehr «einfangen»

---

[7] Welsch, Wolfgang: Unsere postmoderne Moderne, Weinheim 1987, 39.
[8] Beck, Ulrich: Eigenes Leben, München 1997, 17.
[9] Wohlmuth, Joseph: Hunger nach Gott in postmoderner Gesellschaft, in: erbe und auftrag, 76. Jg., Februar 2000, 18.
[10] Beck, Ulrich: Eigenes Leben, 10.

können. Das lässt uns entwurzelt, unsicher und heimatlos werden in unserer Heimat.

Hinzu kommt ein deutliches Sinnvakuum. Die Wertehierarchie ist flach geworden. Ein oberster Wert fehlt. Denn, so Pannenberg, «die moderne, säkulare Welt befriedigt das Sinnbedürfnis nicht mehr»[11].

«Der unbehaute Mensch unserer Welt erinnert das Mönchtum an seine ureigene Berufung. Wer sich erinnern lässt, nur er wird ertasten, wozu Mönchtum heute herausgefordert, aber auch befähigt ist.»[12]

4. Der Beitrag der Kommunitäten: Diakonie gerichtet gegen den Geist der Zeit

Kommunitäten, Ordensgemeinschaften sind seit der Alten Kirche eine Erscheinung in – manchmal auch am Rande – der Kirche. Sie haben die Gesellschaft auch durch ihr diakonisches Handeln geprägt. Diakonie war eine unverzichtbare Äusserung lebendiger Ordensgemeinschaften.

Die Reformation hat ihren Lebensfaden wegen verheerender Missstände weitgehend durchschnitten, aber das 19. Jahrhundert mit seinen sozialen Fragen und das 20. Jahrhundert mit seinem spirituellen Vakuum hat sie auch in den Kirchen der Reformation neu erstehen lassen.

Auf das auch für unsere Fragestellung wichtige Urgestein ordensmässigen und kommunitären Lebens treffen wir in der Benediktusregel aus dem 6. Jahrhundert, die ihrerseits in der noch älteren Mönchstradition wurzelt. Durch meine langjährige Beschäftigung mit der Regel bin ich zur Überzeugung gelangt, dass sie uns in unserem gesellschaftlichen Kontext viel zu sagen hat. «Unsere Welt gleicht der Zeit der Völkerwanderung, in der die Gesellschaft auseinander fiel, in der alle Ordnungen über den Haufen geworfen und die Völker neu miteinander gemischt wurden. In dieser Zeit hat das benediktinische Kloster, obwohl es vielleicht nur dreissig Mönche umfasste, doch ein Modell entworfen, das im Laufe der Zeit stabilisierend und versöhnend auf das Abendland gewirkt

---

[11] Pannenberg, Wolfhart: Christentum in einer säkularisierten Welt, 40.
[12] Bamberg, Corona: Mönchtum in einer heimatlosen Welt, Würzburg 1984, 50.

hat.»[13] Die Benediktusregel ist für Menschen abgefasst, die in ihrem Kontext bewusst eine «Gegenkultur» nach christlichen Wertmassstäben leben wollen, ohne dass sie einer ideologischen Verengung des Denkens und Handelns verfallen – wie das Sekten tun, die das Vakuum der Zeit auf diese Weise ausnutzen.

Die benediktinische Gemeinschaft hat eine zutiefst ganzheitliche ekklesiale Dimension und konstituiert sich in den Elementen von *leiturgia*, *diakonia* und *martyria* in der *koinonia*. So bezeichnet Benedikt zum Beispiel die Klostergemeinschaft mehrfach als *domus Dei* (RB 31,19; 53,22; u.a.) und nimmt damit einen neutestamentlichen Begriff für Kirche (1 Tim 3,15; 1 Petr 4,17 u.a.) auf.

Benediktinische Gemeinschaften sind grundsätzlich keine Zweckverbände, die sich im institutionellen Sinn einer bestimmten diakonischen Aufgabe verpflichten – dies wurde ihnen erst in der Säkularisation aufgetragen. Benediktinische Gemeinschaften sind ekklesiale Lebensmodelle, deren Mitte und Zweck die Verherrlichung Gottes ist. Diese wiederum geschieht nie ohne die bewusste Wahrnehmung des notleidenden Bruders, der kranken Schwester oder des Gastes, in welchen Christus auf uns zukommt, und es geschieht nie ohne die sensible Wahrnehmung der Realität der Welt und ihrer Zeitzeichen.

Damit ist die erste Frage *nach einer Verbindung von benediktinischer Ordenstradition und Diakonie gestellt:*

In einem umfangreichen Grundsatzreferat geht Aquinata Böckmann (OSB) auf die Frage des Weltverhältnisses der Benediktiner ein. In Anlehnung an wichtige Passagen aus der Benediktusregel, die grosse Offenheit dem Fremden und Armen gegenüber aufweist (RB 53), welche ihrerseits gründet in der Sorgfalt und Aufmerksamkeit, mit der die Brüder einander dienen, ergeben sich die Dienste an der Welt. «Die Offenheit im Dienst an den Menschen erwächst organisch aus der Gemeinschaft.»[14] Hier lässt sich eine Brücke schlagen zu den Grundgedanken der Bratislava-Erklärung: Diakonie und kirchliche oder klösterliche Gemeinschaft haben organisch miteinander zu tun.

---

[13] Grün, Anselm OSB: Benedikt von Nursia, Freiburg/Basel/Wien 2002, 101.

[14] Böckmann, Aquinata: Weltoffenheit und Weltdistanz nach der Regel Benedikts, in: erbe und auftrag, 63. Jg., April 1987, 107–120.

Böckmann stellt dabei Akzente in den Vordergrund, welche zum diakonischen Handeln gehören: «das Horchen auf die Nöte der Welt; das Anliegen, zur Erbauung im Glauben beizutragen und zum Gebet zu führen; den Vorrang der Armen und Fremden; den Dienst in Achtung, Demut, Menschlichkeit und grosser Sorge – ganzheitlich zu versehen.»[15] Dabei betont sie es nachdrücklich: Gerade im intensiven Dienst braucht der Mensch eine praktische Distanz von schädlichen Einflüssen, so dass er ihn auf Dauer wahrnehmen kann. Und diese Distanz ist mit dem kommunitären Leben und seiner Mitte gegeben.

Die zweite Frage, die zu stellen ist, hat mit der *Auseinandersetzung mit dem Geist der Zeit* zu tun.

Welche *Werte der Regel* können eine befreiende und heilende Wirkung auf unser Leben ausüben, das sich selbst, Gott, dem Mitmenschen und seiner Lebenswelt gegenüber weitgehend entfremdet ist?

– Der im benediktinischen Sinn kommunitär lebende Mensch ist stets *auf der Suche nach Gott* und lädt andere dazu ein: er verschreibt sich einem obersten Ziel und Sinn und ordnet damit die Fragmente seines Lebens in eine grösseres Ganzes ein, auf einen höchsten Wert hin. Es geht nicht darum, dass wir dieser Welt entfliehen, um Gott zu suchen, sondern darum, befähigt zu werden, Gott in dieser Welt wahrzunehmen. Sensibilisierung für Gott im Alltag, darum geht es Benedikt!
– Der im benediktinischen Sinn kommunitär lebende Mensch stellt sich der *Frage nach der eigenen Identität* und hilft anderen, sich ebenfalls dieser Frage zu stellen. Postmodernes Leben ist weitgehend «nicht-identisches»[16] Leben.
– Benediktinisches Leben kommt den anthropologischen Grundbedürfnissen auf eine eindrückliche Weise entgegen. Da ist die *stabilitas*, das Bleiben, das zur Ruhe leitet, das den Menschen aus der Beschleunigung herausholt.
– In der Benediktusregel spielen Ausdauer und Stabilität eine grosse Rolle. «*Stabilitas*» kommt von «*stare*». Wer zu der geistlichen Reife ge-

---

15 Ebd., 107–120.
16 Beck, Ulrich: Eigenes Leben, 16.

langen will, die Benedikt seinen Mönchen wünscht, muss bleiben, auch wenn es eng wird in seinem Leben. Zum Ziel gelangt, wer es in der «Werkstatt der geistlichen Kunst» aushält, also in der örtlichen Beschränkung des klösterlichen Lebensraumes und in der Beständigkeit der Gemeinschaft (vgl. RB 4,78). Das fällt im konkreten Alltag heute wie damals schwer; aber nur so gewinnt ein Leben Festigkeit und Gestalt und damit neue Zukunft.

- Auf diesem Weg ist die *conversatio morum* bedeutsam: Die stete Erneuerung, die Umkehr und Heimkehr eröffnen die Chance, neue Denkwege, neue Lebenswege in einer neuen Ordnung zu gehen. Ziel aller Erneuerung ist es, dass das «Herz weite» werde (RB Prolog 49).

- Es ist für Benedikt grundlegend, was durch die häufige Erwähnung des *menschlichen Herzens* (30-mal) unterstrichen wird, dass das Innerste des Menschen, der Lebenskern, auf dem Weg der Identitätsfindung einbezogen ist. Der Mönch muss mit seinem Herzen in Beziehung zu sich selbst und zu Christus stehen, dann wird er authentisch, dann läuft er nicht Gefahr als Fragment seiner selbst fremdbestimmt zu werden. Dies geschieht durch das Hören auf Gott und die eigene Seele. Holzherr spricht in seinem Regelkommentar davon, dass die Regel Benedikts eine «Spiritualität des Herzens»[17] entwickle.

- Kommunitäre Berufung stellt sich der Herausforderung des unbeirrbaren Bleibens in der Gemeinschaft und in der Berufung und des Aufbruchs zu neuen Ufern des Lebens.

- Der im benediktinischen Sinn kommunitär lebende Mensch ist auf der Suche nach *tragender, stabiler Gemeinschaft* in den Bruchstücken verbindlichen Lebens der heutigen Zeit. Das Bild benediktinischer *communio* ist geprägt von der lebendigen Einheit in der Vielfalt und der bunten Vielfalt in der Einheit. Hier könnte nun eine Kunst des brüderlich-schwesterlichen Miteinanders entfaltet werden. Dazu nur ein Kapitel aus der Regel, dessen Gedanken dogmatischer Individualisierung den Riegel schieben, lebendiger Individualität zur Entfaltung verhelfen (RB 72) und den übersteigerten Erwartungen gegenüber dem Nächsten entgegentreten:

---

[17] Holzherr, Georg OSB: Die Benediktsregel. Eine Anleitung zum christlichen Leben, Zürich / Einsiedeln / Köln 1982, 36.

1. Wie es einen bitteren und bösen Eifer gibt, der von Gott trennt und zur Hölle führt,
2. so gibt es den guten Eifer, der von den Sünden trennt, zu Gott und zum ewigen Leben führt.
3. Diesen Eifer sollen also die Mönche mit glühender Liebe in die Tat umsetzen,
4. das bedeutet: Sie sollen einander in *gegenseitiger* Achtung zuvorkommen; *(Röm 12,10)*
5. ihre körperlichen und charakterlichen Schwächen sollen sie mit unerschöpflicher Geduld ertragen;
6. im *gegenseitigen* Gehorsam sollen sie miteinander wetteifern;
7. keiner achte auf das eigene Wohl, sondern mehr auf das des anderen;
8. die Bruderliebe sollen sie *einander* selbstlos erweisen;
9. in Liebe sollen sie Gott fürchten;
10. ihrem Abt seien sie in aufrichtiger und demütiger Liebe zugetan.
11. Christus sollen sie überhaupt nichts vorziehen.
12. Er führe uns gemeinsam zum ewigen Leben.

Die dritte Frage, die nun noch zu stellen ist, ist *diejenige nach dem Umgang mit dem Geld.* Gibt es dazu auch Aussagen, welche der kommunitären benediktinischen Tradition entspringen?

Sowohl die innere Haltung als auch die äusseren Hilfestellungen zu wirtschaftlichem Handeln drücken sich schwerpunktmässig in Regula Benedicti, Kapitel 57 aus. Zahlreiche weitere Passagen der Regel beziehen sich auf den Umgang mit den Gütern und können ebenfalls in unsere Überlegungen einbezogen werden.

Kapitel 57: Mönche als Handwerker

1. Sind Handwerker im Kloster, können sie in aller Demut ihre Tätigkeit ausüben, wenn der Abt es erlaubt.
2. Wird aber einer von ihnen überheblich, weil er sich auf sein berufliches Können etwas einbildet und meint, er bringe dem Kloster etwas ein,
3. werde ihm seine Arbeit genommen. Er darf sie erst wieder aufnehmen, wenn er Demut zeigt und der Abt es ihm von neuem erlaubt.
4. Wenn etwas von den Erzeugnissen der Handwerker verkauft wird, sollen jene, durch deren Hand die Waren veräussert werden, darauf achten, dass sie keinen Betrug begehen.
5. Sie sollen immer an Hananias und Saphira denken, damit sie nicht etwa den Tod an der Seele erleiden, der jene am Leib traf. *(Apg 5,1–11)*

6. Das gilt ebenso für alle anderen, die mit dem Eigentum des Klosters unredlich umgehen.

7. Bei der Festlegung der Preise darf sich das Übel der Habgier nicht einschleichen.

8. Man verkaufe sogar immer etwas billiger, als es sonst ausserhalb des Klosters möglich ist,

9. damit in allem Gott verherrlicht werde. *(1 Petr 4,11)*

Bereits die frühen Mönchsväter, die Anachoreten in der ägyptischen Wüste, lebten vom Verkauf der Handarbeiten: «Wenn ich den ganzen Tag mit Beten und Arbeiten verbringe, dann verdiene ich sechs Münzen. Zwei (1/3!) davon gebe ich als Almosen und von den übrigen bestreite ich meinen Lebensunterhalt.»[18]

Der Verkauf und nicht das Verschenken der im Kloster angefertigten Produkte ist also von Anfang an selbstverständlich. Auch die der Benediktusregel als Quelle dienende Magisterregel führt die Grundsätze über den Verkauf der Produkte aus. Man erfrage den gewöhnlichen Preis bei den Weltleuten und verkaufe das Klosterprodukt immer etwas günstiger.

Die Regel verweist an dieser Stelle nicht auf ein grundsätzliches ökonomisches Prinzip. Nicht weil die Menschen im Kloster etwas naiver sind als die Weltleute, sollen die Güter etwas billiger verkauft werden als ausserhalb des Klosters. Es geht um einen ethischen Wert, der damit verfolgt wird: Das Heilmittel gegen alle Habsucht ist, die Waren billiger zu verkaufen. Der im Lateinischen verwendete Wortstamm (vilis: gering, einfach, bescheiden, niedrig, preiswert) verweist in der Betonung der Schlichtheit und Einfachheit auf die geistliche Atmosphäre, in welcher der Mönch leben soll.[19]

Und das zweite Ziel ist dabei die Verherrlichung Gottes (Vers 9). Dabei geht es zudem um den sozialen Wert, dass die umliegende Landbevölkerung im Kloster die Dinge etwas günstiger erhalten kann. Das Kloster verzichtet ganz bewusst auf einen Teil des potentiellen Ertrages.[20]

---

[18] AP (Apophtegmata Patrum, PG 65; Miller, Bonifaz: Weisung der Väter, Trier 1986, deutsch) 98.

[19] Puzicha, Michaela: Kommentar zur Benediktusregel, St. Ottilien 2002, 482.

[20] Vgl. Barlage, Elisabeth: Die Festsetzung der Preise in der RB, in: erbe und auftrag, 79. Jg., August 2003, 296–307.

«... sogar in diesen weltlichen, ökonomischen Fragen müssen wir uns der übernatürlichen Dimension bewusst bleiben. Das Kloster muss eine gesunde ökonomische Basis besitzen, um zu überleben. Doch anders als bei einem Wirtschaftsunternehmen besteht der Sinne eines Klosters nicht darin, viel Geld zu verdienen, selbst nicht darin, wirtschaftlich zu überleben. Die Sache des Klosters ist es, Gott zu verherrlichen.»[21]

In unserer Marktwirtschaft sind wir von einleuchtenden ökonomischen Prinzipien geleitet: dem Prinzip mit gegebenen Mitteln einen maximalen Erfolg zu erzielen (Maximalprinzip) oder ein gegebenes Ziel mit dem geringstmöglichen Aufwand zu erreichen (Minimalprinzip). Gewinn ist in betriebs- und volkswirtschaftlicher Sicht unverzichtbar. Er verbürgt sozusagen den Lohn für erfolgreiche Arbeit und wird durchaus ethisch vertretbar der Versorgung der Bevölkerung zugeordnet. Doch alle ideologisch gefärbten Prinzipien – religiöse oder weltliche – stehen in der Gefahr, ein in sich geschlossenes System zu werden und so entbehren sie der Offenheit für ein wirklich höheres Ziel!

Weder Menschen noch Dinge dürfen nach dem Zeugnis der Regel also gering geschätzt werden. Beide sind sorgfältig zu beachten. Und doch spricht sich Benedikt für eine klare Priorität des Menschen vor der Sache aus. Und darüber steht die oberste Priorität: die Verherrlichung Gottes oder wie Benedikt andernorts ausdrückt: «Christus sollen sie überhaupt nichts vorziehen» (RB 72,11).

So ist der Gefahr entgegengetreten, Menschen oder Dinge zu verabsolutieren. Doch dieses Geschehen kann nur in einem Raum verwirklicht werden, der Gott und Christus als höchste Autorität anerkennt. Es kann nicht flächendeckend umgesetzt werden. Doch sind es die christlichen diakonischen Werke, welche sich beispielhaft umfassend dieser anderen Werteskala verpflichten sollten. Darin sehe ich einen wichtigen Beitrag der Kommunitäten, welche durch ihre der Gesellschaft quer liegenden Prämissen einen lebendigen Dienst leisten können.

---

21 Kardong, Terrence G.: Benedict's Rule, zitiert in: Barlage, Elisabeth: Die Festsetzung der Preise in der RB, 303.

Diakonie-Management ist an der Zeit

Bericht aus Deutschland

Alfred Jäger

1. Diakonische Einrichtungen in Deutschland erlebten seit Mitte der 80er Jahre des letzten Jahrhunderts eine dramatische Veränderung ihrer Rahmenbedingungen. Man musste kein Prophet sein, um vorauszusagen, dass das Ende der Wachstumsperiode der Nachkriegszeit auch den Nonprofit-Bereich und darin auch Diakonie und Caritas einholen würde. Die Entwicklung des sozialen Netzes, von der auch kirchliche Einrichtungen massiv profitiert hatten, stiess an ihre Grenzen.

Als Schweizer darf ich ohne falsche Übertreibung feststellen, dass sich im Deutschland der Nachkriegszeit die europaweit wohl am höchsten entwickelte und zahlenmässig grösste kirchliche Diakonie resp. Caritas aufgebaut hat. Mit weit über einer Million Mitarbeitenden insgesamt in diesem konfessionellen Bereich und über 30'000 Einzelunternehmen allein in evangelischer Trägerschaft übertrifft dies analoge Entwicklungen in anderen Ländern weit und unterscheidet sich von der typisch kleinräumigen und kleinmaschigen Geschichte des sozialen Netzes etwa in der Schweiz oder Holland und vergleichbaren Ländern deutlich. Die beiden konfessionellen Wohlfahrtsverbände sind neben Staat und verfasster Kirche der drittgrösste Arbeitgeber Deutschlands. Die v. Bodelschwinghschen Anstalten Bethel beschäftigen zurzeit über 16'000 Mitarbeitende. Kleinste Einheiten sind in der Regel Beratungsstellen und/oder Sozialstationen in Gemeindenähe. Die meisten Unternehmen finden sich im Mittelfeld mit einigen hundert oder tausend Mitarbeitenden.

Dies hängt mit der sozial-liberalen Architektur des westdeutschen Staates zusammen, die auf ordo-liberale Konzepte der Freiburger Schule aus den 30er und 40er Jahren zurückgeht, und die das Grundkonzept für den Aufbau der Bundesrepublik Deutschland abgab. Danach sollte ein möglichst starker, liberaler Markt durch ein soziales Netz gesichert werden, durch das niemand fallen kann, vor allem keine Gruppen sozial Benachteiligter. Der Sozialstaat sichert das Netz gesetzlich und finanziell, delegiert die Betreuungsarbeit nach dem Prinzip der Subsidiarität – ursprünglich ein Prinzip der katholischen Soziallehre, wonach kleinere Ein-

heiten das leisten sollen, was grössere nicht können – jedoch an Wohlfahrtsverbände, zu denen auch Caritas und Diakonie mit ihren zahllosen
Einzeleinrichtungen in Einzelträgerschaften gehören. Die Refinanzie-
rung der Leistungen läuft weitgehend über staatliche Mittel, die verfasste
Kirche beteiligt sich daran nur sehr begrenzt auch da, wo sie kircheneige-
ne Einrichtungen betreibt.

Auf dieser Basis erfuhr Diakonie eine in ihrer Geschichte einmalige
Blütezeit, indem sie in jeder Hinsicht an Wachstum, Wohlstand, Aufbau
und Expansion nach allen Seiten partizipierte. Es war jedoch genau diese
enge Anbindung an den Sozialstaat und die ihn tragende Wirtschafts-
konjunktur, die seit den 80er Jahren des 20. Jahrhunderts zunehmend
deutlicher und einschneidender das Ende der Wachstumsepoche spürbar
werden liess. Es hiess in allen Teilen: In neuen Grenzen leben und arbeiten lernen. Die Krankenhauslandschaft wurde davon Anfang der 90er
Jahre erfasst, während verfasste Kirchen davon erst um die Jahrtausendwende betroffen wurden. Man kann sich rückblickend fragen, warum
Marktunternehmen diesen epochalen Umbruch schon Mitte der 70er
Jahre (Ölkrise und ihre wirtschaftlichen Folgen), der NPO-Bereich mit
zehnjähriger und Kirchen – zeitgleich mit Gewerkschaften als Gross-
organisationen – mit zwanzigjähriger Verspätung wahrzunehmen began-
nen. Neben einem traditionell erstaunlichen Beharrungsvermögen in diakonischen und kirchlichen Institutionen – man hatte im 20. Jahrhundert
schon zahlreiche epochale Umbrüche irgendwie durchgestanden – hing
dies sicher auch mit einer Politik und vor allem einer Sozialpolitik zusammen, die erst sehr spät auf die Zeichen der Zeit zu reagieren begann.

*2. Blosse Rotstift-Reaktionen halfen in dieser Situation bald nicht mehr. Im Zeichen
der Anpassung galt es vielmehr, die Entwicklung von innen her aktiv und vorausschauend mitzugestalten. Es wurde zur Existenzfrage, ob die Einrichtungen
einen massiven Sprung in der hauseigenen Corporate Identity wagten: Ab sofort
sind wir ein diakonisches Unternehmen und wir verhalten und gestalten uns nach
innen und aussen entsprechend.*

Nach meinem Umzug von der Universität St. Gallen an die Kirchliche
Hochschule Bethel 1981 wurde ich bald von der damaligen Leitung der
v. Bodelschwinghschen Anstalten Bethel zu einem im Diakoniebereich
noch völlig ungewohnten Beratungsprozess gebeten, dessen Ausgangspunkt noch nicht finanzielle Probleme, sondern Verhältnisbestimmun-
gen von Theologie und Ökonomie in der Leitung dieses Konzerns wa-

ren. Es handelte sich somit um typische Management-Probleme, die mit zeitgemässen Management-Konzepten zu lösen waren.[1]

In dieser Situation wurde mir schlagartig bewusst, dass das St. Galler Management-Modell, das ich in den Jahren zuvor vor Ort intensiv kennen gelernt hatte, exakt passend auch für eine solche christliche Einrichtung sein konnte. Das Konzept «Normatives Management» war von dessen Schöpfer Hans Ulrich von Anfang an nicht nur für Markt-, sondern auch für Nonprofit-Unternehmen entwickelt worden.[2] Dessen Umsetzung im NPO-Sektor konnte er allerdings nicht mehr selbst erleben, weil er damit zeitlich zu früh und lange vor den Krisen und Katastrophen in diesem Feld kam. Umgekehrt kann man heute rückblickend sagen, dass sich das Modell im Bereich Diakonie/Caritas in Deutschland, sei es explizit, sei es nur über implizite Kopien, flächendeckend durchgesetzt hat, weil es eine erstaunliche Anschlussfähigkeit für normativ-theologische Belange eines zeitgemässen Diakonieunternehmens zeigte und zeigt. Dasselbe gilt vom Modell in zweiter Generation, mit dem Knut Bleicher das Werk Ulrichs nicht nur fortsetzte, sondern darüber hinaus auch grossen Wert auf die Erarbeitung von hauseigenen, strategischen Leitbildern der Unternehmenspolitik, deren Kodifizierung in der Form von Unternehmensverfassungen, und auf die Entwicklung von professionellen Konzepten des Soft-Managements (Unternehmens-Kultur, -Stil, -Ethos,

---

[1] Jäger, Alfred: Diakonie als christliches Unternehmen, Gütersloh 1986, 4. Aufl. 1993; Übersetzungen ins Ungarische, Polnische, Rumänische liegen vor, ins Litauische, Russische, Tschechische und Slowakische sind in Vorbereitung. Damit verbunden ist ein Netzwerk von kirchlich/diakonischen Management-Studiengängen auf Master-Ebene in diesen Ländern, das vom Kompetenzzentrum Diakoniewissenschaft der Kirchlichen Hochschule Bethel her derzeit aufgebaut wird. Der erste Studienabschluss von kirchlich/diakonischen Führungskräften konnte Anfang 2005 an der Reformierten Universität Debrecen/Ungarn feierlich begangen werden. Ders.: Diakonische Unternehmenspolitik, Gütersloh 1992.

[2] Ulrich, Hans: Unternehmenspolitik, Bern 1978; vgl. ders./Krieg, Walter, in: Gesammelte Schriften II, 7–55 (Nachdruck der 1. Auflage von 1972); ders.: Management, Bern 1984. Gesammelte Schriften I–V, Bern 2001.

-Design etc.) legte.[3] Unterdessen wird von Diakonie- und Caritaschefs intensiv das Modell in dritter Generation erarbeitet, das kürzlich veröffentlicht worden ist und nochmals neue Akzente in der konstruktivistischen Wahrnehmung und Gestaltung des Unternehmens und seiner Prozesse erlaubt.[4]

Die Einführung derartig bis anhin theologie- und kirchenfremder Management-Konzepte wurde selbst bei situationsspezifischer Zuschneidung und branchenmässiger Anschlussfähigkeit, theologisch kritischer Adaption und anregenden neuen Gestaltungskonzepten von Anfang an und in letzten Ecken bis heute von einer Vielzahl von ideologielastigen Vorbehalten, Widerständen und Aggressionen begleitet. Diakonie und Caritas hatten sich bis in oberste Etagen längst zu einer Art Naturreservat für alte 68er und deren Nachfolger entwickelt, für welche die Frage, was Nächstenliebe koste, als Verrat am Evangelium und an jedem humanitären Anstand galt. Umgekehrt fand der Vorgang von Anfang an von Seiten der Verwaltungsleiter klare Unterstützung, die mit ihren Verwaltungen schon längst aus dem grauen Schattendasein der einstigen Buchhaltung herausgetreten waren und faktisch das Heft in der Hand hielten. In zahllosen Beratungsprozessen der Folgejahre waren es zumeist einige rote Zahlen, die das ideologische Argumentieren rasch beendeten und je-

---

[3] Bleicher, Knut: Das Konzept Integriertes Management. Das St. Galler Management-Konzept, Frankfurt a.M. 1991; ders.: Normatives Management. Politik, Verfassung und Philosophie des Unternehmens, Frankfurt a.M. 1994. – Dieser zweiten Generation des Modells entsprach auf diakoniewissenschaftlicher Seite: Lohmann, David: Das Bielefelder Diakonie-Management-Modell (LLG Leiten. Lenken. Gestalten – Theologie und Ökonomie 1), hrsg. v. Jäger, Alfred, Gütersloh 1997, 2. Aufl. 1998.

[4] Vgl. als Vorschau in Kurzfassung: Rüegg-Stürm, Johannes: Das neue St. Galler Management-Modell, Bern 2002; Dubs, Rolf/Euler, Dieter/Rüegg-Stürm, Johannes/Wyss, Christina E.: Einführung in die Managementlehre I–V, Bern 2005. – Dieser dritten Generation entspricht auf Seiten der Diakoniewissenschaft: Haas, Hanns-Stephan: Theologie und Ökonomie. Ein Beitrag zu einem diakonierelevanten Diskurs (LLG Leiten. Lenken. Gestalten – Theologie und Ökonomie 19), Gütersloh 2006.

de Menge Argumente ersparten. Das Thema «Theologie und Ökonomie» war überall angesagt und reisst seither nicht mehr ab.[5]

Besonders eindrücklich aber war die damit verbundene, sehr grundsätzliche Ablösung von Führungsmodellen der diakonischen und caritativen Vorzeit. Seit den grossen Gründungen im 19. Jahrhundert waren diese Einrichtungen – zeittypisch – von einem Leitungspatriarchat bestimmt, das diakonisches Glauben, Handeln und Leben bis in letzte Details des Alltags prägen konnte und das daher wie selbstverständlich zum Teil über 150 Jahre lang bis in neuere und neueste Zeit zu überleben vermochte. Der leitende theologische Patriarch war der «Vater» seiner «familia Christi», die er nach aussen tunlichst als christlich-soziale Insel abzuschotten versuchte, um sie nach innen bis in letzte intime Winkel zu reglementieren. Selbst die Länge der Röcke von Diakonissen und die Heirat von Diakonen waren christlich normiert. Dass mit diesem Führungskonzept eine zeitgemässe Belegschaft nicht mehr zu leiten war, wurde schon revolutionär gesinnten 68ern in den 70er Jahren klar, was damals – nicht allzu häufig – zum Vatermord und zum zahlenmässig allzu grossen Einzug der Söhne in die Leitung führte. Das damit verbundene Führungsmodell von professionellen Funktionären – zumeist genau so patriarchal gesinnt wie ihre Väter – aber war so sehr dem wachsenden Wohlstand verpflichtet, dass es auch damit rasch sein Ende haben musste. Die Einführung von pragmatisch abgestützten, theologisch-normativ verankerten Management-Modellen glich in deren Augen einer Konterrevolution von rechts und von oben, die mit gelernter Härte zu bekämpfen war. Wenn sich 68er und Patriarchen über alles streiten konnten, so waren sie in der Ablehnung einer Entwicklung zu einem zeitgemässen Management in der Regel aus völlig unterschiedlichen Gründen sogleich einer Meinung. Damit war im Einzelfall dann jede Transformation des

---

5 Dies spiegelt sich u.a. in der Buchreihe «Leiten. Lenken. Gestalten – Theologie und Ökonomie», hrsg. v. Jäger, Alfred, die seit 1997 in acht Jahren den Band 18 erreicht hat: Dietz, Alexander: Der homo oeconomicus in der Perspektive theologischer Wirtschaftsethik, Gütersloh 2005; Folgebände sind in Vorbereitung. – Auffallend am neuen Diskurs «Theologie und Ökonomie» ist u.a., dass sich daran vor allem theoretisch gebildete und praktisch versierte Leute einer nächsten und übernächsten Generation beteiligen, während sich Vertreter/innen meiner Generation kaum mehr daran wagen.

Unternehmens blockiert. Mit den ökonomischen Grenzen aber griff sehr bald und zunehmend mehr eine Lernbereitschaft auf allen Leitungsebenen, die derzeit noch weiter zu entwickeln ist.[6]

3. *Nach dem Vorbild der v. Bodelschwinghschen Anstalten Bethel («Grundsätze für das Leben und Arbeiten in den v. Bodelschwinghschen Anstalten Bethel»; Leitbild 1988) vollzogen in den Folgejahren diakonische Einrichtungen diese Transformation flächendeckend in der Form von professionell gestalteten Leitbild-Prozessen, in denen dieses neue Denken anhand der unternehmenspolitischen Leitfragen eingeübt wurde: Wer sind wir? (Corporate Identity); was sollen/wollen wir? (Unternehmenspolitische Ziele für die Zukunft); wohin soll es gehen? (Unternehmensleitbild). Diese Entwicklung ergriff in den 90er Jahren auch konfessionelle Krankenhäuser, Schulen und mit grosser Verspätung die Gremien der verfassten Kirche.*

In Anlehnung an die Vorlage des Anfang der 80er Jahre konzipierten Leitbildes des benachbarten Bertelsmann Konzerns in Gütersloh wagte sich die damalige Leitung der v. Bodelschwinghschen Anstalten an die Ausarbeitung des ersten Leitbildes einer Diakonieeinrichtung, in welchem sie sich auch erstmals in ihrer Geschichte selbst als «Unternehmen» definierte.[7] Da es sich um das Flaggschiff der Diakonie handelte, lösten die Ergebnisse deutschlandweit sogleich grosses Interesse aus und führten in den Folgejahren nach diesem Modell zu zahllosen vergleichbaren Leitbild-Prozessen, so dass sich heute kaum ein diakonisches Unternehmen ohne dieses strategische Instrument mehr findet. Dies war das Transportmittel des St. Galler Management-Modells, das sich fast

---

[6] Das Kompetenzzentrum Diakoniewissenschaft der Kirchlichen Hochschule Bethel zielt darauf, diese Entwicklung einer Professionalisierung der Führung auf allen Leitungsebenen durch entsprechende Studiengänge BA/MA/PhD/Post-Doctoral Studies zu fördern. An der Universität St. Gallen läuft derzeit der erste postgraduale NPO-Studiengang in Kooperation mit der diakonischen Führungsakademie Deutschland, die, angedockt, zum Bestandteil einer «Hochschule für Kirche und Diakonie» in Bethel mit Schwerpunkt Kybernese wird.

[7] Das Leitbild der vBA wurde seither um mehrere strategisch ausgerichtete Texte ergänzt, zuletzt 2001 mit «Bethel. Gemeinschaft verwirklichen. Unsere Vision und unsere Ziele bis 2010».

lawinenartig in zeitgemässen Führungskonzepten mit entsprechenden Tools ausbreitete. Der ökonomische Druck setzte heftige ideologische Auseinandersetzungen zumeist rasch ausser Kraft, die Überzeugung aber kam zumeist dadurch, dass dieses Modell eine starke, theologische Sinn- und Wertorientierung des Unternehmens im Ganzen und in seinen Teilen nicht nur integral ermöglicht, sondern sogar fordert und mit neuen Instrumentarien bestärkt. Diakonie als «christliches Unternehmen» trägt als Tendenzbetrieb in sich einen unternehmenspolitischen Spannungsbogen zwischen Theologie und Ökonomie, der nach diesem Modell konzeptionell jedoch nicht nur möglich, sondern bewusst gewollt ist.[8]

Für das Ergebnis von Leitbild-Prozessen entscheidend war immer die Wahl der geeigneten Prozess-Methode. Zu wählen war zwischen Instrumentarien einer typisch sanften, zeitlich jedoch fast endlosen Organisations-Beratung (OB), oder – in Krisenfällen erforderlich – einer rigiden Methode des Durchgreifens. Zumeist bewährte sich unter ökonomischem Druck, der nicht allzu viel Zeit zuliess, eine Mittellösung, die sich an drei elementaren Fragen diakonischer Unternehmenspolitik festmachte:

a) Bei der Frage nach der hauseigenen Corporate Identity ging es darum, diese in der Belegschaft möglichst breit abgestützt überhaupt wieder zum Thema zu machen. In der Zeit der Patriarchen war dies in unzähligen Hausandachten und Seelsorgegesprächen deren höchst eigene Sache gewesen, die brüderlich senkrecht von oben verordnet und von unten geglaubt wurde. In Einrichtungen der 68er-Funktionäre vermied man jedes patriarchalische Gehabe mit dem Ergebnis, dass neben hoher Professionalität der Betreuungsleistungen theologische Aspekte zuneh-

---

8 Es war schon in den 80er Jahren abzusehen, dass derselbe ökonomische Druck auf Institutionen der verfassten Kirche (Gemeinden, Kirchenkreise, Landeskirchen etc.) zukommen würde, doch wurde die Erwartung, dass sich auch darin rasch und in breitem Mass Leitbild-Prozesse festsetzen, nur minimal und punktuell erfüllt. Vgl. Jäger, Alfred: Konzepte der Kirchenleitung für die Zukunft, Gütersloh 1993. Die ideologischen Hürden für jeden Management-Ansatz waren aus zahlreichen Gründen ungleich höher als im Bereich Diakonie und Caritas. Die Entwicklung in dieser Richtung begann erst nach 2000 langsam, vor Ort jedoch immer mit vergleichbar erheblicher Wirkung.

mend mehr marginalisiert wurden bis hin zur Frage, ob es im Führungs-
gremium eigentlich noch einen leitenden Theologen brauche. Insofern
galt es, aus institutionsgeschichtlich weit zurückreichenden Wurzeln neue
Triebe hervorkommen zu lassen. Die zentralen Aussagen galten der
«theologischen Achse», um die sich das ganze Karussell des Unternehmens dreht, und die allem die innere Mitte gibt.

b) In der Definition strategischer Unternehmensziele zeigte sich immer, bei allen Parallelitäten der Probleme und der Lösungen, eine signifikante Differenz zwischen Caritas- und Diakonie-Unternehmen. Wenn
es um das Sollen, die traditionsbestimmten Vorgaben des christlichen
Glaubens ging, konnte sich häufig ein katholischer Priester zu Wort mel-
den mit dem Hinweis, Management sei völlig überflüssig und – mit
Hinweis auf eine päpstliche Enzyklika oder einen Hirtenbrief des Bischofs – das Sollen daher völlig klar. In einer normativ bestimmten Kultur ein eigenes Wollen zu wecken, brauchte häufig längere Zeit. In einer
evangelisch bestimmten Kultur will gegenläufig dazu – unter Berufung
auf die Freiheit eines Christenmenschen – jeder das Seine, erwartet vom
andern, dass er dasselbe will, und weil dies zumeist nicht der Fall ist,
kommt es zum Disput, bei anhaltendem Konflikt zur Supervision, bis
endlich nichts mehr geht. Es finden sich Diakonieleitbilder, in denen nur
vom Wollen die Rede ist. Der Hinweis darauf, dass dem Wollen ein Sollen vorauszugehen habe, kann nicht selten als Aha-Erlebnis empfunden
werden.

c) In allen Fällen am schwierigsten und langwierigsten war die Ein-
übung eines strategischen Vordenkens, die Erarbeitung eines konsens-
fähigen und zukunftsgerichteten, verbindlichen Leitbildes. Dies ist eine
Kompetenz, die kaum eine beteiligte Berufsgruppe – Theologie, Ökonomie, Medizin, Pädagogik, Pflege, Sozialarbeit etc. – von der Ausbildung
resp. der Berufspraxis her schon mitbringt. Mit geeigneten Übungen waren Langzeitperspektiven zu öffnen, um darin nach neuer Orientierung
zu fragen und den Mut zu finden, sich fest zu positionieren. Nicht selten
konnte es in solchen Prozessen geschehen, dass zwischendrin in einem
Schnellverfahren auch das gesamte Unternehmenskonzept völlig neu im
Sinn eines zeitgemässen Managements zu gestalten war, was anschliessend satzungsmässig festgehalten wurde.

4. Der Kernpunkt im Entwicklungssprung lag im Abstreifen herkömmlicher, für Diakonie typischer Leitungsstrukturen und in der Installierung neuer, zukunftsweisender Führungskonzepte: Von der Verwaltung zur Gestaltung; vom Wohlstand zum Lenken in neuen Grenzen; vom Leitungspatriarchat zum zeitgemässen Management im Ganzen und in allen Teilen.

Solche Klausurtagungen mit 40 und mehr Teilnehmenden im Einzelfall hatten immer den Charakter von Management-Schulungen, appliziert auf das hauseigene Unternehmen. Nicht selten wurde in der Hausgeschichte zum ersten Mal das Thema «Führung» als solches überhaupt aufgegriffen. Selbst das Wort konnte unangenehme Erinnerungen wecken – «Führerprinzip» – und musste im Sinn des angelsächsischen «leadership» erst einmal neu gehört werden. Nicht selten herrschte die Meinung vor, dass es Leitung eigentlich gar nicht geben sollte, doch müssten auf jeden Fall alle daran teilhaben. Verwilderte Führungskulturen und unklare Führungskonzepte waren am Ausgangspunkt nicht selten die Regel, was viel mit der jeweiligen Vorgeschichte zu tun hatte. Es galt, in dieser Hinsicht die Hausgeschichte nochmals zu rekonstruieren, um die zeitgeschichtlichen Stärken und Schwächen von Führungsmodellen wahrzunehmen und frei dafür zu werden, neue Konzepte zu entwickeln und festzulegen. Auf diesem Weg erledigte sich die häufige Eingangsfrage wie von selbst, ob eine christliche Einrichtung von aussen, d.h. zum Beispiel von Erfahrungen in Marktunternehmen, dazulernen dürfe und könne. Wenn dieser Damm einmal gebrochen war, konnte es häufig sehr rasch zu neuen, hochprofessionellen Führungskonzepten kommen, die jeden Vergleich mit denjenigen anderer Unternehmen nicht zu scheuen hatten. Als Prinzip der Neugestaltungen galt in der Regel die Definition:

Management heisst Lenken und Gestalten eines Unternehmens mit langfristigem Blick voraus (Hans Ulrich).

Im Blick auf das neue Führungskonzept hiess dies zumeist, möglichst schnell von der in der Diakonie verbreiteten Rechtsform des Vereins wegzukommen, um etwa als GmbH grössere Professionalität in die Geschäftsführung, das Aufsichtsgremium und das neu zu installierende mittlere Management mit eigenen Kompetenzen zu bringen. Strukturell musste der neue Grundsatz gelten, dass Gesamtinteressen des Unternehmens unbedingten Vorrang vor sämtlichen Teilinteressen haben müssen. In Einzelkonzepten – Personal-, Finanz-, Betreuungs-, Struktur-, Seelsorgekonzept – waren derartige Einsichten so zu konkretisieren, dass sie alltäglich operabel wurden und einem Controlling unterzogen werden konnten.

5. *Das St. Galler Management-Modell hielt in diakonischen Unternehmen aus zwei Gründen flächendeckend Einzug: 1. Es definiert hauseigene Ökonomie nicht mehr als blosse Verwaltung im Hintergrund, sondern als integrale, innere Rahmenbedingung der Unternehmenspolitik; 2. In diesem Rahmen ermöglicht es nicht nur die Verfolgung einer Vielzahl normativer, sinn- und wertbestimmter Unternehmensziele, sondern es fordert sie sogar – mit strategisch langfristigem Blick voraus. Das diakonische Unternehmen lässt sich – metaphorisch – als Karussell verstehen, um dessen innere, theologische Achse sich alles dreht. Zeitgemässes Management im Sinn von Ulrich duldet somit eine theologische Orientierung des christlichen Unternehmens nicht nur, sondern fordert sie konzeptionell.*

Der entscheidende Schritt in solchen Transformationsprozessen war zunächst immer die Neudefinition der Funktion hauseigener Ökonomie.[9] Schon Johann Hinrich Wichern, als Gründergestalt moderner Diakonie, sah dafür – im Unterschied zur staatlich bestimmten Kameralistik der verfassten Kirche – eine akkurate, kaufmännische Buchhaltung des diakonischen Vereins vor, die durch christlich orientierte Unterscheidung von Soll und Haben über Generationen ein graues Dasein im Schatten der leuchtenden Sonne des Patriarchen führen konnte, die jedoch Diakonie im Laufe der Zeit über mehrere geschichtliche Krisen und Katastrophen hinweg trug. Nach dem zweiten Weltkrieg wurde daraus im Rahmen einer modernen Sozialgesetzgebung schon bald eine zeitgemässe Verwaltung, die jedoch weiter im Hintergrund der «eigentlichen» diakonischen Tätigkeiten des Hauses zu bleiben hatte. Im Bewusstsein der Belegschaften blieb sie dies bis in neueste Zeit. Die Kostenfrage war im Betrieb, etwa eines Krankenhauses, tabu. Faktisch war sie aber schon längst zum entscheidenden, unternehmenspolitischen Instrument geworden, das merkwürdig schizophren entweder überschätzt oder unterschätzt wurde. Das St. Galler Modell erlaubte es, dieser auch ökonomisch höchst riskanten Situation schlagartig dadurch ein Ende zu

---

[9]   Vgl. dazu Jäger, Alfred: Geschichte und Funktion Diakonischer Ökonomie, in: Johannes-Anstalten Mosbach (Hrsg.): Ein soziales Dienstleistungsunternehmen in der Diakonie, Mosbach 2005, 49ff.

machen, dass die Kostenrechnung unternehmenspolitisch neu als integrale Rahmenbedingung definiert und entsprechend installiert wurde. Ganze Belegschaften gewannen die Einsicht, dass jeder Handgriff kostet. Den sogleich aufkommenden Schrei gegen einen «Ökonomismus» halte ich insofern für berechtigt, als der Schritt nicht dazu führen darf, Gewinn zum obersten Unternehmensziel zu machen, dem sich alle anderen Ziele unterzuordnen haben. Entwicklungen in diese Richtungen konnten und können in Einzelfällen beobachtet werden, doch führen sie alle nach kurzer Zeit in die innere Auszehrung und damit ihrerseits in den auch ökonomischen Ruin. Ökonomie als integrale Rahmenbedingung der diakonischen Unternehmenspolitik ist kein Ziel, sondern die «conditio sine qua non», die es erlaubt und fordert, dass eine Vielzahl unterschiedlicher und normativ bestimmter Ziele verfolgt werden.[10]

Ich habe derartige Situationen immer wieder als eine enorme theologische Herausforderung erlebt. Es galt, Theologie für die Erfordernisse vor Ort nicht nur neu anschlussfähig werden zu lassen, sondern ihr auch eine neue Funktion im diakonischen Unternehmen zu geben. Im Leitungspatriarchat erfüllte sie die Funktion eines alles umgebenden, kulturellen Fluidums, das sich vor allem in Andacht und Seelsorge manifestierte und das sich primär über Personen und Regeln vermittelte. In Funktionärsleitungen ging dies zumeist relativ schnell verloren, ohne dass an die Leerstelle eine neue Funktion trat. In dieser Phase konnten sich veritable Zerrbilder von Theologie entwickeln, die sich in einer akuten Funktionslosigkeit von Theologie zeigte. Von Seiten der Verwaltungsleitungen konnte häufig die Forderung laut werden, leitende Theologen aus diesem Grund abzuschaffen. Dieses Personalproblem liess sich auf neuen Wegen relativ leicht dadurch lösen, dass Theologen und Theologinnen in Leitungsgremien neue Management-Funktionen, z.B. das Personalmanagement, zugewiesen wurde. Dies war mit entsprechenden Lernprozessen verbunden. Sehr viel wichtiger aber war die Neudefinition von Theologie in der Sache. Der christliche Charakter sollte durch die Stärkung von Ökonomie nicht weiter geschwächt, sondern als unver-

---

10 Das St. Galler Management-Modell bildet das ordoliberale Gesellschafts- und Wirtschaftskonzept auf volkswirtschaftlicher Ebene auf der unteren Ebene der Betriebswirtschaft ab und muss von neoliberalen Konzepten damit klar unterschieden werden.

wechselbares Markenzeichen des Unternehmens am Sozialmarkt sogar
gestärkt werden. Dies gelingt über die Neudefinition der inneren, theologischen «Sinnmitte» resp. «Achse» des Unternehmens.[11] Dieser Vorgang
kann nicht mehr patriarchalisch oder dogmatisch von oben verordnet
werden, schon gar nicht lässt er sich von Theologie als Wissenschaft vor-
schreiben.[12] Aus den hauseigenen Traditionen heraus ist diese zentrale,
und wie Ökonomie integrale Funktion mit neuen Impulsen festzulegen
und festzuhalten. Es handelt sich somit nicht um ein äusseres Profil, um
dessen Verlust Patriarchen häufig getrauert haben, sondern um die klare
und bewusste Bestimmung dessen, was im ganzen Haus unternehmenspolitisch als Sinn und Wert gilt. Um diese innere Achse herum kann es
eine reiche Pluralität von individuellen Motiven des Glaubens und des
Handelns geben, genauer: Die Vielfältigkeit ist sogar gewollt. Die Zeit
einer frommen Uniformität ist längst vorbei und ist mit einer heutigen
Belegschaft zum Glück auch nicht mehr machbar.

6. *Diese Entwicklungen können im Blick auf Deutschland schon heute als verbreitet
erfolgreich vollzogen gesehen werden. Nachholbedarf liegt derzeit noch in der professionellen Führungsschulung eines mittleren Managements und vor allem der
ehrenamtlichen Aufsichtsgremien.*

Die Notwendigkeit von Management-Schulung für diakonische Füh-
rungskräfte auf allen Ebenen ist derzeit zur Selbstverständlichkeit geworden und wird diakoniepolitisch nach langem Zaudern auch aktiv gewollt

---

[11] Jäger, Alfred: Diakonie als christliches Unternehmen, 111ff; Lohmann, David: Das Bielefelder Diakonie-Management-Modell, 163ff.
[12] Über Generationen war diakonische Theologie vorwiegend Patriarchen- und
Laientheologie, die sich gegen Wissenschaftlichkeit gern abschottete, wie
sich umgekehrt wissenschaftliche Theologie vorwiegend auf verfasste Kirche
ausrichtete und Diakonie als uneigentlichen Gegenstand beiseite liess. Mit
dem um sich greifenden Diskurs «Theologie und Ökonomie» macht sich
derzeit ein akuter und neuer Bedarf an diakonierelevanter, wissenschaftlicher
Theologie bemerkbar, der es jedoch erfordert, dass sie anschluss- und
dialogfähig wird. Vgl. dazu: Dietzfelbinger, Daniel/Teuffel, Jochen (Hrsg.):
Heils-Ökonomie? Zum Zusammenwirken von Kirche und Wirtschaft (LLG
Leiten. Lenken. Gestalten – Theologie und Ökonomie 12), Gütersloh 2002.

und gefördert.[13] Über diverse Studiengänge BA/MA/PhD in Diaconic Sciences wird an der Kirchlichen Hochschule Bethel ein Konzept verwirklicht, das dem aktuellen Bedarf entspricht. Dieser liegt derzeit auf drei Ebenen:

– Im Sinn einer Personalplanung und -entwicklung gilt es, Führungspersonal mit den Herausforderungen der Geschäftsführungen vertraut zu machen und es dafür als Folgegeneration zu qualifizieren.
– Es ist allseits dringlich, Personen aus dem mittleren Management weiter zu fördern und für diese speziellen Aufgaben weiter zu befähigen.
– Aufsichtsgremien wurden traditionell mit HonoratiorInnen besetzt, die sich durch ein gutes Herz auszeichneten. Mit der Entwicklung der Unternehmen ist auch hier mehr Professionalität erforderlich.

7. *Der zweite, sachlich konsequente Sprung in der Corporate Identity wird zurzeit erst zögerlich angegangen: Als christliches Unternehmen sind wir eine eigenständig gewachsene Gestalt der Kirche Jesu Christi. Doch findet sich schon eine grosse Zahl von Leitbildern, in denen sich diese Neuorientierung niederschlägt. Dies wird vor allem Folgen in der Gestaltung der Themen im hauseigenen Soft-Management haben: Unternehmenskultur, Unternehmensethos, Unternehmensdesign, Unternehmensseelsorge etc. Dafür sind entsprechende operationelle Konzepte mit passendem Controlling zu entwickeln und umzusetzen.*

Die Entwicklung einer eigenen Unternehmenskultur greift in das nicht unproblematische Beziehungsfeld zwischen verfasster Kirche und Diakonie ein und ist insofern von Spannungen vielfältiger Art umgeben. Kirchenpolitisch offiziell wird Diakonie – in einer Variation der Formel von Wichern – als «Lebens- und Wesensäusserung» von Kirche definiert,

---

13 Vgl. Jäger, Alfred: Diakonische Unternehmenspolitik, 85ff. – Das viel diskutierte Konzept der Nachwuchsschulung aus den 80er Jahren blieb über Jahre wirkungslos. Dies änderte sich erst durch die Schaffung einer Führungsakademie als Bestandteil der Diakonischen Akademie in Berlin in den 90er Jahren, die gemessen an den Herausforderungen jedoch ihrerseits vorerst ein eher schwaches Licht verbreitete. Dies ändert sich derzeit u.a. dadurch, dass die Führungsakademie als eigenständige Institution der Kirchlichen Hochschule Bethel angegliedert wird, und dass dieser Hochschulstandort seinerseits ganz in das Thema Diakonie-Management umgewidmet werden soll.

womit – im Unterschied zu Wichern – eine klare Nachordnung gemeint ist. Historisch und faktisch ist Diakonie als «Tochter» längst erwachsen und steht mit eigener Familie da, was der «Mutter» immer wieder die Schmerzen der Ablösung bereitet, eine Entwicklung der Differenzierung, die aus verschiedenen Ursachen noch weiter gehen wird. Diakonieunternehmen lösen sich z.b. derzeit in Tariffragen zunehmend mehr von den Vorgaben, die in arbeitsrechtlichen Kommissionen der Kirchen erarbeitet werden. Der sog. «Dritte Weg» der Kirchen, der in der Nachkriegszeit Klassenkampf und Streik unter christlichen Geschwistern ausschloss, wird aus ökonomischen Gründen rasch zu neuen Lösungen führen müssen.[14]

Auch für Diakoniechefs und Diakoniechefinnen ist es heute unproblematisch zu sagen: «Wir sind Kirche.» Dieser Satz findet sich u.a. auch im Leitbild des Diakonischen Werks der EKD. Darin kann sogar so etwas wie neues Selbstbewusstsein mitschwingen in dem Sinn, dass auch «Wir» Kirche sind, nicht nur die Institutionen der verfassten Kirche.

Diskussionen löst die Formel «eigenständig gewachsene Gestalt» aus, in der ein klares Nebeneinander zum Ausdruck kommt. Mit Augenzwinkern bestätigen diakonische Führungspersonen auch die Richtigkeit dieses Anspruchs, sowohl historisch als auch faktisch. Vehementer Einspruch dagegen erhebt sich von Seiten der Kirchenleitungen, die dadurch – ebenfalls hinter der Hand gesagt – einen «Machtverlust» befürchten. Es wird weiterhin interessant sein, dieses Mutter-Tochter-Verhältnis zu beobachten und entsprechend zu gestalten.

Noch interessanter aber wird die Frage sein, ob und wie es Diakonieunternehmen gelingt, den damit verbundenen zweiten Sprung in der

---

14 Ein Schritt zur weiteren Ablösung der Diakonie von der Kirche war 1996 die Gründung des Verbandes diakonischer Dienstgeber Deutschland VdDD mit derzeit rund hundert diakonischen Grossunternehmen als Mitgliedern. Hintergrund der Gründung war die Tatsache, dass herkömmliche Tarifsysteme zunehmend weniger finanzierbar wurden. Um ein Tarifchaos zu verhindern, sind von dieser Plattform aus dringlich neue Wege anzugehen. Beim entscheidenden Beschluss zu diesem Schritt vertrat ich die These von der «eigenständig gewachsenen Gestalt» von Kirche, um den Schritt theologisch zu unterstützen, mit entsprechend folgender Zustimmung und Ablehnung.

hauseigenen «Corporate Identity» nicht nur zu tun, sondern auch umzusetzen. Darin steckt auch ein Anspruch an sich selbst, der eingelöst
werden will. Die theologische Achse muss sich darin neu positionieren.

Einrichtungen der Diakonie haben aus Tradition eine reiche Erfahrung mit Themen, die heute dem Bereich des «Soft-Managements» zu-
gerechnet werden. Es sind dies Aspekte jedes Unternehmens, die nicht
planbar und machbar sind, sondern über lange Zeit der Hege und Pflege
bedürfen. Deren Vernachlässigung aber kann sich rasch in inneren
Krisen manifestieren, die an die Substanz gehen. Diakonische Unternehmenskultur ist als Begriff, gewiss aber nicht in der Sache, neu. Auch
das Wissen um ein hauseigenes Ethos hat lange Tradition; es muss auf
neuen Wegen – z.B. durch die Einrichtung einer Ethik-Kommission –
jedoch immer wieder neu bedacht werden. U.a. gehört dazu ein «Ethik-
Controlling», das die Umsetzung der eigenen Normen der Unternehmenspolitik im Auge hat. Genauso kennen diakonische Unternehmen
seit langem eine hohe Professionalität im Umgang mit Fragen des De-
signs (inneres und äusseres Erscheinungsbild des Unternehmens). Zu
wenig ausgebildet ist allzu häufig noch eine ebensolche Professionalität
in der Erstellung und Verwirklichung eines massgeschneiderten Seelsor-
ge-Konzepts, doch ist mindestens das Bewusstsein, dass ein Problem besteht, verbreitet.

Damit soll gerade nicht gesagt sein, dass sich die Kirchlichkeit von
Diakonie vorwiegend in sanften Aspekten manifestiere.[15] Auch die «hard
facts» des «Hard-Managements» wie Unternehmenskonzept, Unterneh-
mensstruktur, Führungskonzepte, Finanzkonzepte etc. sind von der inneren Sinnmitte her zu definieren und dürfen theologisch nicht vernachlässigt werden.[16] Doch kann Diakonie ihre Markenzeichen nach innen

---

15 Vgl. dazu die Theologische Erklärung von Barmen 1934, die festlegte, dass
    christliche Kirche «mit ihrer Botschaft wie mit ihrer Ordnung» dafür Zeug-
    nis zu geben habe, dass sie allein Eigentum ihres Herrn sei (These 3). Die
    entscheidende Aussage liegt darin, dass auch die «Ordnung» vom Zentrum
    der Gemeinschaft her zu bestimmen sei.

16 V.a. in der Phase der Funktionärsleitung versuchte man, die «hard facts» als
    die weltlichen Aspekte im Haus zu definieren, während die Betreuungsarbeit
    neulutherisch dem geistlichen Bereich zugeschlagen wurde – mit entspre-
    chend fatalen Folgen für beide Bereiche.

und aussen auch in den sanften Aspekten wie bisher in besonderer Weise hegen und pflegen, um von innen her gewiss zu sein und nach aussen am Sozialmarkt stark zu bleiben.

Ethische, ekklesiologische und ökonomische Herausforderungen der diakonischen Arbeit in der Schweiz

Christoph Stückelberger

1. Eingrenzung des Themas und Diakoniebegriff

Welches sind die spezifischen Rahmenbedingungen der diakonischen Arbeit in der Schweiz? Welches sind die ethischen und ekklesiologischen Herausforderungen der diakonischen Arbeit in der Zukunft? Welches sind die ökonomischen Konsequenzen? Mit diesen drei Ausgangsfragen des folgenden Beitrages[1] sind auch schon drei *Eingrenzungen* des Themas deutlich: a) die biblisch-theologische Grundlegung der Diakonie steht hier nicht zur Debatte.[2] b) Zudem werde ich mich auf den Bereich der evangelischen Diakonie in der Schweiz begrenzen. Es würde den Rahmen sprengen, auch die katholische Diakonie darzulegen. Deren geschichtliche Entwicklung erfolgte mit dem früher sehr ausgeprägten katholischen Verbandswesen z.T. doch deutlich anders. Heute ist die ökumenische Zusammenarbeit in manchen, besonders neuen diakonischen Feldern und in der Auslanddiakonie eng. c) Die Inlanddiakonie steht mehr im Vordergrund des Referates als die Auslanddiakonie.

Trotz beispielsweise des schweizerischen Entwicklungsdienstes der Evangelischen Kirchen der Schweiz, Brot für alle, – als dessen langjähriger Leiter war ich hauptsächlich mit Entwicklungszusammenarbeit und weltwirtschaftlichen Fragen beschäftigt – ist der Begriff der Diakonie in den Kirchen und in der Gesellschaft doch überwiegend mit der Verantwortung gegenüber den Schwächeren im Inland verbunden. Im Rahmen des Schweizerischen Evangelischen Kirchenbundes sind seinem

---

[1] Überarbeitete und erweiterte Fassung eines Vortrages bei den Fakultätstagen der Theologischen Fakultät der Universität Basel zu Diakonie im Mai 2002.

[2] Weiterhin hilfreich ist die Sammlung Schäfer, Gerhard Karl/Strohm, Theodor (Hrsg.): Diakonie – biblische Grundlagen und Orientierungen. Ein Arbeitsbuch zur theologischen Verständigung über den diakonischen Auftrag, 3. Aufl., Heidelberg 1998.

Institut für Theologie und Ethik ITE, das ich seit Ende 2004 leite, unter anderem die vielfältigen Dossiers der Diakonie anvertraut, wie die Diakoniekonferenz des SEK, die Migrationsarbeit, die Empfangs- und Verfahrenszentrenseelsorge für Asylbewerbende sowie Studienarbeiten zu diakonischen Fragen.

Damit sind wir aber auch schon mitten im Reichtum und in der Schwierigkeit des *Diakoniebegriffs*. Um in den nächsten beiden Kapiteln eine institutionelle und eine thematische Landkarte der Diakonie in der Schweiz skizzieren zu können, muss erst geklärt werden, was überhaupt unter Diakonie zu verstehen und zu subsumieren ist: Ist sie «Sozialarbeit in Gottes Namen», wie der Untertitel der Fakultätstage der Theologischen Fakultät der Universität Basel von 2002 lautete? Ist sie Evangelisation im sozialen Gewand? Ist sie eine Blackbox, in die jede/r einfüllen kann, was ihm oder ihr beliebt, weil zumindest ausserhalb der Kirche sowieso niemand versteht, was damit gemeint ist? Ist sie das, was sie im Namen trägt oder das, was die Homepage des Diakonieverbandes Schweiz unter Mitgliedern aufführt (www.diakonieverband.ch)?

Diakonie wird sehr vielfältig definiert. Der erwähnte Diakonieverband Schweiz – er ist mit über hundert Werken und allen Deutschschweizer Kirchen als Mitgliedern der wichtigste Dachverband evangelischer Diakonie in der Schweiz – definiert Diakonie knapp und bündig so: *«Diakonie – der Dienst am Mitmenschen aus christlicher Motivation»*. Ich gehe für die Beschreibung der diakonischen Landkarte von diesem Diakoniebegriff aus. Er enthält wie praktisch alle Diakoniebegriffe die beiden Elemente «Dienst» und «christlich». Die notwendige Unschärfe des Begriffs beruht einerseits in der Weite und Kontextbezogenheit der Dienste, denn das, was Menschen als Dienstleistung von andern brauchen, ist je nach Kontext oder Zeit sehr verschieden. Er beruht andererseits auf der Unschärfe des «proprium christianum», also dessen, was nun zur Sozialarbeit spezifisch hinzukommt. Damit verbunden ist die Frage, ob dieses Christliche nur als Motivation der diakonisch Arbeitenden oder als aktive Verkündigung des Evangeliums – was eben als innere Mission bezeichnet wurde – in der Diakonie wirkt. Schon zu urchristlicher Zeit[3] waren die Dienste der Zuwendung zum Nächsten und der Verkündigung

---

[3]   Vgl. den Beitrag von Matthias Konradt in diesem Band.

«unvermischt und ungetrennt». Sie gehören zu einer ganzheitlichen christlichen Existenz der Nachfolge und des Zeugnisses zusammen.[4]

Entscheidend für diesen ersten Schritt der Klärung des Diakoniebegriffs ist also, dass Diakonie immer das Element des Dienstes für den Nächsten und das Element der christlichen Fundierung dieses Dienstes miteinander verbindet.

Christliche Diakonie in der Schweiz wandelte sich im Laufe der letzten 150 Jahre erheblich und zeigt auch heute vielfältigste Gesichter. *Die folgende Tabelle (S. 188) zeigt die institutionelle Landkarte der evangelischen Diakonie in der Schweiz in Umrissen.* Aus der Vielzahl der mehreren hundert evangelischen diakonischen Institutionen in der Schweiz sind hier nur die Hauptelemente genannt. Dabei zeigen die verschiedenen Ebenen von der Kirchgemeinde bis zum weltweiten Ökumenischen Rat der Kirchen, dass Diakonie diese spezifische Chance der lokalen Verankerung und Nähe zu den Notleidenden, aber auch die potentielle Stärke regionaler, nationaler und globaler Institutionen vereint, auch wenn sie das internationale Potential noch ungenügend nutzt.

Die Tabelle zeigt mit den drei vertikalen Spalten, dass Diakonie einerseits in der hierarchischen Linie der verfassten Kirchen von der Kirchgemeinde bis zum Kirchenbund verankert ist, dass aber ihre quantitative, finanzielle und personelle Stärke (wie in den meisten mitteleuropäischen Ländern) in den diakonischen Werken und Verbänden liegt. Diese wurden und werden von den Kirchen oder von Gründerpersönlichkeiten, Verbänden oder Bewegungen initiiert und zumeist von den Kirchen unterstützt. Dabei sind die Auslanddiakonie und die Inlanddiakonie zu unterscheiden, wobei landläufig vorwiegend die Inlanddiakonie zur Diakonie gezählt wird, währenddem die Auslanddiakonie eher als Entwicklung, Mission oder weltweites Kirchesein bezeichnet wird. Theologisch und ekklesiologisch gehören Inland- und Auslanddiakonie klar zusammen, da sie Ausdruck desselben Dienst-Auftrags der Kirchen in der Gesellschaft sind.

---

4   Vgl. unten Abschnitt 5, Pkt. 1.

2. Institutionelle Landkarte der evangelischen diakonischen Einrichtungen in der Schweiz. Eine unvollständige Kurzübersicht[5]

Institution / *Ebene*	Verfasste Kirchen	Werke/Verbände Inlanddiakonie	Werke/Verbände Auslanddiakonie
Inter-national	-ÖRK -KEK	-Eurodiaconia -Europ. Diakonieforen	-Aprodev -ÖRK, ACT, EAA
National	-SEK, ITE -SEK Stiftung Fondia	-Diakonieverband CH -Ausbildungsstätten (Diakonenhaus) -HEKS Inland -Blaues Kreuz BK -Heilsarmee HA -Frauenbund EFS -Volksbund SPV -Werke Inn. Mission -Medien, Verlage	-Evang. Hilfswerke und Missionen (BFA, HEKS, mission 21, DM, cfd etc.) -Arbeitsgemeinschaft Hilfswerke -SEK Aussenbezie- hungen mit Aus- landgemeinden
Kantonal/ regional	-Diakonatskapitel/ Diakoniebeauftr. -Spezialpfarrämter -Centres Sociaux protestants CSP -Heimstätten -Kantonale OeME- Beauftragte	-Diakonissenhäuser -regionale Spezial- pfarrämter -Regionalstellen natio- naler Werke	-Kantonale OeME- Beauftragte und Komitees der Hilfs- werke/Missionen
Lokal/ regional	-Diakonische Mitarbeitende -landes- und frei- kirchliche Ein- richtungen	-Heime -soz. Einrichtungen -Ferienzentren	-Unterstützungs- komitees der Aus- landwerke

---

[5] Adressen und Personen im Kalender der Evangelischen Kirchen der Schweiz 2006, Kapitel Werke der Kirche und der Inneren Mission, Basel 2005, 433–467 und beim Diakonieverband (http://www.diakonieverband.ch).

ACT	Action of Churches Together (Nothilfe, Sitz bei ÖRK in Genf)
APRODEV	Verband der protestantisch und ökumenisch orientierten Hilfs- werke in Europa
BFA	Brot für alle
BK	Blaues Kreuz
cfd	Christlicher Friedensdienst
CSP	Centres sociaux protestants der welschen Kirchen
D-CH DK	Deutschschweizerische Diakonatskonferenz
DRMD	Departement romand des Ministères diaconaux
DS	Diakonieverband Schweiz, 1927 gegründet, Mitgl.: 104 diakon. Werke und 18 Kirchen
EAA	Globales Ökumenisches Aktionsbündnis (Entwicklungspolitik, Sitz bei ÖRK in Genf)
EFS	Evang. Frauenverband der Schweiz
Eurodiaconia	Europäischer Verband für Diakonie
Fondia	Stiftung zur Förderung der Gemeindediakonie im SEK
HA	Heilsarmee
HEKS	Hilfswerk der Evangelischen Kirchen Schweiz
ITE	Institut für Theologie und Ethik
KEK	Konferenz Europäischer Kirchen
OeME	(Beauftragte für) Ökumene, Mission, Entwicklung
ÖRK	Ökumenischer Rat der Kirchen, Genf
SAG	Arbeitsgemeinschaft der sozialdiakonischen Mitarbeitenden in ev. Kirchgemeinden
SEK	Schweizerischer Evangelischer Kirchenbund
SPV	Schweizerischer Protestantischer Volksbund

3. Thematische Landkarte der evangelischen diakonischen Einrichtungen in der Schweiz. Ein Vergleich 1940 und 2006

Historischer Vergleich *Haupt-Arbeitsfelder*	Arbeitsfelder der «Inneren Mission und Evangelischen Liebestätigkeit» *1940*[6]	Arbeitsfelder der evangelischen Diakonie, christlichen Sozialarbeit und Inneren Mission *2006*[7]
1) *Behinderten*hilfe	-Fürsorge für Epileptische, Krüppel, Geistesschwache, Blinde, Taubstumme	-Behindertenheime -Behindertenpfarrämter (Blinde, Taube, Epileptische)
2) *Kranken*- und *Alters*pflege	-Diakoniewerke -christliche Hospize	-Akut- und Langzeitspitäler -Spezialkliniken und Psychiatrie -Ambulante Pflege -Alters- und Pflegeheime
3) *Sucht*prävention und Suchtkrankenhilfe	-Trunksucht -Unzucht -Alkoholismus	-Alkoholismus -Übrige Drogen -Therapiezentren -Wohngemeinschaften/-heime
4) Weitere *Spezialseelsorge*dienste	-Gefangenen- und Entlassenenfürsorge -Schaustellerseelsorge -Wanderarbeitslosenhilfe -Auskunftsstellen für evangelische Auswanderer -Freiwilliger Arbeitsdienst	-Gastgewerbeseelsorge -Gefangenenseelsorge -Militärseelsorge -Telefon-/Internet- und SMS-Seelsorge -Aidsseelsorge In- und Ausland -Notfallseelsorge

---

[6] Schweiz. Verband für Innere Mission und Evangelische Liebestätigkeit (Hrsg.): Unser Dienst am Bruder. Die Werke der Inneren Mission und Evangelischen Liebestätigkeit in der Schweiz, Zürich 1940.

[7] Kalender der Evangelischen Kirchen der Schweiz 2006, Kapitel Werke der Kirche und der Inneren Mission, Basel 2005, 433–467; Schweiz. Diakonieverband, Homepage; eigene Recherchen.

5) Betreuung von *Kindern und Jugendlichen*	-Kinderheime, Waisen-häuser, Jugendbewegung -Erziehungsvereine	-Heime für versch. Altersgruppen -Heilpädagog. Pflegefamilien -Beratung von Jugendlichen
6) *Ausbildung/ Berufsbildung*	-Krippen, Kindergarten -Evang. Schulen -Haushaltungsschulen -Erziehungsvereine -Erziehungsheime	-Evang. Schulen von Kinder-garten bis Matur -Berufliche Aus- und Weiter-bildung (Diakonie, Kranken-pflege, Lehrerseminarien) -Heimstätten, Tagungszentren
7) Dienst zur Besserung der *sozialen Verhältnisse Arbeit*markt	-Gewerkschaftsarbeit -Arbeiterhilfe -Arbeitslosenversicherung -Stellenvermittlung -Stipendien -Freiwilligenarbeit -Sonntagsfeier -Arbeiterkolonien	-Stellennetze -Arbeitslosenhilfe -Kirche und Wirtschaft -Stipendien -Freiwilligenarbeit -Ethikinstitute/Studienstellen
8) *Freizeit*gestaltung/ Erholung	-Erholungsfürsorge -Christliche Hospize -Kurhäuser	-Jugend/Lagerhäuser -Christliche Hotels/Pensionen -Heimstätten -Tourismusseelsorge
9) *Gender*arbeit	-Frauenarbeit -Männliche Diakonie -Weibliche Diakonie	-Arbeit der Frauenverbände -Männerarbeit -Frauen und Entwicklung (Hilfs-werke)
10) Lebenshilfe/ *Partnerschaft*	-Einzel- und Paarberatung	-Einzel- und Paarberatung
11) *Migration*	-Auskunftsstellen für evang. Auswanderer -Flüchtlingsarbeit	-Migrations-/Integrationsstellen -Flüchtlingsarbeit -Interreligiöse Arbeit
12) *Entwicklungs-zusammenarbeit*	-Wiederaufbau Europa	-Langfristige Entwicklungsarbeit -Nothilfe
13) *Mission*	-Mission im Ausland -Innere Mission	-Mission im In- und Ausland
14) *Zwischen-kirchliche* öku-men. Diakonie	-Prot.-kirchl. Hilfsvereine -Diasporaarbeit	-Zwischenkirchliche Hilfe -Kirchen- und Gemeindepartner-schaften
15) *Glaubens- und*	-Diakonissenhäuser	-Diakonissenhäuser

Berufs-gemeinschaften	-Christliche Lebensgemeinschaften	-Christliche Lebensgemeinschaften
16) Dienst der Verkündigung	-Stadtmission -Sonntagsschule -Traktat-/Plakatmission -Gasthausmission -Binnenschiffermission -Verkehrspersonalmission	-Flughafenseelsorge -Bahnhofseelsorge -Interreligiöse Begegnungsarbeit -Theol. Fakultäten, Bibelschulen -Gaststättenseelsorge -Kirche und Tourismus
17) Gemeinde-aufbau		-Gemeindeaufbau -Ausländische Gemeinden in der Schweiz
18) Medienarbeit	-Pressearbeit -Radioarbeit, Filmarbeit -Christliche Laienspiele	-Ref. Mediendienst (Radio, TV, Presse, Film etc.) -Buchhandlungen, Verlage
19) Diakonie an der Schöpfung	-Erntedank	-ökologisches Handeln der Kirchgemeinden -Kirche und Tiere -internationaler Klimaschutz
20) Politische Diakonie	-Kirchliche Friedensbestrebungen	-Sozialpolitik Inland -Entwicklungspolitik Ausland -Wirtschaftspolitik national und international -Europapolitik

Die 20 aufgelisteten *Arbeitsfelder* lassen sich in *7 Gruppen* einteilen:
a) Diakonie für *Schicksalsgruppen* (Felder 1–5), also für Benachteiligte wie Behinderte, Kranke, Süchtige
b) Diakonie für *Altersgruppen* (Felder 2, 5): Kinder, Jugendliche, Betagte
c) Diakonie für *Beziehungen und Integration* (Felder 9–11): Gender, Partnerschaft, Migration
d) Diakonie durch *Verkündigung* (Felder 13, 15–18): Mission, Glaubenshilfe, Gemeindeaufbau
e) *Weltweite Diakonie* (Felder 12–14): Entwicklung, Mission, Zwischenkirchliche Hilfe
f) *Ökologische Diakonie* (Feld 19): Diakonie an der Schöpfung
g) *Politische Diakonie* (Feld 20): Gesellschaftsdiakonie als Mitgestaltung der politischen und wirtschaftlichen Rahmenbedingungen.

4. Gesellschaftliche Trends und diakonische Antworten

Diakonie antwortet auf die jeweiligen Nöte der Menschen einer Zeit. Mit den Verschiebungen in den Problembereichen haben sich deshalb entsprechend die diakonischen Angebote zu wandeln. Stichwortartig seien aktuelle Felder des diakonischen Handelns genannt:

Trend	Problem	Diakonisches Handeln
Mobilität	Brüchige Beziehungen	Beziehungsdiakonie Zu Beziehungen verhelfen
Globalität	Ohnmacht	Politische Diakonie Eine Stimme geben
Flucht aus Wirklichkeit	Überforderung, Sucht virtuelle Welt	Time out-Diakonie Fluchtprävention
Interkulturalität	Patchworkidentität	Spirituelle Diakonie Glaubenshilfe
Sozialgefälle (arm-reich)	Armutsopfer soziale Spannungen	Gerechtigkeitsdiakonie Peripheriediakonie
Geschlechtergleichheit	Geschlechterspannungen	Genderdiakonie
Umweltzerstörung	Bedrohte Lebensgrundlagen	Diakonie an der Schöpfung
Rückzug auf das Lokale	Fremdenfeindlichkeit Isolationismus	Integrationsdiakonie
Gewalt	Sinkender Respekt vor Leben	Friedensdiakonie
Politische Instrumentalisierung der Religionen	Religiöse Konflikte Fundamentalismus	Mediationsdiakonie

5. Rahmenbedingungen der diakonischen Arbeit

Die evangelische diakonische Arbeit in der Schweiz ist von verschiedenen Rahmenbedingungen geprägt. Einige seien hier stichwortartig und unvollständig erwähnt:

– *Entstehung:* Die diakonischen Einrichtungen sind oft auf Initiative von Einzelpersönlichkeiten entstanden und dann nachträglich institutionell eingebunden worden.

– *Zwischen Freiheit und Einbindung:* Die diakonischen Einrichtungen sind noch heute überwiegend freie, juristisch eigenständige christliche Werke (Stiftungen, Vereine), die aber von den Landes- oder Freikirchen finanziell unterstützt und von ihnen personell und in den Trägerschaften mitgetragen werden. Oft werden sie – z.b. Beratungsstellen – von kirchlichen regionalen Zweckverbänden getragen.

– *Diakonie im Sozialstaat:* Die Diakonie in der Schweiz ist weitgehend subsidiär zu sozialstaatlichen Diensten. Sie übernimmt in viel geringerem Mass Aufgaben des Sozialstaates als z.b. in Deutschland. Sie wird vom Staat aber in manchen Fällen unterstützt.[8]

– *Entflechtung Kirche-Staat:* Durch die weitere Entflechtung von Kirche und Staat in jenen Kantonen, in denen die Verbindung noch eng ist, und durch den weiter fortschreitenden Mitgliederschwund bei Kirchen in manchen Kantonen erhöht sich der Legitimationsdruck für kirchliche Diakonie. Mit kirchlichen Sozialbilanzen, die wesentlich auch auf die diakonischen Leistungen hinweisen, wird Kirchesein und besonders staatliche Unterstützung für Kirchen legitimiert.

– *Verhältnis zur Sozialarbeit:* Das Verhältnis der Diakonie zur konfessionell neutralen Sozialarbeit war und ist oft spannungsvoll und pendelt zwischen Abgrenzung und enger Kooperation. Dies spiegelt sich im Verhältnis der diakonischen und sozialarbeiterischen Ausbildungen. Diese stehen immer auch in einer Wechselbeziehung zu Veränderungen im staatlichen Ausbildungsbereich. So hat die neueste Bildung weniger, zentralisierter und grosser Fachhochschulen in der Schweiz provoziert, dass die Gründung einer evangelischen Fachhochschule Schweiz erwogen wird, die auch die diakonischen Ausbildungen zusammenfassen würde.

– *Verhältnis zur Psychotherapie:* Die sehr ausgebauten psychotherapeutischen Angebote in der Schweiz bilden nicht nur für die pfarramtliche Seelsorge, sondern auch für die begleitende Diakonie eine Rahmenbedingung, die zu hoher Professionalität herausfordert.

– *Finanzierung:* Kürzungen der Staatsbudgets besonders in den letzten zehn Jahren haben den Erwartungs- und Leistungsdruck auf kirch-

---

[8] Das Institut für Theologie und Ethik des SEK arbeitet zurzeit an einem Projekt «Zukunft Sozialstaat Schweiz». Publikation 2007 geplant.

liche diakonische Einrichtungen deutlich erhöht. Sinkende Kirchensteuermittel, der weiter steigende Konkurrenzkampf auf dem Spendenmarkt und teilweise Überalterung in diakonischen Trägerschaften erhöhen den Finanzdruck auf die diakonischen Einrichtungen. Die Deregulierung und Liberalisierung der Wirtschaft und die damit verbundenen Trends zu SRI (Socially responsible investments – sozial verantwortlichem Wirtschaften) als Kompensation der Deregulierung haben Ansätze für ein Mäzenatentum und Sozialsponsoring verstärkt.

– *Marktorientierung:* Der Sozialmarkt ist zunehmend dem freien Markt ausgesetzt und verhält sich zunehmend marktorientiert. Marketingwissen gewinnt auch in der Diakonie deutlich an Bedeutung.

– *Europäische Union:* Auch der Sozialmarkt wird zunehmend europäisiert. Wieweit die demnächst in Kraft tretenden bilateralen Verträge zwischen der Schweiz und der EU mit der darin enthaltenen Personenfreizügigkeit auch den Arbeitsmarkt der diakonischen MitarbeiterInnen beeinflussen werden, ist noch nicht abzuschätzen. Es ist aber anzunehmen, dass hier analog zu andern sozialen Berufen und Angeboten einiges in Bewegung kommen wird, wenn auch tendenziell langsamer, da die kirchlichen Einrichtungen stärker an die Ortskirchen gebunden sind als säkulare Sozialeinrichtungen an ihren Standort.

– *Anerkennung/Ordination:* Die Stellung und ekklesiologische Einbettung der diakonischen Mitarbeitenden wurde in den letzten zwei Jahrzehnten und besonders in jüngster Zeit in vielen evangelisch-reformierten Landeskirchen der Schweiz deutlich verbessert. So wurde in vielen Kirchen ihre Ordination eingeführt und ihnen beratende Einsitznahme in der Kirchenpflege ermöglicht. Eine einheitliche Regelung besteht aber nicht. Im Zusammenhang mit andern Ordinationsfragen nimmt der SEK diese Frage wieder auf.

6. Ethische, ekklesiologische und ökonomische Herausforderungen

Unter den genannten Rahmenbedingungen ergeben sich verschiedene Herausforderungen für die Diakonie. Diese Herausforderungen sind m.E. nicht konfessionsspezifisch, sondern betreffen die christliche Diakonie im europäischen Kontext insgesamt. Ich gehe dabei von einer Ekklesiologie der «Kirche für andere» (Bonhoeffer) aus. Diakonie ist im Kern «Kirche für andere». Darin ist beides enthalten: Kirche ist Kirche aber eben nur, sofern sie auch für andere da ist. Darin zeigt sich ihr Kirchesein. Ich beschränke mich auf zehn thesenförmige Denkanstösse:

- *Ganzheitlichkeit – himmel- und erdeorientiert*
 «Kirche ohne Diakonie verliert die Erde – Diakonie ohne Kirche verliert den Himmel.»[9] Diese prägnante Formel am Wichern-Kongress 2006 verweist auf die dauernde Herausforderung, die beiden Pole Kirche und Diakonie zusammenzuhalten. Ganzheitliche Diakonie lässt sich nie auf Sozialarbeit reduzieren, und zum Wesen der Kirche gehört umgekehrt untrennbar ihr sozialer Auftrag. Gottesdienst und Menschendienst, Gottesliebe und Menschenliebe sind untrennbar verbunden. Dies wird auch in der neuesten Enzyklika «Deus Caritas est» von Papst Benedikt XVI., veröffentlicht an Weihnachten 2005, im Abschnitt «Gottes- und Nächstenliebe» betont: «Wenn die Berührung mit Gott in meinem Leben ganz fehlt, dann kann ich im anderen nur einen Menschen, aber nicht das göttliche Bild in ihm erkennen. Wenn ich aber die Zuwendung zum Nächsten aus meinem Leben ganz weglasse und nur ‹fromm› sein möchte, nur meine ‹religiösen Pflichten› tun, dann verdorrt auch die Gottesbeziehung.»[10]

- *Gehstruktur – dienstorientiert*
 Diakonie ist Dienst. Dienst hat dabei eine Komm- und eine Gehstruktur. Dies kommt in einer erweiterten Diakoniedefinition des Diakonieverbands Schweiz schön zum Ausdruck: «Aufeinander zugehen und füreinander da sein macht das Leben erst erträglich. Wo dies aus einer christlichen Motivation geschieht, ist es Diakonie.» Diakonie ist also nicht nur da für jene, die kommen, sondern geht auch auf jene zu, die es nötig haben. Diakonie ist damit nicht nur ein Dienstleistungsangebot, sondern sucht pro-aktiv die Bedürftigen auf. Die Gehstruktur gewinnt im heutigen kirchenskeptischen Umfeld an Bedeutung.

---

[9] Dörner, Klaus: Kirche ohne Diakonie verliert die Erde – Diakonie ohne Kirche verliert den Himmel, in: epd-Dokumentation Nr. 13, 21. März 2006 (Themenheft mit drei Vorträgen des Kongresses zu Wichern), 24–31.
[10] Enzyklika «Deus Caritas est» von Papst Benedikt XVI. vom 25. Dezember 2005, Verlautbarungen des Apostolischen Stuhls Nr. 171, hrsg. vom Sekretariat der deutschen Bischofskonferenz, Bonn 2006, para 18 (26f).

– *Spiritualität – glaubensorientiert*
Zu den oft verborgenen, aber verbreiteten seelischen Nöten unserer
Zeit gehört die religiöse Orientierungslosigkeit und der Hang zu Er-
satzreligion. Eine spezielle Herausforderung der Diakonie ist es, in
besonderer Weise auch auf diese religiösen Nöte der Menschen einzugehen, nicht mit Zwang zur Bekehrung, sondern mit glaubens-
orientierter Lebenshilfe. Wo Diakonie das evangelische Fundament
mit interreligiöser Offenheit verbindet, kann sie einen tragfähigen
christlichen Dienst des Zeugnisses leisten.

– *Innovation – geistorientiert*
Manche diakonischen Einrichtungen sind überaltert, klagen über
Nachwuchsmangel, sind vom Sozialmarkt Schweiz her in Bedrängnis
oder in einer Orientierungskrise. Diakonie braucht den Mut zur Innovation. Diese Erneuerung kann nicht um der modischen Erneuerung
willen geschehen, sondern ist angetrieben vom göttlichen Geist der
Liebe, der lebendig macht und erhält. Er macht offen und sensibel
für neue, oft noch verborgene Nöte und Leiden oder solche, die sich
in der Erforschung demographischer, politischer, wirtschaftlicher und
(inter)religiöser Entwicklung erst abzeichnen.[11]

– *Flexibilität – bedarfsorientiert*
Die Nöte der Zeit wandeln sich ständig. Deshalb braucht Diakonie
sozialwissenschaftlich gestützte Gesellschaftsanalysen und ethisch-
normative Orientierungen, die aufzeigen, welche Nöte wo am drän-
gendsten sind. Das führt zu der notwendigen Flexibilität, bei knappen
finanziellen Ressourcen den Mut zu finden, mit einer Prioritäten-
setzung gewisse diakonische Angebote abzubauen, um bedarfsorientiert neu notwendige aufbauen zu können. Es gibt im Sozialmarkt
Schweiz Bereiche mit Überversorgung und solche mit Unterversorgung. Diakonie hat hier auch einen politischen Beitrag zur bedarfs-
orientierten Sozialplanung zu leisten.

---

[11] Zehn Aufsätze mit Beispielen für «Innovationen diakonischer Arbeit» finden
sich in Strohm, Theodor (Hrsg.): Diakonie an der Schwelle zum neuen Jahrtausend, Heidelberg 2000, 296–393.

– *Marketing – wirkungsorientiert*
Der Sozialmarkt ist seit einigen Jahren zunehmend von Marketing
und Management geprägt, nicht zuletzt unter dem zunehmenden
Finanz- und Konkurrenzdruck auf dem Spendenmarkt. Selbstbewusst
heisst es in der Diakonie-Denkschrift der EKD: «Die Diakonie befin-
det sich mit anderen im Wettbewerb und bejaht ihn. Sie geht in den
Wettbewerb mit einem klaren diakonischen Profil.»[12] Gutes Marketing ist für die Diakonie wichtig,[13] aus drei Gründen: um die Dienstleistungen nachfrageorientiert bekannt zu machen, ihre Wirksamkeit
zu erhöhen und die finanzielle Tragfähigkeit zu gewährleisten. Alle
drei Gründe sind aus Sicht der Verantwortungsethik für die Diakonie
wichtig. Die herausfordernde Gratwanderung besteht dabei darin, die
Professionalität und Effizienz modernen Managements mit dem spezifischen Auftrag christlicher Diakonie zu verbinden. Der Spardruck
in den staatlichen Sozialversicherungssystemen, die den Kern des
Sozialstaates darstellen, bedarf einerseits eines wirkungsorientierten
Marketings auch der diakonischen Einrichtungen, gleichzeitig aber
auch der politischen Diakonie, die sich für eine Begrenzung staatlicher Sparübungen zulasten der Schwachen und für faire Steuersyste-
me einsetzt. Der nachweisbar grössere Graben zwischen Arm und
Reich auch in Europa bedeutet, dass auch hier Armutsbekämpfung
und «armutsorientierte Diakonie»[14] nur in der Verbindung mit der
Auseinandersetzung über übermässige Reichtumsanhäufung wirkungsvoll sein können. Hilfswerke und diakonische Einrichtungen

---

[12] Herz und Mund und Tat und Leben. Grundlagen, Aufgaben und Zukunftsper-
spektiven der Diakonie. Eine evangelische Denkschrift, Gütersloh 1998, 47.

[13] Vgl. Jäger, Alfred: Diakonie als christliches Unternehmen, Gütersloh 4. Aufl.
1993; vgl. auch den Beitrag von A. Jäger in diesem Band.

[14] Benedict, Hans-Jürgen: Arme habt ihr allezeit oder: Schaffet Recht den Armen? Armutsorientierte Diakonie unter den Bedingungen des Sozialabbaus
und der Hartz IV-Reform, in: Eurich, Johannes (Hrsg.): Diakonische Orientierungen in Praxis und Bildungsprozessen. Diakoniewissenschaftliches Institut Heidelberg, DWI-Info Nr. 37, Heidelberg 2005, 157–180.

gerade in Deutschland haben die Debatte darüber mit dem «Jahrbuch Gerechtigkeit» angestossen.[15]

— *Noch-Nicht-Märkte – armutsorientiert*
Die zunehmende Marktorientierung im Sozialmarkt birgt die Gefahr in sich, dass gerade dort Angebote aufgebaut werden, wo ein momentanes Interesse der Öffentlichkeit und der privaten Gönner und Investoren besteht – in der Auslanddiakonie z.B. Nothilfe und Aidsprogramme, im Inland, was trendig sich für Sponsoring und auf Finanzmärkten bei SRI-Investments in private Gesundheitsangebote eignet.[16] Dabei werden leicht Bereiche vernachlässigt, die noch keine Märkte sind. Beispiel: Kleinkreditprogramme für die «non-bankable poor», also für jene Armen, die keinen Zugang zu kommerziellen Bankkrediten haben und als nicht kreditwürdig gelten. Entwicklungsorganisationen haben solche Angebote nun während Jahrzehnten im Stillen aufgebaut. Erst jetzt beginnt sich auch der kommerzielle Kreditmarkt dafür zu interessieren. Diakonie hat auch in Zukunft eine armutsorientierte Pionierrolle zu spielen, wie sie dies oft schon in der Vergangenheit geleistet hat.

— *Nicht-mehr-Märkte – schattenorientiert*
Marketing bei sozialen Dienstleistungen und moderne Mittelbeschaffung haben auch viel mit Medienpräsenz zu tun. Wenn Medien sich von einem Thema abwenden, droht, dass sich auch Sozialanbieter abwenden. Diakonie heisst Einsatz für die Vergessenen, die nicht mehr im medienwirksamen Rampenlicht der Öffentlichkeit, sondern im Schatten des Vergessens stehen und gerade dann die liebende Zuwendung am Nötigsten haben. Die biblische Botschaft von Gottes Zuwendung zu den Ärmsten schliesst die Zuwendung zu jenen im Schatten ein. Die Herausforderung besteht darin, Geldgeber für solche «schattenorientierte Diakonie» zu motivieren. Dies ist bei staatlichen wie privaten Gebern sehr schwierig. Wer will denn noch die

---

[15] Kirchlicher Herausgeberkreis Jahrbuch Gerechtigkeit (Hrsg.): Armes reiches Deutschland. Jahrbuch Gerechtigkeit I, Frankfurt 2005.

[16] Dabei ist grundsätzlich begrüssenswert, dass Socially Resonsible Investments SRI sich nun vermehrt auch in Bereiche wie Gesundheits- und Bildungswesen wagen.

vergessenen, seit über 20 Jahren bestehenden Flüchtlingslager im Libanon oder in Kambodscha unterstützen? Wer will sich um Opfer vergessener Kriege kümmern? Bei staatlichen Entwicklungs- und Sozialagenturen wie bei privaten Stiftungen wird immer häufiger das Kriterium der Innovation und des Pionierhaften betont. Ein lohnendes Kriterium, um Erneuerung zu fördern. Ein tragisches Kriterium, wenn die Unterstützung der «alten» Opfer im Schatten nicht mehr möglich ist.

– *Prävention – gerechtigkeitsorientiert*
Diakonie stand und steht immer wieder im Verdacht, «Pflästerlipolitik» zu betreiben und Reparaturdienste für Opfer unbarmherziger wirtschaftlicher Mechanismen oder politischer Systeme zu leisten. Demgegenüber steht die ganzheitliche Diakonie, die neben dem kurativen auch den präventiven Dienst leistet. Damit ist sie politische Diakonie, die die Ursachen der Not anpackt. Die erste europäische Diakoniekonferenz in Bratislava 1994 sagte dies in der Bratislava-Erklärung deutlich: «Die Diakonie muss auch ihren politischen Einfluss stärken, indem sie neue Methoden entwickelt, die auf wachsame Beobachtungen jener Realitäten ausgerichtet sind, die der Menschenwürde schaden und die Entfaltung des Menschen und der Gemeinschaft behindern. Ein solches politisches Wirken erfordert Arbeitsmethoden, die von der Basis ausgehend Aktionen von Betroffenen und für Betroffene unterstützen.» Solche Diakonie ist gerechtigkeitsorientiert, indem sie nicht nur Not lindert, sondern den Benachteiligten zu ihren Rechten verhilft. Sie nimmt damit den biblischen Ruf nach Gerechtigkeit als Teil des Liebesgebots ernst. «The rights based approach», ein auf Rechten basierendes Hilfekonzept, wird besonders auch in der Entwicklungszusammenarbeit als internationaler Diakonie zunehmend betont. Demgegenüber ist die bereits erwähnte erste Enzyklika des gegenwärtigen Papstes Benedikt XVI. in diesem Punkt ein Rückschritt. Während er eindrücklich die in der Gottes- und Menschenliebe verankerte Diakonie als individualethische Aufgabe und als karitative Aufgabe der Kirche beschreibt, wendet er sich gleichzeitig gegen die politische Diakonie: «Das christliche Liebeshandeln … ist nicht ein Mittel ideologisch gesteuerter Weltveränderung und steht nicht im Dienst weltlicher Strategien, sondern ist hier und jetzt Vergegenwärtigung der Liebe, deren der Mensch immer bedarf. … Was die Mitarbeiter betrifft, die praktisch das Werk der Nächsten-

liebe in der Kirche tun, ... dürfen (sie) sich nicht nach den Ideologien der Weltverbesserung richten.»[17]

– *Die Nahen und die Fernen – weltorientiert*
Wer ist mein und unser Nächster? Der da und dort – auch in Kirchgemeinden – zu beobachtende Trend, die nahen Bedürftigen stärker zu beachten als die fernen Bedürftigen, widerspricht der christlichen Botschaft der umfassenden Liebe für die Nahen und Fernen (im theologischen und geographischen Sinn). Weltweit orientierte Diakonie als Teil der weltweiten Kirche Jesu Christi sucht das Gleichgewicht der zeichenhaften Nähe zu den Nahen wie zu den Fernen. Gleichzeitig kann dies nicht bedeuten, dass sich der Einzelne für alle Not in der Welt verantwortlich fühlt und damit hoffnungslos überfordert ist und allenfalls ein «burn out» provoziert. Offenheit für die Not auch der Fernsten ist zu verbinden mit der Selbstbeschränkung, nur so viel Verantwortung zu übernehmen, wie auch (Macht-)Mittel zur Verfügung stehen. Wer mehr Macht und Entscheidungskompetenzen hat, hat mehr Verantwortung und umgekehrt. Diakonie lebt gerade davon, aus der Gnade Gottes zu handeln. Wir können und müssen mit dem Dienst der Liebe das Heil nicht erwerben. Diakonie ist ein bescheidenes Zeichen des Dankes an die überwältigenden Gaben Gottes, die er uns schenkt. Diakonie ist Gotteslob. Nicht mehr und nicht weniger.

So lässt sich die für die Zukunft anzustrebende ethische Ausrichtung der Diakonie nochmals in den zehn Orientierungen zusammenfassen:

1. Ganzheitlichkeit   himmel- und erdeorientiert
2. Gehstruktur   dienstorientiert
3. Spiritualität   glaubensorientiert
4. Innovation   geistorientiert
5. Flexibilität   bedarfsorientiert
6. Marketing   wirkungsorientiert
7. Noch-Nicht-Märkte   armutsorientiert

---

17 Enzyklika «Deus Caritas est» von Papst Benedikt XVI. vom 25. Dezember 2005, Verlautbarungen des Apostolischen Stuhls Nr. 171, hrsg. vom Sekretariat der deutschen Bischofskonferenz, Bonn 2006, §32–33 (48f).

8. Nicht-mehr-Märkte   schattenorientiert
9. Prävention   gerechtigkeitsorientiert
10. Nahe und Ferne   weltorientiert.

Literaturhinweise und Websites

- Dubach, Alfred/Lienemann, Wolfgang (Hrsg.): Aussicht auf Zukunft. Auf der Suche nach der sozialen Gestalt der Kirchen von morgen. Kommentare zur Studie «Jede/r ein Sonderfall? Religion in der Schweiz», Bd. 2, Zürich/Basel 1997, div. Aufsätze.
- Kalender der Evangelischen Kirchen der Schweiz 2006, Kapitel Werke der Kirche und der Inneren Mission, Basel 2005.
- Kirche und Diakonie. epd-Dokumentation Nr. 13, 21. März 2006 (Themenheft mit drei Vorträgen des Kongresses zu Wichern).
- Kohler, Marc Edouard: Kirche als Diakonie, Zürich 1991.
- Pfister, Dieter: Sozialmarkt Schweiz zwischen Unter- und Überversorgung. Befunde, Ursachen, Reformen, Basel 1996.
- Ringeling, Hermann: Der diakonische Auftrag der Kirche, Bern 1985.
- Schweizerischer Verband für Innere Mission und Evangelischen Liebestätigkeit (Hrsg.): Unser Dienst am Bruder. Die Werke der Inneren Mission und Evangelische Liebestätigkeit in der Schweiz, Zürich 1940.
- Sigrist, Christoph: Die geladenen Gäste. Diakonie und Ethik im Gespräch. Zur Vision einer diakonischen Kirche, Bern 1995.
- Strohm, Theodor (Hrsg.): Diakonie an der Schwelle zum neuen Jahrtausend. Ökumenische Beiträge zur weltweiten und interdisziplinären Verständigung, Heidelberg 2000.
- Stückelberger, Christoph: Umwelt und Entwicklung. Eine sozialethische Orientierung, Stuttgart 1997 (Diakonie an der Schöpfung).
- Stückelberger, Christoph: Stewards and ‹Careholders›: A Christian Ethical Perspective, in: Stückelberger, Christoph/Mugambi, J. N. K. (Hrsg.): Responsible Leadership. Global Perspectives, Nairobi 2005, 1–12.
- Vinay, Tullio: Die politische Diakonie der Kirche, Tübingen 1987.

- www.diakonieverband.ch (Website Diakonieverband Schweiz)
- www.diakonie.ch (Website Diakonie des Diakonieverbandes Schweiz)
- www.diakonie.de (Diakonisches Werk der EKD)

Plädoyer für eine Diakonie des Geldes

Anstelle eines Nachwortes

Christoph Sigrist

Diakonie braucht Geld. Die öffentliche Debatte in Kirche und Gesellschaft darüber ist notwendiger denn je. In der öffentlichen Rede über Gott und den Glauben an Jesus Christus sind die Kirchen stark und kompetent. Beim Gespräch über Geisterfahrungen wird es schwieriger. Vollends schwer tun sich Kirchen und diakonische Werke in der Debatte über das Geld. Wenn man es hat, spricht man nicht darüber. Und wenn kein Geld mehr da ist, geht der Verteilungskampf los. Die Diakonie als konkretes, soziales Handeln, aus dem Glauben begründet im Kontext von Kirche und Gesellschaft, ist vielfach Verliererin.

Kirchen und in christliche Traditionen eingebundene soziale Institutionen stehen mitten im Europa des Wandels. Die Ökonomisierung des gesellschaftlichen Lebens hat auch den diakonischen Auftrag erfasst. Die Mittelbeschaffung rückt auch in der Diakonie in den Vordergrund. Ich plädiere für eine offene Debatte über Geld und Diakonie, weil seit ihren Ursprüngen Diakonie immer auch mit der Frage nach der Finanzierung von Hilfe verbunden ist. Ich möchte auf drei Dimensionen dieser Verbindung eingehen.

1. Die Kollekte als ökumenische Form einer Diakonie des Geldes[1]

Sonntag für Sonntag wird in Tausenden von Gottesdiensten in aller Welt die Kollekte für eine diakonische Aufgabe gesammelt. In Kirchen ohne Kirchensteuern und in Staaten ohne sozialstaatliche Einrichtungen ist die

---

[1] Vgl. zum folgenden Abschnitt: Luz, Ulrich: Biblische Grundlagen der Diakonie, in: Ruddat, Günter/Schäfer, Gerhard Karl (Hrsg.), Diakonisches Kompendium, Göttingen 2005, 29–31.

Kollekte viel bedeutender als in der Schweiz.[2] Für Paulus hatte die Kollekte eine besondere Bedeutung, die vor allem in den Kollektenkapiteln 2 Kor 8 und 9 (vgl. auch Röm 15) entfaltet ist. Das gesammelte Geld hat zwar auch einen sozialen Aspekt, nämlich die Defizite der Gemeindeglieder auszugleichen (2 Kor 9,12), doch die «Geldsammlung» (vgl. 1 Kor 16,1) stellt er in einen grösseren Zusammenhang: Sie ist ein Dienst an den Heiligen (Röm 15,25), sie ist Ausdruck der ökumenischen Gemeinschaft zwischen den Gemeinden Griechenlands und Makedoniens und der Gemeinde in Jerusalem (Röm 15,26). Die Kollekte ist weder von Jerusalem noch vom Apostel selber beantragt, sondern sie wird von den Gemeinden in Makedonien aus eigenem Bedürfnis gesammelt (2 Kor 8,3). Deshalb schenken sie mit der Kollekte nicht nur Geld, sondern sich selbst (2 Kor 8,5), mehr noch: Das Geld ist «Beweis der Liebe» (2 Kor 8,24) und Wirkung der Gnade, die Gott im Überfluss der Gemeinde schenkt (2 Kor 9,8). Dieser Überfluss hat nach Paulus seinen theologischen Grund in Jesus Christus, der, «obwohl er reich war, um euretwillen arm wurde, damit ihr durch seine Armut reich würdet» (2 Kor 8,9).

Zu dieser theologischen Verankerung einer Diakonie des Geldes kommt noch ein weiterer Aspekt: Wenn Paulus nach Jerusalem mit dem Geld «im Dienst für die Heiligen» reist, handelt er als Agent, als Kurier für die Kirchen von Griechenland und Makedonien. Weil er in deren Dienst steht, ist er nicht frei, nach Rom oder Spanien zu gehen, bis er die Kollekte in Jerusalem abgeliefert hat. Paulus benützt hier den Begriff «dienen», um aufzuzeigen, dass er als Offizieller im Auftrag der Kirche arbeitet. Er hat das Mandat der Kirchen übernommen, den Überfluss an der Gnade Gottes, der geteilt werden möchte, in Form von Geldsammlungen nach Jerusalem zu bringen.[3]

Ohne auf die alttestamentliche Sensibilisierung eines sozialen Umgangs mit dem Geld genauer einzugehen, die sich in ersten Sozialsteuern (5 Mose 14,28f), Zinsverbot (3 Mose 25,36) und Schulderlass (5 Mose

---

2   Theologische Reflexionen zur Kollekte und Vorschläge zur Aufwertung der Kollekten auch in der Schweiz finden sich in: Baustein 5. Neue Kollekten, Werkheft Liturgie zur Aktion 2001 «Neue Noten braucht das Geld», hrsg. v. Brot für alle und Fastenopfer, Bern/Luzern 2001, 20–22.

3   Vgl. zu diesem Verständnis der Kollektensammlung: Collins, John N.: Diakonia. Re-interpreting the Ancient Sources, New York/Oxford 1990, 219f.

15,9) zeigt, ist eines klar[4]: Soziale Wirtschaftsregeln oder Geldsammlungen sind in der jüdisch-christlichen Tradition nicht in der Eigengesetzlichkeit von Ökonomie und Markt begründet. Sie sind vielmehr Teil des Rechts und damit Teil des Willens Gottes, der sich im Überfluss der Gnade und Liebe ausweist.

2. Vom barmherzigen Samariter zum unternehmerischen Wirt: Paradigmenwechsel in der Diakonie des Geldes

«Europa erlebt eine Zeit der Umbrüche und Krisen, die die Grundfesten des Sozialstaates bedrohen: ... Die Differenzierung und Polarisierung der Lebensstile führt zur Entsolidarisierung, verbunden mit der Gefahr der Marginalisierung ganzer Bevölkerungsgruppen und zu neuen Verelendungsproblemen.»[5] Diese Veränderungen, die Theodor Strohm in seinem Aufsatz beschreibt, führten dazu, dass die seit 150 Jahren propagierte Leitfigur diakonischer Haltung, der barmherzige Samariter als Prototyp des Helfers, der im Gegensatz zu den Professionellen in Sachen Hilfe spontan zupackt, nicht mehr greift. Diakonie macht ihre Arbeit nicht unentgeltlich, sie nimmt für die Betreuung der «unter die Räuber Gefallenen» Geld. Der in München tätige Theologe Markus Rückert hält fest: «Diakonie ist, das sollte sie sich eingestehen, bezüglich der Finanzierung eher mit dem Wirt in der Herberge zu identifizieren als mit dem barmherzigen Mann aus Samaria. Denn alle Unternehmen der Diakonie geben das Geld anderer Leute aus, das der Steuerzahler und das der über Zwangsabgaben für die Finanzierung sozialer Dienste ermächtigten Sozialkassen, aber nicht ihr eigenes, schon allein deshalb, weil sie selber als Gemeinnützige gar keines übrig haben.»[6] Der von ihm beschriebene Paradigmenwechsel für diakonische Unternehmungen gilt m.E. auch für

---

4 Vgl. dazu: Crüsemann, Frank: Das Alte Testament als Grundlage der Diakonie, in: Schäfer, Gerhard Karl/Strohm Theodor (Hrsg.): Diakonie – biblische Grundlagen und Orientierungen, Heidelberg 1990, 82ff.

5 Strohm, Theodor: Diakonie, Sozialstaat und Gesellschaft in europäischer und ökumenischer Perspektive, 14.

6 Rückert, Markus: Finanzen und Finanzierung, in: Ruddat Günter/Schäfer Gerhard Karl (Hrsg.): Diakonisches Kompendium, 301.

Kirchgemeinden und Landeskirchen: «Christen wollen sich den Samariter auf dem Hintergrund des offensichtlichen Versagens des Priesters
und des Leviten in ihrer Einstellung zu den Problemen der Gesellschaft
auch weiterhin als Vorbild nehmen. Er bleibt das Ideal. Die Realität des
Wohlfahrtstaates aber ist jedenfalls schon lange, dass diakonische Unternehmen zudem als (Betriebs-)Wirte am Marktgeschehen direkt beteiligt
sind. ... Kurz: Diakonie muss zunächst die Hausaufgaben des Wirts besser als andere erledigen, bevor und damit sie sich den Gestus des Samariters leisten kann.»[7]
    Die Diakonie des Geldes propagiert die Haltung eines unternehmeri-
schen Wirtes, der mit den vom Samariter erhaltenen zwei Denaren möglichst wirkungsvoll helfen und heilen möchte (vgl. Lk 10,35). Dieser
Perspektivenwechsel im Blick auf einen der klassischen biblischen Texte,
der das Bild der Diakonie bis heute prägt, vollzieht sich nicht automa-
tisch. Die öffentliche Debatte über den diakonischen Auftrag und die
Verteilung der kirchlichen «Denare» integriert die Haltung des Wirtes in
diejenige des Samariters. Zudem merken kirchliche und staatliche Samariter, dass ihre Mittel nicht unbegrenzt sind, Herbergen immer teurer und
Esel immer weniger werden. Sozialstaat wie auch Kirchen auf ihrem Weg
zur Minderheit sind an ihre Grenzen gekommen. Die Mittelverwendung
ist Hausaufgabe des Wirtes.

3. Geld als Mittel zum Leben, bezahlbares Lebensmittel

Diakonie ist das Strukturprinzip christlicher Gemeinden seit Beginn.
Ebenso standen auch immer Geldmittel zur Verfügung. Die Geldmittel
für die diakonischen Aufgaben in den Gemeinden stammten von grosszügigen Spenden, aus Kollekten sowie aus dem Zehnten. Die Finanzierung verdankte sich bis ins 15. Jahrhundert grosszügigen Schenkungen
von ausserhalb der Kirchen. Orden wurden von Landesfürsten um Klos-
tergründungen gebeten, damit die Besiedelung vorangetrieben werden
konnte. So waren es, neben der von Laien getragenen sozialen Hilfe, die
Klöster, die über Jahrhunderte ihre Leistungen im Bereich der Sozial-

---

[7] Ebd., 301.315.

arbeit und Bildung gegenüber der Gesellschaft erbrachten.[8] Einnahmen von Zinsen waren in der Regel, vor allem für die Armenorden, nicht statthaft. Doch die Schenkungen der feudalen Familien wurden immer grösser. Deshalb mussten Laien hinzugezogen werden, die zur Bewirtschaftung der Länder Pachten bezahlen mussten. Die geschätzten Geldwerte von Wohnhäusern, Ställen, Feldern und Wäldern führte man in einer Liste auf. Die addierte Summe schrieb man am Kopf des Blattes auf und nannte sie «capitalis». Die durch Erbpachtverträge abgemachten Kapitalrückzahlungen hiessen Rente (lat. rendere: erstatten) oder Zins (lat. census: Abgabe). Die über die Bedürfnisse des einfachen Lebens der monastischen Tradition steigenden Erträge dienten der Finanzierung des Betriebes, der Erhaltung der Bauten, der Altersvorsorge der Klostergemeinschaft sowie der Versorgung der Armen.[9]

Das Kapital in der Diakonie des Geldes ist nie Zweck an und für sich, sondern birgt in sich das Mittel zum Leben: Obdach, Nahrung, Vorsorge, dies ist die Zweckbestimmung einer Diakonie des Geldes. Renten, Zinsen und Kapital, Besitz allgemein sind wesensmässig in der Diakonie in solche Vermittlung von Leben eingebunden. «Geld und Besitz sind nicht Zweck, nicht Wert an sich, sondern ausschliesslich Mittel zum Leben, und zwar – nach Gottes Willen – zum Leben aller. Aus Letzterem ergibt sich, dass die diakonische Verwendung von Besitz als besitzethische Leitperspektive hervortritt. Es geht um ein Ethos des Besitzverzichtes zugunsten Bedürftiger.»[10]

Diakonie braucht Geld, und das Geld braucht den Geist der Diakonie. Daraus entwickelt sich eine Diakonie des Geldes, die
– den Fluss des Kapitals im Überfluss der Liebe Gottes verankert. Dieser Überfluss der Gnade Gottes zeigt sich in der Armut Jesu Christi als Haupt der Kirche, die den Reichtum und die Fülle des Lebens teilt mit allen;

---

8 Vgl. dazu: Hammann, Gottfried: Die Geschichte der christlichen Diakonie, Göttingen 2003, Kap. VI, 113–136.
9 Vgl. dazu: Rückert, Markus: Finanzen und Finanzierung, 302f.
10 Konradt, Matthias: Gott oder Mammon. Besitzethos und Diakonie im frühen Christentum, 152.

- das anvertraute Kapital unternehmerisch und wirkungsvoll mit der Haltung eines engagierten, betroffenen und offenen Wirtes zugunsten der «unter die Räuber gefallenen» Benachteiligten einsetzt;
- das Kapital nie als Zweck an sich, sondern als Wert und Mittel zum Leben aller einsetzt.

Diakonie als soziales Engagement im kirchlichen und christlichen Umfeld wie auch in der multikulturellen Gesellschaft steht mitten im Wandel in Europa, damit in verschiedensten Spannungsfeldern von Werten, auch in dem zwischen Geld und Geist. In diese öffentliche, für das gesellschaftliche Zusammenleben höchst brisante Diskussion über Werte und deren Wandel haben sich Kirchen und diakonische Werke einzubringen.

Verzeichnis der Autorinnen und Autoren

Prof. Dr. *Alfred Jäger*, Professor für Systematische Theologie an der Kirchlichen Hochschule Bethel/Bielefeld.

Prof. Dr. *Anne Jensen*, Professorin und Leiterin des Instituts für Ökumenische Theologie, Ostkirchliche Orthodoxie und Patrologie, Karl-Franzens-Universität, Graz.

Prof. Dr. *Leo Karrer*, Professor für Pastoraltheologie an der Universität Fribourg.

Sr. *Doris Kellerhals*, Pfrn. Dr. theol., Oberin des Diakonissenhauses Riehen.

Prof. Dr. *Matthias Konradt*, Professor für Neues Testament an der Christkatholischen und Evangelischen Theologischen Fakultät der Universität Bern.

Prof. Dr. *Wolfgang Lienemann*, Professor für Ethik an der Christkatholischen und Evangelischen Theologischen Fakultät der Universität Bern.

Prof. Dr. *Theodor Strohm*, emeritierter Direktor des Diakoniewissenschaftlichen Instituts Heidelberg (1986–2001).

Prof. Dr. *Christoph Stückelberger*, Leiter des Instituts für Theologie und Ethik ITE des Schweizerischen Evangelischen Kirchenbundes.

Herausgeber

Pfr. Dr. *Christoph Sigrist*, Pfarrer am Grossmünster Zürich, Fachmitarbeiter Diakonie der Ev.-ref. Landeskirche des Kantons Zürich, Lehrbeauftragter für Diakonie an der Christkatholischen und Evangelischen Theologischen Fakultät der Universität Bern, Präsident des Diakonieverbandes und Präsident der Diakoniekonferenz des Schweizerischen Evangelischen Kirchenbundes.